INTERPOL

Peter G. Lee

INTERPOL

v. d. Linnepe Verlagsgesellschaft KG · Hagen

Aus dem Amerikanischen übersetzt von
Ursula von Wiese

Die Erstausgabe des Buches erschien unter dem gleichen Titel
im Verlagshaus STEIN AND DAY, Publishers/New York

Umschlag und Einbandentwurf Horst Melles

Gesamtherstellung Laupenmühlen Druck KG, Bochum

 ISBN 3-921297-19-2

Vorwort

Der Name Interpol ist zwar in der ganzen Welt bekannt, aber die wenigsten wissen genau, was darunter zu verstehen ist und wie Interpol arbeitet. In diesem Buch wird nicht nur beschrieben, worin die Arbeit der Interpol besteht, sondern es werden auch typische Fälle geschildert, deren Lösung sie ermöglicht hat.

Das Material zu diesem Buch wurde im Hauptquartier der Interpol, dem Generalsekretariat in St. Cloud bei Paris, zusammengetragen. Informationen über die Kriminalfälle lieferten nicht nur Akten, sondern ergaben sich auch aus vielen langen Gesprächen mit Interpol-Beamten.

Es wäre nicht möglich, an dieser Stelle allen Mitarbeitern im Generalsekretariat der Interpol persönlich zu danken, die meine Fragen beantworteten und mich mit Material über Einzelheiten der verschiedenen Fälle versahen, die in diesem Buch beschrieben sind. Doch möchte ich gern drei leitenden Beamten in der Polizeiabteilung ganz besonders danken: Police Commissaire Serge Langlais, Detective-Superintendent Raymond Kendall und Police Commissaire Michel Mikkleson. Sie waren mehr als großzügig, mir ihre Zeit und Informationsmöglichkeiten zu widmen. Ohne ihre Hilfe und Sachkenntnis hätte dieses Buch sicher nicht geschrieben werden können.

Es liegt auf der Hand, welche Bedeutung der Arbeit der Interpol auf dem Gebiet internationaler polizeilicher Zusammenarbeit und bei der Anwendung neuer Techniken zur Bekämpfung des Verbrechens zukommt. Hoffentlich wird das vorliegende Buch dieser Bedeutung Nachdruck verleihen.

Peter G. Lee

Inhalt

Nur für Mitglieder
Der Klub „Heuschrecke“

Der gutgekleidete Mann erregte nicht viel Aufmerksamkeit, als er im internationalen Flughafen von Osaka durch die Paßkontrolle ging. Er war vor ein paar Minuten mit der Singapore Airlines, Flug SQ 632, aus Bangkok angekommen. Die Maschine war mit zehnminütiger Verspätung um 19 Uhr 50 gelandet.
Wenn er ein wenig ängstlich und nervös zu sein schien, so mochte es daran liegen, daß er nur stockend japanisch sprach. Der Paßkontrolleur mußte ihn zweimal fragen, wie lange er in Japan zu bleiben gedachte. In Wirklichkeit sprach er fließend japanisch.
Sein Paß wies ihn als einen Thailänder namens Anant Bongsang aus. Er erklärte, er komme als Tourist und wolle eine Woche bleiben.
Durch den Zoll kam er rasch, da sich der Beamte mit einer flüchtigen Untersuchung seines einzigen Koffers begnügte. Nachdem er das Abfertigungsgebäude verlassen hatte, stellte er den Koffer so neben sich, daß ein großes blaues Aufklebeschild der Pan American Airways von den heranrollenden Autos aus, die angekommene Flugpassagiere aufnahmen, deutlich zu sehen war.
Binnen Sekunden hielt eine hellgrüne Datsun-Limousine vor ihm. Der Fahrer lehnte sich über den Nebensitz vor und fragte durchs offene Fenster, ob er Anant Bongsang sei.
Bongsang bestätigte dies, ergriff seinen Koffer und kletterte sofort auf den Rücksitz des Wagens. Als der Datsun in die Straße einkurvte, die vom Flughafen wegführte, lehnte sich Bangsong entspannt zurück und beklopfte den Rock seines maßgeschneiderten italienischen Anzugs, wo er in der Innentasche einen dikken Umschlag fühlte. Dieser Umschlag enthielt eine Million Yen. Später wollte er das Geld auf dem schwarzen Markt in dreitausend amerikanische Dollar umwechseln. Weitaus mehr beschäftigte ihn die Verabredung, derentwegen er nach Osaka

gekommen war. Wenn dabei alles gut ging, konnte er ein Geschäft tätigen, das dreitausend Dollar wie die Mitgift einer Bettlerin erscheinen ließ.

*

Zur selben Zeit hielt ein schwarzer Mercedes vor dem Nachtlokal ,,Heuschrecke''. Der Fahrer, ein dicker Koreaner namens Pak Yung Wan, arbeitete für den Mann auf dem Rücksitz, den japanischen Geschäftsmann Inaba Kondo.

Kondo begegnete den Augen seines Chauffeurs im Spiegel. ,,Haben wir irgendwelche Schwierigkeiten mit den Neuen?'' Er sprach knapp, ließ die Worte losknallen.

,,Sie müssen mit ihnen reden. Eine ist darunter, die aufbegehrt, und die anderen hören auf sie.''

,,Sie haben also noch nicht mit der Arbeit angefangen?''

,,Nein, sie sind immer noch in ihren Zimmern.''

Inaba Kondo war der Besitzer des Klubs ,,Heuschrecke''. Es war ein Privatklub, der nur Mitgliedern und ihren Gästen offen stand. Nichtmitglieder, die hier einen Abend verbringen wollten, mußten am Eingang die Beitrittserklärung bezahlen. Der Mindestpreis für Konsumation betrug zehntausend Yen. Für amerikanische Touristen bedeutete das fünfunddreißig Dollar.

Jeder Kunde, der sich im Klub aufhielt, mußte sich eine Hosteß als Gefährtin für den Abend aussuchen und ihr je Stunde dreißigtausend Yen bezahlen. Außerdem hatte er fünfzigtausend Yen für ihre Dienste im Bett zu entrichten, einerlei, ob er sie sich zunutze machte oder nicht.

Kondo war in den drei Jahren, seit er die ,,Heuschrecke'' betrieb, ein reicher Mann geworden. Seine Hostessen, die er ausschließlich aus Thailand bezog, beherrschte er mit eiserner Hand. Seine Frau, Schinko, war die Madame des Klubs und wickelte alle finanziellen Geschäfte mit den Kunden ab.

Kondo rühmte sich, daß seine Mädchen die jüngsten und hübschesten in ganz Osaka waren. In Bangkok hatte er einen Mann, der sie ihm in nie endendem Strom lieferte. Der Mann in Bangkok war Anant Bongsang, ein gerissener Gauner und zeitweise Zuhälter. Kondo bezahlte ihm für jedes Mädchen vierzigtausend

Yen. Sie hatten sich in Bangkok kennengelernt, als Kondo dorthin gereist war, um einen Mädchenhändler zu suchen.
Bongsang hatte sich als guter Mitarbeiter erwiesen, prompt in der Lieferung, zuverlässig in der Auswahl der Mädchen, zufrieden mit der finanziellen Regelung. Kondo wußte, daß Bongsang viel mehr Geld fordern würde, wenn er jemals sah, wie es im Klub ,,Heuschrecke" zuging. Zum Glück war Bongsang nie nach Japan gekommen, und soviel Kondo wußte, hegte er auch nicht die Absicht.
Ab und zu war unter dem Nachschub ein aufsässiges Mädchen. Er ermahnte Bongsang immer wieder, möglichst sicherzugehen, bevor er die Mädchen ins Flugzeug setzte. Im Grunde regte sich Kondo nicht auf, wenn sich eines der Mädchen weigerte, Prostituierte zu werden. Das gab ihm die Möglichkeit, den anderen gegenüber ein Exempel zu statuieren.
Offiziell war der Klub von sieben Uhr abends bis zwei Uhr nachts geöffnet. Die meisten gingen aber um Mitternacht, denn zu dieser Stunde durften die Mädchen mit den Kunden gehen. Kondo wünschte, daß die Mädchen bis zwölf Uhr blieben, damit er die Stundengebühr für das Beisammensein am Tisch einkassieren konnte.
Inaba Kondo stieg aus dem Mercedes aus und betrat das Nachtlokal; sein Chauffeur Pak folgte ihm. Der geräumige Saal war so abgeteilt, daß er rund wirkte. In den Wänden waren winzige Nischen für zwei Personen eingelassen, durch dünne Schirme getrennt. Tische und Stühle umstanden dicht gedrängt eine kleine Tanzfläche.
Da das Lokal vor ungefähr einer Stunde geöffnet worden war, spielte das Orchester schon, und an einigen Tischen saßen bereits Kunden, denen Kondos Hostessen aufwarteten.
Kondo begab sich zu seinem Privatbüro im Hintergrund des Saales. Pak blieb bei der Tür stehen. Kondo bedeutete ihm, einzutreten, und schloß dann die Tür zu.
Er setzte sich an seinen Schreibtisch und drückte auf einen Knopf neben der obersten Schublade. Sogleich glitt die getäfelte hintere Wand auseinander und enthüllte eine zweite Tür.
,,Bring sie alle herauf, Pak", befahl Kondo.

Während er auf Paks Rückkehr wartete, suchte er sich aus einer emaillierten Zigarrenkiste eine lange, dünne Zigarre aus. Zum Abknipsen benutzte er ein goldenes Messerchen. Er zündete sie an und wartete.

Von der Treppe her war Geraschel zu hören. Fünf Mädchen kamen ins Büro, hinter ihnen Pak und Kondos Frau, Schinko. Die Mädchen trugen das halbdurchsichtige lange Gewand, das der Klub lieferte.

Sie waren jung und schön. Nach Bongsang's Aussage war kein Mädchen dieser Gruppe älter als zweiundzwanzig. Wenn er es versäumt hatte, sie nach Arbeitswilligkeit auszuwählen, so hatte er die Wahl auf jeden Fall nach dem Aussehen getroffen. Kondo musterte sie, um herauszufinden, welche die Unruhestifterin sein mochte. Er wußte aus Erfahrung, daß eine einzige genügte, alle übrigen aufzuhetzen.

Er stellte sich vor und hielt ihnen seine übliche Antrittsrede: „Willkommen im Klub 'Heuschrecke'! Ich hoffe, ihr hattet einen guten Flug von Bangkok und seid nicht allzu müde, denn ihr werdet heute abend mit der Arbeit anfangen.“ Er sprach mühelos und fließend Thai.

Die Mädchen waren um halb sechs mit dem Flug KE 504 der Korean Airways in Osaka angekommen. Kondos Frau hatte sie am Flughafen abgeholt und schnurstracks zur „Heuschrecke“ gebracht. Von jetzt an sollten sie im Untergeschoß des Klubs zu Hause sein.

Zwei Männer kamen von der Treppe her ins Büro. Diese beiden, Imai Kunischiro und Sakurai Norio, kannte die Polizei von Osaka als Vollstrecker verschiedener unsauberer Geschäfte. Für Kondo arbeiteten sie seit einem Jahr. Er benutzte sie für die Aufrechterhaltung von Ordnung und Disziplin im Quartier der Mädchen, sozusagen als Haremswächter. Sie traten zu Pak und Schinko und verhielten sich ruhig.

Kondo sprach weiter zu den Mädchen. Er deutete auf Schinko. „Meine Frau habt ihr ja schon kennengelernt, und sie hat euch sicher erklärt, was für Pflichten ihr hier habt; aber ich will sie trotzdem wiederholen. Ihr werdet meinen anderen Hostessen im Klub angegliedert und arbeitet sieben Tage in der Woche. Ihr bekommt Kost und Logis sowie Kleidung, wie man es euch vor der Abreise in Bangkok gesagt hat. Betrachtet den Klub 'Heuschrecke' als euer Heim. Wir bezahlen euch einen guten Prozentsatz der Getränke, die eure Kunden bestellen, ebenso für die Dienste, die ihr ihnen außerhalb des Lokals leistet. Das Hotel, das ihr dafür benutzt, gehört mir und liegt in der Nähe. Morgens werdet ihr vom Hotel in euer Quartier zurückgebracht. Die Leitung des Lokals hat meine Frau, und sie regelt alles Finanzielle.“ Er wartete, um zu sehen, ob die Mädchen etwas zu sagen hatten; aber sie blieben stumm und sahen ihn nur an.

„Für jede ganze Nacht mit einem Kunden bekommt ihr zehntausend Yen. Einmal im Monat werden Kost, Logis und Kleidung abgerechnet. Hat jemand von euch eine Frage?“

Ein sehr kleines, schlankes Mädchen, anscheinend die jüngste der Gruppe, machte einen zaghaften Schritt vorwärts. Schinko nannte Kondo ihren Namen: Patma Vanie.

Patma sah sehr verängstigt aus, und das Sprechen fiel ihr schwer. „In Bangkok hat uns niemand gesagt, daß wir auch außerhalb des Lokals Kunden bedienen müssen. Es hieß, ich müßte nur als Hosteß arbeiten.“ Sie begann zu weinen.

Kondo lächelte sie an. „Komm her“, sagte er freundlich.

Furchtsam näherte sie sich dem Schreibtisch. Er nahm ihre Hand und streichelte sie sanft. „Du hast schöne Hände“, sagte er.

Er ließ ab vom Streicheln und ballte die Hand um ihren Zeigefinder. „Wunderhübsche schlanke Finger“, sagte er.

Seine Faust drehte sich plötzlich nach oben, ohne ihren Finger loszulassen. Es knackte, als der Finger brach; der Knochen trat beim Gelenk durch die Haut hervor.

Sie schrie auf und versuchte sich loszureißen. Er hielt sie fest, und gemächlich brach er den Mittelfinger auf gleiche Weise. Als er sie losließ, fiel sie wie eine schlaffe Stoffpuppe um.

Der dicke Koreaner Pak sprang flink hinzu und fing sie auf; dann legte er sie auf den Boden. Sie lag zusammengekrümmt da und schluchzte.

Kondo blickte die anderen Mädchen an, die vor Entsetzen wie gelähmt waren. „Ihr müßt wissen, es geht um ein Geschäft“, erläuterte er. ,,Damit sich alles Geschäftliche glatt abwickelt, muß zwischen Arbeitgeber und Arbeitnehmer vollständiges Einvernehmen herrschen."

Die Mädchen hatten sich zusammengedrängt, wie voneinander Kraft zu gewinnen. Sie starrten auf die am Boden liegende Patma.

,,Wie ich gehört habe", fuhr Kondo fort, ,,haben auch noch andere von euch etwas dagegen, hier zu arbeiten. Stimmt das?"

Er erhielt keine Antwort.

,,Gut. Nur um euch zu zeigen, daß wir es mit dem Umgang mit unseren Angestellten ernst meinen, sollt ihr sehen, was mit jeder von euch geschehen kann, die uns Ärger bereitet." Er machte Pak und den beiden anderen Männern ein Zeichen.

Das breite, flache Gesicht des Koreaners wurde von einem Grinsen zerschlitzt. Er bückte sich zu dem Mädchen am Boden und gab ihr einen leichten Backenstreich. Sie wollte von ihm wegrollen, aber die beiden anderen Männer packten sie an den Schultern und drückten sie fest auf den Teppich.

Pak zerriß mit einem Ruck den leichten Stoff ihres Kleides, so daß sie in der Unterwäsche dalag. Sie vermochte sich nicht zu rühren, aber ihre Augen traten aus den Höhlen, als Pak ihr auch die Wäsche vom Leibe riß.

Als Patma nackt, von den Männern festgehalten, auf dem Boden lag, blickte Pak zu Kondo auf.

Kondo nickte.

Nacheinander notzüchtigten die drei Männer das Mädchen vor den entsetzten Zuschauerinnen. Als sie fertig waren, hob Pak die bewußtlose Patma auf und warf sie auf ein Sofa.

Kondo sah die andern Mädchen an. Er musterte sie gemächlich und wies dann auf eine von ihnen, die ihm Schinko sogleich als Binjad Kasorn vorstellte.

,,Du da", sagte Kondo, ,,macht dir irgend etwas zu schaffen?"

Sie konnte als Antwort nur den Kopf schütteln. Der Schreck hatte ihr die Sprache verschlagen.

Kondo gab Pak ein Zeichen. Der Koraner packte sie im Genick und stieß sie grob zum Schreibtisch. Sie wand sich hilflos in seinem Griff, ihre Augen waren auf Kondo gerichtet.

„Ich glaube, du könntest Schererein verursachen", sagte Kondo zu ihr.
Sie schüttelte den Kopf.
„Bestimmt nicht?"
„Ganz sicher nicht", brachte sie heraus.
„Laß sie los", befahl Kondo. „Ihr könnt jetzt alle hinunter gehen. Meine Frau wird euch noch ein paar kurze Anweisungen geben, und dann fangt ihr mit der Arbeit an. Ihr habt eine lange Nacht vor euch."
Als die vier Männer mit dem bewußtlosen Mädchen zurückgeblieben waren, wies Kondo mit dem Daumen auf sie. „Schafft sie aus dem Wege", befahl er.

*

In einem anderen Stadtteil war Anant Bongsang in ein Gespräch mit einem Mann vertieft, der Händler Willy genannt wurde. Um mit diesem Mann zu reden, war Bongsang fast fünftausend Kilometer geflogen. In Wirklichkeit hieß er Toschio Harada. Er hatte seine Finger in vielen Geschäften. Auch das Lokal, in dem sie sich getroffen hatten, gehörte ihm und hieß nach seinem Besitzer „Willys Bar". Seinen Spitznamen hatte er während des Korea-Krieges von amerikanischen Soldaten erhalten. Die Amerikaner waren jetzt fort, aber der Name war geblieben.
Die Polizei kannte Willy gut. Seit fünfundzwanzig Jahren wurde er in der Kartothek geführt. Er war zwar öfters festgenommen, aber nie überführt worden. Willy arbeitete so umsichtig und hintergründig, daß er nie im Gefängnis gesessen hatte, und bei den Festnahmen war es immer nur um belanglose Verstöße gegangen. Jetzt aber wollte er einen Schritt unternehmen, der in eine gefährliche Richtung führte.
Schon lange hatte er zugesehen, wie Inaba Kondo Geld ansammelte. Er wußte, daß sich Kondos Tätigkeit nicht auf das Nachtlokal „Heuschrecke" beschränkte. Willy gehörte zu den wenigen Menschen, die zwar nicht für Kondo arbeiteten, jedoch wußten, daß Kondo Japan mit Prostituierten versorgte. Die eingeschleppten Mädchen gelangten über den Klub „Heuschrecke" in andere Städte, und jedes Mädchen brachte Kondo einen schö-

nen Gewinn ein. Mit vieler Mühe war Willy durch seine eigenen Beziehungen dahintergekommen, daß Bongsang Kondos Lieferant war.

Als Willy beschloß, mit Kondo in Wettbewerb zu treten, fand er in Bongsang einen willigen Verbündeten. Beide waren darauf bedacht, ihre Zusammenkunft geheimzuhalten. Kondo hatte mächtige Unterwelt-Verbindungen, die ihrer Partnerschaft ein jähes Ende machen konnten.

Nachdem Anant Bongsang die Mädchen zu der Maschine der Korean Airways gebracht hatte, die in Bangkok um 9 Uhr 10 abflog, rief er Kondo in Osaka an, um ihm mitzuteilen, daß sie unterwegs seien. Kondo konnte nicht wissen, daß Bongsang zwei Stunden später, um 11 Uhr 20, mit den Singapore Airlines nach Osaka flog.

Bongsang und Willy waren übereingekommen, daß Willy erst einmal zehn Mädchen für 2,7 Millionen Yen kaufen würde, franko geliefert. Die Bezahlung sollte in amerikanischer Währung erfolgen, rund neuntausend Dollar.

Ferner wurde vereinbart, daß Willy jeden Monat zehn weitere Mädchen zum selben Preis kaufen würde. Bongsang ließ sich auf keinen Abzug ein, obwohl Willy ins Treffen führte, daß der Dauerauftrag einen Rabatt verdient hätte.

Bongsang setzte ihm des langen und breiten auseinander, wie er zu Werke ging. Er lockte die Mädchen an, indem er Arbeitsangebote in Japans großstädtischen Nachtlokalen inserierte. Es wurden ihnen Kost und Logis sowie die bezahlte Flugreise versprochen. Von Prostitution war nie die Rede. Wenn die Mädchen schließlich merkten, was von ihnen erwartet wurde, wies Bongsang sie darauf hin, daß sie nichts dagegen tun konnten. Mit den wenigen, die sich im Ernst auflehnten, wurde kurzer Prozeß gemacht.

Nachdem der Vertrag abgeschlossen war, verlangte Bongsang die sofortige Bezahlung. Willy schlug vor, damit einen Tag zu warten; aber Bongsang bestand auf der sofortigen Begleichung. Willy schickte einen Mann aus, das Geld zu holen, und war dafür, die neue Partnerschaft inzwischen zu begießen.

Es war verhängnisvoll, daß Bongsang sein Geld so schnell einstecken wollte. Hätte er einen Tag gewartet, so wären die Dinge vielleicht anders verlaufen.
Der Mann, der das Geld holen sollte, stand im Verdacht, ein Opiumhändler zu sein. Es war derselbe Mann, der Bongsang am Flughafen abgeholt hatte, ein gebürtiger Koreaner namens Sang Li Kim.
Kim wußte nicht, daß er von der Polizei ständig beobachtet wurde. Als er in den hellgrünen Datsun stieg und den Motor anließ, bereitete sich ein Detektiv in einem neutralen Polizeiwagen darauf vor, ihm zu folgen.
Der Detektiv Toyo Koisi interessierte sich nicht sonderlich für Kims Geschäfte mit dem Händler Willy. Es war ihm jedoch nicht entgangen, daß der gutgekleidete Mann, den er für einen Thailänder hielt, immer noch in der Bar war, als Kim ging. Über sein Funkgerät gab er den Auftrag, diesen Thailänder zu stellen und seine Personalien einzusehen. Er hatte das Gefühl, daraus könnte sich etwas ergeben.
Als Anant Bongsang ungefähr eine Stunde später mit seinem Geld die Bar verließ, wurde er auf der Straße von einem Detektiv angehalten, der seinen Ausweis zu sehen verlangte. Unangefochten holte Bongsang seinen Paß hervor. Nachdem der Detektiv die Personalien notiert hatte, brachte er eine Entschuldigung vor, er habe sich geirrt, und entfernte sich. Bongsang begab sich zu Fuß zu seinem nahe gelegenen Hotel.
Der Detektiv legte die Information über Bongsang seinem Leutnant vor, und nach einer kurzen Besprechung mit Toyo Koisi wurde eine telefonische Verbindung mit Tokio hergestellt, und zwar mit „International Criminal Affairs Division, Criminal Investigation Bureau of National Police Agency". Das war die offizielle Adresse der Interpol Japan.

Rot-Grün-Blau-Schwarz
Die Fahndungsblätter mit den bunten Ecken

Die in der ganzen Welt als Interpol bekannte Organisation wird manchmal als eine Gruppe Männer mit eisernem Kinn und durchbohrenden Augen beschrieben, die Verbrechen bekämpfen und in jeder Arbeitsstunde ihr Leben aufs Spiel setzen.

Weniger schmeichelhaft ist die Darstellung der Interpol als eines riesigen Archivs, in dem Beamte an ihren eigenen Statistiken ersticken.

Wie die meisten Verallgemeinerungen enthalten beide Beschreibungen ein Körnchen Wahrheit. Gewiß arbeiten bei Interpol einige grimmige Kämpfer, die es auf Verbrecher abgesehen haben. Ebenso gewiß gibt es dort jene Mitarbeiter, die mit bleichem Stubenhockergesicht Papierberge hin und her schieben.

Man bedenke die ideale Eignung und die Wirksamkeit schon allein des Namens: INTERPOL. Interpol ist die internationale Polizei. Erdteile und Ozeane werden in Sekundenschnelle durchquert und übersprungen! Bösewichter werden von Augen beobachtet, die nie schlafen. Erstaunlicherweise vollzieht sich vieles in dieser Form.

Die Geschichte der Interpol begann 1914, einige Monate vor dem Ausbruch des Ersten Weltkriegs, als auf Anregung von Prinz Albert I. in Monaco eine Zusammenkunft stattfand, bei der bessere Methoden zur Bekämpfung des internationalen Verbrecherwesens erörtert wurden. Vierzehn Länder waren vertreten. Die Zusammenkunft nannte sich 1. Internationaler Kriminalpolizeilicher Kongreß. Hauptthemen waren Vereinheitlichung der Auslieferungsgesetze, Einrichtung zentraler Verbrecheralben, verbessertes Identifizierungs-Verfahren, einfachere und schnellere Verhaftungen. Die Bestrebungen wurden von der Lokalpresse sehr gelobt.

Gerade als es schien, daß die Teilnehmer etwas Konkretes schaffen könnten, brach der Krieg aus. Man mußte mit diesen Plänen friedlichere Zeiten abwarten.

Im September 1923 wurde in Wien abermals eine Konferenz abgehalten, der sogenannte 2. Internationale Kriminalpolizeiliche Kongreß. Diesmal wurde eine Körperschaft für polizeiliche Zusammenarbeit ins Leben gerufen. Man nannte sie Internationale Kriminalpolizeiliche Kommission; ihr Sitz war Wien.

Die IKK entwickelte sich allmählich, bis ihr 1938 vierunddreißig Staaten als Mitglieder angehörten. Aber als Hitler im März dieses Jahres Österreich schluckte, hatte die IKK keinen praktischen Zweck mehr. Ihr Sitz wurde nach Berlin verlegt, und damit hatte es sich.

Nach dem Krieg wurde 1946 in Brüssel ein Kongreß zur Wiederbelebung der IKK abgehalten. Siebzehn Staaten waren vertreten. Man konstituierte sich neu und wählte einen Exekutivausschuß von fünf Mitgliedern. Der Sitz der Kommission wurde nach Paris verlegt.

Eine Telegrammadresse war notwendig, man ersann das Wort „Interpol", eine abkürzende Zusammenziehung von „international" und „Polizei", und der Name wurde am 22. Juli 1946 eingetragen. Die Presse hatte ihre Freude an diesem Wort und begann die Organisation einfach als Interpol zu bezeichnen.

Als die Statuten 1956 abermals revidiert wurden und die ungefüge Bezeichnung Internationale Kriminalpolizeiliche Kommission in den nicht minder schwerfälligen Namen Internationale Kriminalpolizeiliche Organisation-Interpol abgeändert wurde, war das Wort Interpol offiziell sanktioniert. Seither wird meistens nur noch der Name Interpol benutzt, und man darf wohl eine Wette darauf eingehen, daß sich nur wenige Leute noch an das ursprüngliche Wortgefüge erinnern.

Im Jahr 1966 zog Interpol abermals um, aber nicht sehr weit: in ein funkelnagelneues Gebäude in der Pariser Vorstadt St. Cloud.

Interpol wird von seinen Mitgliedstaaten finanziert. Vor 1956 berechnete man den Beitrag nach der Bevölkerungszahl eines Landes. Seit der Generalversammlung 1957 besteht eine Skala von Budget-Einheiten, deren jede 8900 Schweizer Franken wert ist. Wenn ein Land der Interpol beitritt, bestimmt es die Summe selbst, die es der Organisation zahlen will.

Vier koordinierte Gruppen leiten die Tätigkeit der Interpol: die Generalversammlung, der Exekutivausschuß, das Generalsekretariat und die Büros der einzelnen Länder.

Generalversammlung und Exekutivausschuß werden von den Delegierten der Mitgliedstaaten gebildet. Ihre Funktion besteht darin, periodisch zusammenzukommen und Entscheidungen über die allgemeine Arbeit der Interpol zu treffen. Die Generalversammlung ist die oberste Autorität. Sie wählt den Exekutivausschuß, der aus dreizehn Mitgliedern besteht, nämlich aus dem Präsidenten, drei Vizepräsidenten und neun Delegierten. Der Exekutivausschuß tritt normalerweise zweimal im Jahr zusammen.

Die Alltagsarbeit wird von den beiden anderen Gruppen bewältigt, dem Generalsekretariat und den Büros der einzelnen Staaten. Sie sind die permanenten, sichtbaren Komponenten der Interpol.

Das Generalsekretariat untersteht keiner bestimmten Regierung, sondern nur der IKPO-Interpol. Auf diese Weise bewahrt es seinen internationalen Charakter. Es besteht aus einem Generalsekretär, dem höchsten Beamten der Interpol, einem technischen und einem administrativen Stab. Statutengemäß muß das Generalsekretariat die Anordnungen und Entscheidungen der Generalversammlung und des Exekutivausschusses ausführen. Es dient als internationales Zentrum im Kampf gegen Verbrechen, außerdem als informatives und technisches Zentrum. Es erhält den Kontakt mit den Mitgliedstaaten und deren Polizeibehörden aufrecht.

Die Nationalen Zentralbüros, die von den Mitgliedstaaten errichtet werden, dienen ihnen als Verbindung mit Interpol. Sie sind die Gruppen an der Front, die Agierenden. In den Vereinigten Staaten arbeitet das Finanzministerium als Nationales Zentralbüro, in England Scotland Yard, in Australien die Commenwealth Police in Canberra, in Frankreich die Zentraldirektion der Kriminalpolizei, in der Bundesrepublik Deutschland das Bundeskriminalamt in Wiesbaden.

Da die Organisation der Polizei von Land zu Land verschieden ist, wurden die Nationalen Zentralbüros als Sondergruppe für

Interpol-Arbeiten geschaffen, so daß ein Höchstmaß an Zusammenarbeit zwischen den einzelnen Ländern gewährleistet ist. Jedes Nationale Zentralbüro ist gewöhnlich eine staatliche Behörde mit Polizeimacht. Wenn ein Land nur eine einzige Polizeibehörde hat, wird dieses Amt das Nationale Zentralbüro. Natürlich ist jedes Nationale Zentralbüro an die Gesetze seines eigenen Landes gebunden und behält seine amtliche Bezeichnung.
Die grundlegende Wirksamkeit der Interpol hängt von den Unternehmungen der Nationalen Zentralbüros ab. Sie werden ja von anderen Behörden in ihrem Lande unterstützt und die Schnelligkeit, mit der die Mitgliedstaaten Informationen übermitteln, bestimmt die Gesamtleistung der Interpol.
Was diese Zusammenarbeit bedeutet, zeigt der Fall eines Bankvizedirektors in Japan, der mehrere Millionen Dollar stahl. Er hatte einen Helfershelfer, der gefälschte Noten brachte und dafür von dem Vizedirektor echte erhielt. Beide Männer setzten sich ab, bevor die Polizei sie festnehmen konnte. Allen Interpol-Mitgliedern wurden Fotografien und Haftbefehle zugestellt. Auf diese Weise war es möglich, die beiden zu schnappen. Der eine wurde in Hongkong gefaßt, der andere drei Tage später in Paris. Der größte Teil des gestohlenen Geldes wurde sichergestellt.
Jedes Nationale Zentralbüro hat Funkverbindung mit der Regionalstation seiner geographischen Zone. Die Regionalstationen sind mit der Zentralstation in Frankreich verbunden. Dieses Funknetz ist vielseitig. Die einzelnen Stationen können die Zentralstation und jedwede Regionalstation empfangen. Deswegen ist es möglich, Nachrichten im Nu zu mehr als einer Station zu übermitteln. Ein Kodesystem kennzeichnet die Dringlichkeit jeder Nachricht, so daß die eiligsten Fälle ohne Zeitverlust behandelt werden können.
Interpol benutzt noch andere technische Hilfsmittel zur Kommunikation. Funkfernschreiber und Bildtelegraphie erlauben rasche Übermittlung von Fingerabdrücken und Fotografien. Manchmal wird sogar die neueste Technik zu Hilfe genommen. Als die Polizei in der ganzen Welt einen Kanadier namens George Leray suchte, machte sie sich den Satelliten Early Bird zunutze. Leray hatte mit seiner Bande einen dreisten Banküberfall in

Montreal unternommen und war mit vier Millionen Dollar entkommen. Scotland Yard verbreitete Lerays Fotografie über den Satelliten in der ganzen Welt. Ein Amerikaner, der das Bild in Florida sah, erkannte Leray als einen Mann, der unter einem angenommenen Namen in Fort Lauderdale auf einer Jacht lebte. Die dortige Polizei wurde benachrichtigt und Leray festgenommen.

Zu den wichtigsten Arbeiten des Generalsekretariats in St. Cloud gehört das Registrieren. Da keine Polizeibehörde ohne Registratur etwas leisten kann, gründete Interpol ein besonderes Archiv. Diese Abteilung dient zweierlei Zwecken. Einerseits werden hier möglichst viele Informationen über internationale Kriminelle und Verbrechen gesammelt und klassifiziert; andererseits dient das Archiv zur Identifizierung von Gesetzesbrechern und ihrer Methoden.

Die Register sind in zwei Rubriken unterteilt: allgemeine und besondere.

Die allgemeinen Register enthalten alle Informationen über das Verbrecherwesen, die dem Generalsekretariat täglich zufließen. Das umfaßt Fingerabdrücke, Untersuchungsberichte, Formen der Drogensucht, Funksprüche, Fotografien, Kopien der Korrespondenz zwischen den Nationalen Zentralbüros. Derartige Meldungen gehen täglich an die tausend ein.

Sie müssen sofort ausgewertet und für die Spezialgruppen in den einschlägigen Karteien untergebracht werden. Drei verschiedene Karteien erleichtern das Nachschlagen. Die erste enthält Namen, Deck-, Spitz- und Familiennamen; es sind über anderthalb Millionen Karten. Die zweite enthält alle Ausweise wie Identitätskarten und Pässe. Auch die Registrierungsnummern der Feuerwaffen und Autos sind hier verzeichnet. Die dritte ist die eigentliche Kriminalkartei mit Angaben über Art, Zeit und Ort des Vergehens.

Eine weitere Registratur enthält individuelle Akten, Darstellungen von Fällen und Hinweise. Die individuellen Akten werden laufend weitergeführt. In dieser Abteilung befaßt man sich mit der Identifizierung von Verbrechern. Sie verfügt über drei Karteien: Fingerabdrücke, Einzelspuren und Fotografien.

Auf der Karte mit den Fingerabdrücken sind Personalien und Aktennummer des Verbrechers vermerkt. Diese Karten werden von den verschiedenen Nationalen Zentralbüros geliefert.
Die Einzelspuren, die am Tatort gesichert worden sind, beziehen sich auf unbekannte Mörder und Einbrecher.
Das Register mit den Fotografien wird benutzt, wenn keine Fingerabdrücke vorhanden sind. Um die Benutzung dieser Kartei zu vereinfachen, sind die Karten nach den verschiedenen Methoden geordnet, die die Verbrecher angewendet haben. Innerhalb jeder dieser Gruppen werden die Aufnahmen nach einer Formel klassifiziert, die auf dem Bertillonschen System zur Wiedererkennung rückfälliger Verbrecher beruht.
Die Nützlichkeit dieser Karteien illustriert der Fall eines Betrügers und Waffenhändlers, der in Tschad gesucht wurde. Nachdem das Gericht in Tschad einen Haftbefehl erlassen hatte, wurde Interpol benachrichtigt. Der Gesuchte hatte auf den Bahamas eine Anlagefirma gegründet und Verträge für eine Hotelkette in Tschad abgeschlossen.
Das Generalsekretariat konnte Tschad bald informieren, daß der Mann in der Schweiz verhaftet und wegen anderer in Westdeutschland begangener Betrügereien dorthin ausgeliefert worden war. Kanada und England berichteten des weiteren, daß er in diesen Ländern des Betrugs verdächtigt wurde. Alle diese Behörden wußten dank den Identifizierungsmethoden des Generalsekretariats, daß es sich um den Gesuchten handelte. Jeder Mitgliedstaat hatte den Steckbrief erhalten.
Der Arbeitsstab des Generalsekretariats besteht aus Polizeibeamten und Zivilisten. Die Polizeibeamten entstammen den Mitgliedstaaten und werden von ihnen nach St. Cloud versetzt. Die meisten sind zwei- oder dreisprachig und Fachleute auf bestimmten Gebieten. Jeder Polizeibeamte arbeitet in einer der drei Abteilungen, die mit verschiedenen Verbrechen zu tun haben. Die eine Gruppe befaßt sich mit Diebstählen und Gewaltverbrechen, die zweite mit Drogenhandel, die dritte mit Fälschungen und Betrug.
Als sehr wichtigen Teil ihrer Fahndungsarbeit betrachtet das Generalsekretariat die internationale Verbreitung von Meldungen.

Diese Meldungen werden fortlaufend dem neuesten Stand der Dinge angepaßt und in den drei offiziellen Sprachen der Interpol veröffentlicht: Englisch, Französisch und Spanisch. Sie werden in vier Typen eingeteilt, die sich durch ihre Farbe unterscheiden.
Die Fahndungsblätter mit roter Ecke gelten einem Verdächtigen, der auszuliefern wäre. Die rote Markierung ermächtigt die Polizei zu sofortiger Verhaftung. Diese internationale Zirkulation von Haftbefehlen ist nur durch Interpol möglich geworden.
Die Fahndungsblätter mit grüner Ecke dienen als Warnung. Sie benachrichtigen die Polizei, daß es sich bei der beschriebenen Person um einen internationalen Berufsverbrecher handelt.
Meldungen mit blauer Ecke setzt man in Umlauf, um Informationen über die genannte Person zu sammeln. Die Identität soll nachgeprüft werden; man wünscht eine Liste früherer Vergehen und Bestrafungen sowie seine letzte Adresse.
Das vierte Fahndungsblatt hat eine schwarze Ecke. Es wird zur Identifizierung von Toten benutzt.
Das Hauptbüro gibt auch Meldungen über Diebstähle, Briefe, zusammenfassende Berichte und technische Broschüren heraus. Rundschreiben liefern verschiedene Informationen über technisches Vorgehen, Arbeitsweise und Verfahren der Verbrecher.
Dank einem Rundschreiben konnte ein Goldschmugglerring gesprengt werden. Darin wurde eine einzigartige Art und Weise beschrieben, wie die Verbrecher Gold illegal über eine Landesgrenze beförderten. Sie versteckten es in einer besonderen Weste, die unter alten Kleidern getragen wurde. Wer eine solche Weste benutzte, konnte auf einer Schmuggelfahrt achtzig Pfund Gold auf sich tragen.

Interpol ist ständig gewachsen. Am ersten Januar 1977 gehören ihr 124 Staaten als Mitglieder an.
Bestrebungen und Vorgehen der Interpol werden von ihren Statuten geregelt. Sie zielen darauf ab, sämtlichen Kriminalpolizeibehörden unter Beachtung der Gesetze eines jeden Staates Hilfe zu leihen und allen Institutionen beizustehen, die zur Verhinderung und Unterdrückung des Verbrecherwesens beitragen können. Es ist ihr nicht erlaubt, sich in militärische, politische, religiöse und rassistische Belange einzumischen.

Als sich die Polizei von Osaka mit der japanischen Interpol in Tokio in Verbindung setzte, ereigneten sich mehrere Dinge. Das thailändische Zentralbüro in Bangkok wurde um Auskunft über Bongsang ersucht. Binnen zwölf Stunden gab das Büro in Tokio die von Bangkok erhaltene Auskunft nach Osaka weiter. Anant Bongsang war der Polizei wohlbekannt, es lag gegen ihn eine Anklage wegen Zuhälterei vor.

In einer zweiten Nachricht wurde Tokio von Bangkok informiert, daß Bongsang mit einem Japaner namens Inaba Kondo in Verbindung stand. Kopien der beiden Nachrichten gingen ans Zentralbüro in St. Cloud, mit dem Ersuchen, nachzusehen, ob die beiden Männer in der Kartei verzeichnet wären.

Die Polizei in Osaka begann den Klub ,,Heuschrecke" und Willys Lokal aufs Korn zu nehmen. Eines Nachts wurde eine Razzia auf das Hotel gemacht, das Kondo gehörte. Fünfzehn Mädchen wurden festgenommen und wegen illegalen Aufenthalts unter Anklage getellt. Später in der Nacht wurde Inaba Kondo wegen Verstoßes gegen das Antiprostitutions- und das Arbeitsgesetz verhaftet. Im Nachtlokal ,,Heuschrecke" wurden auch die Japaner Imai Kunishiro uns Sakurai Norio sowie der Koreaner Pak Yung Wan festgenommen. Die drei Männer wurden bezichtigt, sich gegen das Antiprostitutions-Gesetz vergangen zu haben.

Anant Bongsang wurde in derselben Nacht in seinem Hotel verhaftet. Er wurde angeklagt, Geschäfte mit der Prostitution zu betreiben; man behielt ihn jedoch nicht in Osaka in Haft, sondern übergab ihn Interpol-Tokio in Erwartung des Auslieferungsersuchens von Thailand.

Toschio Harada alias Händler Willy kam unter Anklage, der Prostitution Vorschub geleistet zu haben, ins Gefängnis.

Der Leichnam der Thailänderin Patma Vanie wurde tags darauf gefunden. Sie war mit einem Kopfschuß getötet worden. Daraufhin wurden Inaba Kondo, Pak Yung Wan, Imai Kunischiro und Sakurai Norio unter Mordanklage gestellt. Schinko Kondo wurde wegen Beihilfe zum Mord angeklagt. Alle diese Personen erwarten nun das Schwurgerichtsverfahren.

Der praktische Philosoph

Der Mann, der die Abteilung Fälschungen, Unterschlagungen und Betrug leitet, arbeitet schon seit 1948 bei Interpol. Er ist ein ehemaliger französischer Polizei-Inspektor, spricht fließend vier Sprachen und ist außer dem Generalsekretär der dienstälteste Interpol-Beamte. In all diesen Jahren konnte er von einem Logenplatz aus das internationale Spiel „Räuber und Gendarm" ansehen.

Seiner Meinung nach nimmt das Verbecherwesen jeder Kategorie jährlich um etwa zehn Prozent zu. Über den heutigen Verbrecher weiß er einige interessante Dinge zu berichten.

Fast ganz verschwunden vom Schauplatz ist der Gangster alten Stiles, der mit finsterer Miene aus dem Mundwinkel sprach und mit hochgeklapptem Mantelkragen herumlief. Heute weiß der Verbrecher im allgemeinen genau,was er tun kann, wie auch die Polizei weiß, was sie tun kann. Er macht sich die Transportmöglichkeiten zunutze und saust im Zeitraum von Stunden vom einem Erdteil zum anderen. Die moderne Technik, die ihm ja zur Verfügung steht, liefert ihm nahezu vollkommene Fälschungsmittel.

Um mit ihm Schritt zu halten, muß die Polizei ebenso flink sein und die Informationen besonders schnell weitergeben. Gerade das besorgt Interpol, und ständig sucht sie neue und bessere Mittel und Wege, dem Verbrecher zuvorzukommen.

Falschgeld kann, um nur ein Beispiel zu nennen, binnen Tagen hergestellt und in der ganzen Welt in Umlauf gebracht werden. Im vergangenen Jahr beschlagnahmte die Polizei gefälschte amerikanische Dollars im Betrag von dreißig Millionen. Wieviel mehr gedruckt und in Umlauf gebracht worden sind, bleibt der Vermutung überlassen. Die Fälschung ist so vorzüglich, daß oft nur der Fachmann sie zu erkennen vermag.

Nicht nur Falschgeld wird gedruckt. Es gibt auch einen großen Markt für gefälschte Reiseschecks. Da sie leicht abzusetzen sind und sich bei Geschäftsleuten, denen der Tourismus am Herzen liegt, großer Beliebtheit erfreuen, bilden gefälschte Reiseschecks neuerdings eine weitere lukrative Einkommensquelle.
Um Falschgeld und gefälschte Reiseschecks unter die Leute zu bringen, muß man sich ausweisen können. Infolgedessen ergibt sich ein Nebenzweig für gewisse Drucker. Falsche oder geschickt veränderte gestohlene Pässe, Indentitätskarten, Fahrtausweise und behördliche Schriftstücke ebnen dem reisenden Verbrecher den Weg.
Der König dieser gewaltlos arbeitenden Diebe ist zweifellos der internationale Schwindler oder Bauernfänger. Intelligent, von angenehmem Äußeren, mehrere Sprachen beherrschend und bewaffnet mit allen möglichen Schriftstücken, die seinen Ränken dienen, ist er der schlüpfrigste und ärgerlichste Widersacher der Polizei.
Seine Fantasie ist grenzenlos. Seine Einfälle, wie Menschen zu prellen und zu beschwindeln sind, reichen von internationalen geschäftlichen Betrügereien bis zu Verkäufen nichtvorhandener Besitztümer und anderen ausgeklügelten Schwindeleien, mit denen den Leuten das Geld aus der Tasche gehext wird.
Im vorigen Jahr bekam diese Abteilung der Interpol es mit über 2200 Betrugsfällen zu tun. Nicht bei allen handelte es sich um weltweiten Besitzwechsel. Bei einigen ging es um ganz profane Dinge. Zum Beispiel um Schweine.

*

Die Leute, die den gemieteten Saal in der Bay Street in Toronto füllten, waren größtenteils neuangekommene deutsche Einwanderer. Viele sprachen nur Deutsch, einige hatten beschränkte englische Sprachkenntnisse. Sie waren hier zusammengekommen, um sich den Vortrag eines außergewöhnlichen Mannes anzuhören. Er hieß John Cooper.
Auch er war erst seit kurzem in Kanada. Obwohl er einen britischen Paß hatte, sprach er fließend Deutsch und war den füh-

renden Leuten der ziemlich großen deutschen Kolonie in und um Toronto wohlbekannt.

Cooper gehörte zu jenen glücklichen Menschen, die von der Natur bevorzugt und mit besonderen Gaben ausgestattet zu sein scheinen. Er war schätzungsweise vierzig Jahre alt, groß, von athletischem, gutproportioniertem Körperbau. Er hatte ein starkes Kinn, lebhafte blaue Augen, ebenmäßige weiße Zähne und ein herzliches, aufrichtiges Lächeln. Seine Intelligenz, obzwar offensichtlich, war nicht von der Art, die auf andere so oft aufreizend wirken kann.

Die Menschen, die ihn zum erstenmal sahen, gelangten unweigerlich zu der Überzeugung, eine besondere Persönlichkeit kennengelernt zu haben, die sie gern wiedersehen würden. Man sagte von ihm, er habe Humor und verfüge über endlose Geduld, Leuten zuzuhören, die andere langweilig fanden.

In seinem Paß war sein richtiges Alter eingetragen: fünfundfünfzig Jahre. Das löste immer Bemerkungen über Verjüngungsoperationen, Schönheitsfarmen und Fitneß-Programme aus. Er ließ die Anzüglichkeiten mit gutmütiger Bescheidenheit über sich ergehen, wodurch sein Image nur erhöht wurde. Er schien sich über die Neckereien sogar zu freuen.

Lächelnd, den Zuhörern zunickend, ging er nun auf dem kleinen Podium zum Mikrofon und wartete darauf, vorgestellt zu werden.

Er war auf besonderen Wunsch Helmut Fabers eingeladen worden, eines führenden Deutschen, mit dem Cooper seit seiner Ankunft in Toronto viel Zeit verbracht hatte. Faber lebte hier schon lange; er war der Besitzer eines Warenhauses in der King Street.

Faber las von einem Blatt Papier ab. „Am besten beschreibt man John Cooper als einen praktischen Philosophen“, begann er. „Er hat eine Idee, die unser Leben ändern kann, schon heute.“ Diesen Teil der Einführung hatte ihm Cooper geliefert. Faber war nur zu gern darauf eingegangen, weil er, wie er selbst zugab, kein begabter oder einfallsreicher Redner war.

„Ich lernte Herrn Cooper vor ein paar Monaten in meinem Warenhaus kennen. Er kam zu mir, um seine Idee zu besprechen, mit der er Sie heute abend bekannt machen wird. Er wählte mich aus, weil die meisten von Ihnen mich kennen. Da er vorzüglich Deutsch spricht, wird es keine Verständigungsschwierigkeiten geben."

Er trat beiseite, um Cooper ans Mikrofon zu lassen. „Ich denke", hob Cooper ungehemmt mit vollem Bariton an, „ich sollte Ihnen zuerst etwas von mir erzählen. Ich kam aus dem gleichen Grunde wie Sie nach Kanada — im Grunde, um ein neues Leben zu beginnen. Einige von Ihnen sind hergekommen um zu arbeiten, andere, um hier ihren Lebensabend zu genießen. Sie haben, wie ich weiß, festgestellt, daß das Geld das Sie mitgebracht haben, nicht sehr weit reicht."

Im Saal wurde zustimmend genickt. Es traf zu. Kanada hatte sich als viel teurer erwiesen, als sie beim Verlassen ihrer Heimat gedacht hatten.

„Das Glück war mir hold", fuhr Cooper fort. „Ich bin immer noch jung genug, ein neues Leben anzufangen, und zwar ein gutes Leben." Sein Ton und sein Verhalten wurden eindringlicher. „Über die Frage, wie man in einem fremden Lande Geld verdienen kann, möchte ich heute abend mit Ihnen sprechen. Ich habe meine eigene Philosophie übers Geldverdienen — wer es verdient und wer nicht." Er ließ den Zuhörern Gelegenheit, das zu verarbeiten, bevor er weitersprach.

„Im wesentlichen handelt es sich um den alten Spruch: Wer hat, dem wird gegeben; wer nichts hat, verdient auch nichts. Nun, ich bin Geschäftsmann, und ich darf sagen, ein erfolgreicher. Ich verdiente meine erste Million Dollars, bevor ich dreißig war. Ich lernte etwas, während ich dieses Geld verdiente. Schlicht gesagt: Daß man dem Leben das, was man ihm nimmt, zurückgeben muß. Jeder hat seinen Mitmenschen gegenüber eine Pflicht. Ich möchte es hier in Kanada andern möglich machen, aus meinen Erfahrungen Nutzen zu ziehen." Er schaltete eine Kunstpause ein und blickte sich rings im Saal um, als wollte er mit jedem Anwesenden durch die Augen Kontakt aufnehmen.

„Nennen Sie es eine Schuld, wenn Sie wollen. Lachen Sie mich aus, wenn Sie wollen, aber ich fühle mich moralisch verpflichtet, von dem, was ich empfangen habe, etwas zurückzugeben."

In der nächsten halben Stunde erklärte er, warum es seines Erachtens für den Durchschnittsmenschen sehr schwer sei, reich zu werden. Nach der Begleichung der normalen Lebenskosten bleibe kein Geld zum Investieren mehr übrig. Geld sei ein Werkzeug, das die Wohlhabenden als Mittel zu weiteren Einnahmen benutzten. Fast alle Investierungsprogramme seien auf geringe Renditen hin angelegt, so daß nur Investitionen großen Stiles erheblichen Gewinn einbrächten.

Er habe im Verlauf der Jahre gelernt, daß der kleine Mann nur dann eine Chance hätte, wenn er sich mit anderen zusammenschlösse. Doch dabei ergebe sich ein Problem. Selbst wenn die Habenichtse einen großen Pool bildeten, blieben sich die Einkünfte gleich. Dinge wie Sparkonten, Aktien, Obligationen und gemeinsames Stammkapital brächten für den Einzelnen zum Vorwärtskommen nicht genug ein. Benötigt werde etwas, daß der Einzelne besitzen und kontrollieren könnte. Da die großen Institutionen zu diesem Zweck nicht in Frage kämen, was bliebe also übrig?

Darüber habe er des langen und breiten mit Helmut Faber gesprochen und so begeistert sei Faber von der Idee, die Cooper ihm unterbreitet hatte, daß er die heutige Zusammenkunft veranlaßt habe.

Es herrschte fühlbare Spannung, als Cooper zurücktrat, um Faber das Mikrofon zu überlassen. Faber sagte nur kurz, daß diejenigen, die genau erfahren wollten was Cooper im Sinne hatte, dableiben könnten und Gelegenheit für eine Privatunterredung erhalten würden.

Sogleich ertönten laute Rufe aus dem Saal: Man wünschte Fakten zu hören. Bis jetzt sei lediglich gesagt worden, Cooper hätte eine gute Idee, aber vor einer Privatunterredung müßte man doch Näheres wissen.

Cooper trat vor und hob die Hände, um Ruhe bittend. Er habe sich nicht verschwommen ausdrücken wollen, sagte er, nur lasse sich sein Projekt besser unter vier Augen erklären, weil sich gewiß viele zeitraubende Fragen ergeben würden.

Er wurde überschrieen. Lächelnd, offenbar höchst zufrieden sagte er, da es anscheinend allgemein gewünscht werde, wolle er die Erklärung vor dem Publikum anbringen.
,,Etwa fünf Kilometer südlich von Sunderland liegt an der Autobahn 12 ein großes Stück Land", sagt er. ,,Manche von Ihnen kennen vielleicht die Gegend. Das Land gehört mir, aber als Besitzer eingetragen ist eine Firma, die sich Vereinigung der Viehzüchter von Kanada nennt. Ich bin der Vorsitzende dieser Firma. Herr Faber ist einer der Direktoren. Augenblicklich stehen auf dem Land nur ein paar Gebäude. Ob sich dort etwas entwikkeln wird, hängt von Ihnen und Ihresgleichen ab."
,,Planen Sie eine Genossenschaftsfarm?" fragte jemand.
,,Nicht unbedingt. Wie gesagt, der Name lautet Vereinigung der Viehzüchter von Kanada. Auf dem Land sollen Tiere gezüchtet werden. Genauer gesagt, Schweine."
Das rief Unruhe hervor. Viele Schweine wurden in dem Gebiet gezüchtet, aber wenn dieser Mann vorschlug, in eine Schweinefarm Geld zu stecken, so war er auf dem Holzweg.
Cooper ließ den Zuhörern Zeit, sich zu beschwichtigen. ,,Jawohl, Schweine", sagte er, ,,doch mit einem Unterschied." Er lehnte sich vor. ,,Meine Gesellschaft wird Aktien verkaufen. Jede Aktie gilt ein Schwein. Der Aktionär bezahlt sechs Monate lang das Futter für sein Schwein. Die Verantwortung für das Schwein und seine Pflege übernimmt die Gesellschaft. Nach sechs Monaten kann der Aktionär sein Schwein entweder an die Gesellschaft mit garantiertem vierzigprozentigem Gewinn zurückverkaufen oder das Futter weiterbezahlen, bis das Schwein Junge hat. Dann erhält er vom Verkauf der Ferkel vierzig Prozent. Wenn das ursprüngliche Schwein zufällig eingeht, ist die Gesellschaft verpflichtet, dem Aktionär ein neues Schwein zu liefern."
Nun übernahm Faber wieder das Mikrofon. ,,Jetzt haben diejenigen von Ihnen, die es wünschen, Gelegenheit, mit Herrn Cooper und mir allein zu sprechen. Es werden Zettel verteilt. Wer Interesse an der Sache hat, soll seinen Namen und seine Adresse darauf schreiben und sitzenbleiben. Die andern werden gebeten, nach Verteilung der Zettel den Saal zu verlassen."

Im Saal waren hundertvierzig Leute anwesend. Nur elf gingen nach der Verteilung der Zettel. Cooper und Faber überflogen die notierten Namen und Faber verkündete, die Unterredungen werden sofort in einem kleinen Zimmer hinter der Bühne beginnen.

Helmut Faber freute sich sehr über das Ergebnis der Versammlung. Noch glücklicher machte es ihn, daß er auf Coopers Angebot, einer der Direktoren der Firma zu werden, eingegangen war. Er hatte großes Vertrauen zu dem Unternehmen und er sah darin eine Möglichkeit, seinen Landsleuten zu helfen. Außerdem hatte er gar nichts dagegen, auch selbst dabei Geld zu verdienen.

In dem kleinen Zimmer wurden die genauen Bedingungen festgelegt. Der Preis pro Aktie oder pro Schwein betrug hundert Dollar. Das Futter für ein Schwein kostete monatlich sieben Dollar fünfzig, vorauszahlbar für sechs Monate, zusammen mit dem Preis für das Schwein.

Der Plan umfaßte noch mehr als nur den Besitz eines Schweines. Er enthielt auch ein gesellschaftliches Programm. Jeden Sonntag sollte auf dem Besitz, Hogville genannt, offenes Haus gehalten werden. Es gab Picknicktische, einen kleinen Spielplatz und Bäume, und für die Zukunft war ein Restaurant geplant.

Drei weitere Farmen, so wurde erklärt, zog man schon jetzt in Betracht. Es ließ sich gar nicht sagen, wie groß die Firma werden konnte. Alles hing von der Zahl der Investoren ab. Der Kapitalanleger durfte so viele Schweine oder Aktien kaufen, wie er sich leisten konnte. Aber ganz gleich wie viele Schweine ein Investor besaß, fügte Cooper schnell hinzu, alle Aktionäre wurden gleich behandelt.

An den Sonntagen der offenen Tür sollten die Aktionäre picknikken, einander und auch ihre Schweine kennenlernen. Sie durften so viele Gäste mitbringen, wie sie wollten. Es sei so ähnlich wie ein Ausflug aufs Land zu Verwandten, sagte Cooper jedesmal zur allseitigen Belustigung.

Als die Veranstaltung beendet war, hatte die Vereinigung der Viehzüchter von Kanada vierundneunzig Aktionäre und die mündliche Beitrittserklärung von dreiundzwanzig Leuten, die weder Geld noch ihr Scheckbuch zur Hand hatten.

*

In der folgenden Woche begannen Annoncen in den Lokalzeitungen zu erscheinen, auch im deutschsprachigen „Courier".
Die Annoncen zogen. Die Leute, die sich meldeten, wurden aufgefordert, einen Sonntag in Hogville zu verbringen. Gewöhnlich kehrten die Besucher als neue Aktionäre nach Hause zurück.
Die Höhe des Anlagekapitals war verschieden. Manche kauften nur eine Aktie, andere jedoch viel mehr. Die höchste einzelne Anlage kam von einem Mann aus Cleveland. Nachdem er einen Tag in Hogville verbracht hatte, zahlte er sechzigtausend Dollar für sechshundert Schweine ein.
Kurz danach wurden die drei Farmen, die man in Erwägung gezogen hatte, von der Gesellschaft gekauft. Aber die Hauptfarm, Hogville, blieb der größte Anziehungspunkt. Wie Cooper versprochen hatte, entstand hier ein Restaurant, in dem es alkoholfreie Getränke, belegte Brote und Würstchen zu kaufen gab. Die Gesellschaft gedieh, und die Aktionäre freuten sich.
Am beliebtesten und am lustigsten war das Bekanntschaftschließen von Eigentümer und Schwein. Das war immer mit einer kleinen Zeremonie verbunden. Das Schwein und der Aktionär wurden in einem kleinen Schuppen zusammengeführt, der für diesen Zweck diente. Das von Angestellten saubergeschrubbte Schwein betrat den Schuppen durch die eine Tür, während Cooper den Besitzer durch eine andere Tür hineinführte. Am Ohr des Schweins hing ein Täfelchen mit dem Namen des Aktionärs.
Später, als die Firma immer größer wurde, konnte der Aktionär sein Schwein nur auf ein besonderes Gesuch hin kennenlernen. Es erforderte zuviel Mühe, die vielen vielen Schweine zusammenzutreiben, auszusondern, zu säubern und den Besitzern vorzuführen.
Die ersten Dividenden wurden prompt ausbezahlt. Aus den Büchern der Firma ging hervor, daß über dreihundert Aktionäre mehr als achtzigtausend Dollar erhalten hatten. Die meisten

steckten die Einnahme in weitere Schweine. Als sich der Erfolg des Programms herumsprach, schwoll die Zahl der Mitglieder.
Viele der ersten Investoren hoben nun ihre Sparguthaben ab, verkauften ihre Wertpapiere und steckten ihr Geld in die Gesellschaft. Die Firma sprach allen Ernstes davon, noch fünf Farmen zu erwerben, und erörterte sogar die Möglichkeit einer Konzession in den Vereinigten Staaten.
Inzwischen war Cooper für eine Sondergruppe so etwas wie ein Held geworden. Das war die Gruppe der Einwanderer, mit denen er das Geschäft begründet hatte. Sie lobten ihn über den grünen Klee und überredeten alle, wo sie nur konnten, zum Beitritt. Sie waren die beste Reklame, die er sich denken konnte.
Viele Leute suchten Cooper in Hogville auf, um ihm persönlich zu danken. Sonntags war er immer auf der Farm. Helmut Faber und die beiden anderen Direktoren der Gesellschaft gingen selten nach Hogville. Sie waren es zufrieden, ihren Gewinn einzustecken und ab und zu die Bücher der Firma zu prüfen. Es war wirklich eine Ein-Mann-Show mit Cooper als Zirkusdirektor.
Cooper war recht umgänglich. Der Erfolg seines Unternehmens hatte ihn nicht verändert, im Gegenteil, er war noch liebenswürdiger als früher. Es schien ihm viel daran zu liegen, die Aktionäre kennenzulernen und ihnen Zeit zu opfern.
Die zweite Dividende von fast hunderttausend Dollar wurde den Aktionären ausbezahlt. Laut Cooper gab es jetzt auf den vier Farmen über zwanzigtausend Schweine. Oder, wie er es gern ausdrückte: „Eine Kapitalanlage von zwei Millionen Dollar."
Ein Rummelplatz und ein Schwimmbecken kamen in Hogville hinzu. Jeden Sonntag konnte man Cooper hier finden, umgeben von Schweinen und Aktionären.
Helmut Faber hatte mit einer Anlage von zehn Schweinen angefangen. Jetzt gehörten ihm hundertzwanzig Schweine. Da er auch am Gewinn der Firma beteiligt war, sackte er eine ganz schöne Summe ein und versäumte keine Gelegenheit, Cooper zu preisen, den er als Genie bezeichnete.
Dann wurde Faber an einem warmen Freitagnachmittag im April von Cooper angerufen. Cooper hielt es für dringend geboten, neues Land zu erwerben. Auf den vier Farmen waren allzu viele

Schweine, und wenn sich die Gesellschaft weiterhin vergrößern sollte, wurde neuer Grundbesitz benötigt. Er habe von einer großen Parzelle in der Nähe von Ottawa gehört. Er halte es für's beste, dorthin zu eilen, bevor das Grundstück weggeschnappt wurde. Er bat Faber, am nächsten Sonntag Hogville zu betreuen, da er vermutlich nicht beizeiten zurück sein werde.
Obwohl Faber an dem Unternehmen stets interessiert war, erklärte er, er verstehe zuwenig von der Farm, um sich nützlich machen zu können. Er erinnerte Cooper daran, wie selten er nach Hogville gekommen war, so daß er sich dort überhaupt nicht auskannte.
Cooper versicherte ihm, es werde kein schwieriger Sonntag sein. Anträge für Bekanntschaftschließen mit Schweinen lägen nicht vor, und alle sonstigen Probleme könnten von den Farmarbeitern bewältigt werden.
Widerwillig sagte Faber zu. Das Datum paßte ihm gar nicht, weil er die Absicht gehabt hatte, am Sonntag neu hereingekommene Waren in seinem Geschäft zu besichtigen. Cooper war aber nicht nur ein Sozius, sondern auch ein guter Freund. Er wünschte ihm eine angenehme Reise und hängte ein, bevor es ihm in den Sinn kam, sich zu erkundigen, warum sich Cooper für ein vierhundert Kilometer entferntes Grundstück interessierte. Schließlich fand er es unwichtig. Cooper mußte seine Gründe haben. Faber schlug sich den Gedanken aus dem Kopf.

Ein angenehmer Reisegefährte

Der internationale Flughafen Dorval in Montreal dient nicht nur dreißig Fluggesellschaften zur Landung, sondern ist auch der Heimatflughafen der International Civil Aviation Organisation und der International Air Transport Association.
Diese Tatsache war dem Passagier gleichgültig, der ein Flugbillet erster Klasse für den Flug 161 der Swissair besaß. Diese Maschine sollte um 21 Uhr 40 nach Zürich abgehen. Ihn interessierte es nur, an Bord der DC-10 zu gelangen und es sich für den langen Flug nach der Schweiz gemütlich zu machen.
Er hatte in der Stadt in einem französischen Restaurant einen vorzüglichen Schweinebraten genossen. Der Kellner hatte sich lobend über sein tadelloses Französisch geäußert und ihn höflich gefragt, ob er Franzose sei. Nein, hatte die Antwort gelautet, er sei eigentlich Deutscher.
Während er im Wartesaal saß, knüpfte er ein Gespräch mit einem deutschen Geschäftsmann an, der denselben Flug gebucht hatte. Diesem Mann stellte er sich als Gerhart Richter aus Düsseldorf vor.
Hocherfreut teilte ihm der andere, der Heinrich Kraft hieß, mit, er sei ebenfalls aus Düsseldorf. Kraft, ein rundlicher Mann mittleren Alters, verheiratet und Vater von drei Töchtern, hatte eine Geschäftsreise gemacht, um für einen Schweizer Kunden Grundstücke zu besichtigen.
Kraft fand, daß Richter ein angenehmer und interessanter Reisegefährte war. Später sollte er sich daran erinnern, daß Richter ihm gesagt hatte, er habe in Montreal seine Schwester besucht und bedaure, daß ihm nur ein paar Stunden Zeit geblieben waren, sich Montreal anzusehen.
Er sollte sich auch erinnern, daß Richter nie seinen Beruf erwähnte, obwohl er selbst, Kraft, ganz offen von seinen Geschäften sprach. Er erfuhr lediglich, daß Richter vor der Rückkehr

nach Düsseldorf in der Schweiz einen kurzen Urlaub machen wollte.
Sie hatten einen guten Flug. Kraft gab Richter seine Visitenkarte und bat ihn, sich bei ihm zu melden. Er fand in Richter den faszinierendsten Gesprächspartner, den er jemals kennengelernt hatte, und hoffte, ihn wiederzusehen. Sie trennten sich in Zürichs internationalem Flughafen Kloten. Kraft sollte Richter nie wiedersehen.
Es war ein schöner Sonntagvormittag in Zürich, überraschend warm für diese Jahreszeit.

*

Auch in Toronto versprach dieser Sonntag ein schöner und ungewöhnlich warmer Tag zu werden, als Helmut Faber in seinen Wagen stieg, um nach Hogville zu fahren.
Er kam kurz vor neun Uhr an. Das freute ihn, denn von neun Uhr an wurden die Aktionäre zugelassen. Er stellte sich den Arbeitern vor und machte sich auf, die Schweine zu besichtigen.
Seine erste Reaktion beim Anblick der Schweine war der Gedanke, daß es längst nicht so viele waren, wie es hätten sein sollen. Anscheinend hatte Cooper mehr als zwei Drittel auf die anderen Farmen umgesiedelt. Das fand Faber unsinnig, da Hogville der Schaukasten der Firma und außerdem die größte Farm war. Es beunruhigte ihn.
Noch beunruhigter wurde er, als später am Vormittag eine telefonische Anfrage kam, wann die Firma eine längst fällige Rechnung für Futter zu begleichen gedenke, die sich schon auf siebzigtausend Dollar belief. Faber war entsetzt. Unvorstellbar, daß Cooper so etwas zulassen konnte. Der Mann war in allem so sorgfältig, daß er doch Rechnungen nicht derartig anwachsen lassen konnte.
Er erklärte dem Anrufer, er sei Direktor der Firma und werde persönlich dafür sorgen, daß morgen, Montag, sofort ein Scheck auf den genannten Betrag abgehen würde. Er beschloß, mit Cooper zu sprechen und ihn zu ermahnen, in diesen Dingen zuverlässiger zu sein.

Der Gedanke an diese Riesensumme machte Faber zu schaffen. Er bereute sein Versprechen, die Schuld am nächsten Tage zu begleichen. Vielleicht war Cooper dann noch nicht von seiner Reise zurück, und der einzige andere Mensch, der so hohe Schecks ausstellen durfte, war der Syndikus der Firma. Er hielt es für's beste, den Syndikus zu benachrichtigen. In finanzieller Hinsicht bestand kein Problem, wie Faber wußte. Als er die Bücher das letztemal geprüft hatte, belief sich das Guthaben der Firma auf zwei Millionen Dollar. Natürlich war ein großer Teil davon der Auszahlung der Dividenden vorbehalten; aber dann blieb immer noch mehr als genug, um jegliche Rechnungen zu bezahlen.

Als der Tag zu Ende ging, war Faber recht böse auf Cooper. Offensichtlich betrieb der Mann eine Ein-Mann-Schau. Niemand wußte über irgend etwas Bescheid. Er hatte die Arbeiter gefragt, warum die Schweine weggeschafft worden waren; aber sie hatten keine Ahnung. Er hatte herausfinden wollen, wie viele Schweine hier auf der Farm waren; aber es hieß, nur Cooper wüßte die Zahl. Als er sich nach dem Schweinebestand auf den beiden anderen Farmen erkundigte, erhielt er wieder die Antwort, er müsse mit Cooper sprechen. In sehr schlechter Stimmung fuhr er an diesem Abend nach Toronto zurück.

Der Montagmorgen brachte noch wärmeres Wetter — und eine Katastrophe. Der Anwalt stellte fest, daß das Bankkonto der Firma nicht einmal einen Scheck von tausend Dollar deckte, geschweige denn siebzigtausend.

Mit dem Anwalt zusammen versuchte Faber mit Cooper in Verbindung zu treten, aber er war noch nicht zurück. Sie warteten noch einen Tag; dann benachrichtigten sie, von Argwohn erfaßt, die beiden anderen Direktoren der Gesellschaft. Ein Entschluß wurde gefaßt.

Sie beauftragten eine Treuhandgesellschaft, die Sache genau zu untersuchen. Als erstes wurden die Schweine gezählt. Auf den vier Farmen waren nur zweitausend statt der zwanzigtausend, die den Aktien der Investoren entsprochen hätten.

Am zweiten März stand die Geschichte in den Zeitungen. Hogville war zahlungsunfähig. Ein Konkursverfahren wurde einge-

leitet. Man bemühte sich, aus der Konkursmasse die übriggebliebenen Schweine der Aktionäre zu retten.
Und John Cooper? Je nun . . .

*

In Zürich kaufte sich Gerhart Richter eine Torontoer Zeitung und las vom Zusammenbruch der Vereinigung der Viehzüchter von Kanada. Für ihn bedeutete das kein Problem. Sein Züricher Bankkonto war um die 1,8 Millionen Dollar bereichert, die er aus Kanada überwiesen hatte.
Alles was John Cooper gewesen war — der Paß, der Fahrtausweis und andere Ausweise — war in Stücke gerissen und in Montreal in einer Toilette weggeschwemmt worden.
Richters Tätigkeit in Zürich bestand darin, sein Bankkonto abzuschließen und das Geld an eine Bank in Luxemburg zu überweisen. Er wollte die Verbindung zwischen Kanada und Zürich abschneiden. Er wußte, daß die polizeilichen Nachforschungen bald einsetzen würden, und wollte möglichst wenig Handhabe bieten. Seiner Ansicht nach würden sie im Sande verlaufen. Man würde einen britischen Staatsangehörigen namens John Cooper suchen, keinen Deutschen namens Gerhart Richter.
Er beschloß, von Luxemburg aus nach Paris zu fahren und dort ein paar Wochen der Erholung zu verbringen. Er kannte Paris gut, der Frühling war dort eine besonders schöne Jahreszeit. Danach sollte es weitergehen nach Spanien — nach Barcelona, um genau zu sein. Das war seine Lieblingsstadt. Dort wollte er eine große Villa am Meer mieten und das Leben beginnen, von dem er immer geträumt hatte: das Leben eines reichen Playboys.
In vier Jahren hatte er einen weiten Weg zurückgelegt. Vor vier Jahren hatte er eine Gefängniszelle in Fresnes bei Paris verlassen, nachdem er zwei Jahre wegen Unterschlagung abgesessen hatte. Die Ironie des Schicksals hatte es gewollt, daß damals nichts dabei herausgekommen war. Von Richters Gesichtspunkt aus war es die trübste Zeit seines Lebens gewesen. Jetzt aber standen die Dinge anders.
Nach der Freilassung war er von Fresnes nach Mittelamerika gegangen. Dort hatte er mehr Glück gehabt und etwas Geld ver-

dient. Danach hatte er in Venezuela einen schnellen kleinen Coup gelandet, so daß er die Möglichkeit gehabt hatte, das Abenteuer in Kanada in die Wege zu leiten.
Ja, Spanien fand er ideal. Im Süden Europas war es wärmer, und natürlich sprach er fließend Spanisch. Seine Sprachbegabung leistete ihm die besten Dienste.
Je länger er an Barcelona dachte, während er sich in Zürich ausruhte, desto erpichter wurde er darauf, dorthin zu gelangen. Schließlich entschied er, die Reise nach Paris aufzugeben und von Luxemburg aus geradenwegs nach Spanien zu fahren.

*

Mittlerweile war es in Toronto Zeit geworden, die Polizei zuzuziehen. Am wichtigsten war es, John Coopers Aufenthaltsort ausfindig zu machen. Das erwies sich natürlich als unmöglich. Die Suche mußte erweitert werden; man setzte sich mit der Royal Canadian Mounted Police in Verbindung, und in ganz Kanada wurde auf Cooper Jagd gemacht.
Systematische Nachforschungen begannen. Fast jeder, der mit Cooper zu tun gehabt hatte, wurde verhört. Der erzürnte und bekümmerte Helmut Faber schrieb eine Belohnung von fünftausend Dollar für Hinweise aus, die zu Coopers Festnahme führen würden.
Man gelangte zu dem Schluß, daß sich Cooper abgesetzt hatte. Die Royal Canadian Mounted Police in Ottawa diente als kanadisches Zentralbüro der Interpol. Sogleich erging ein Fahndungsblatt an Scotland Yard und eine Kopie an Interpols Generalsekretariat in St. Cloud. Dem Fahndungsblatt war Coopers britische Paßnummer beigefügt, die in den kanadischen Einwanderungsakten stand. Es enthielt alle bekannten Daten über Cooper und die Beschreibung seines Vergehens.
Zwei Tage später wurde Ottawa von Scotland Yard benachrichtigt, daß die angegebene Paßnummer nirgends vermerkt sei. Wenn er mit einem britischen Paß reiste, mußte es sich um eine Fälschung handeln.

Die Interpol in Ottawa ersuchte das Generalsekretariat um Hilfe. In St. Cloud machte man sich ans Werk. Die Jagd dehnte sich nun über die ganze Welt aus.
Ein Rundschreiben wurde an alle Mitgliedstaaten versandt. Dieses Rundschreiben enthielt alle Auskünfte über Cooper, über die Interpol verfügte. Jedes Nationale Zentralbüro ließ in den Polizeiakten des betreffenden Landes nach dem Gesuchten forschen.
Zwei Wochen verstrichen. Das Generalsekretariat erfuhr nichts, das zu Coopers Festnahme hätte führen können.

*

Gerhart Richter kam in Barcelona an und zog ins Hotel Diplomatic. Alle wichtigen Geschäfte hatte er erfolgreich erledigt. In dem Hotel wollte er bleiben, bis er das gewünschte Haus fand. Er setzte sich mit mehreren Maklern in Verbindung und verabredete eine Besprechung. Er hatte es nicht eilig.

*

Im französischen Nationalen Zentralbüro grub ein Beamter eine Information aus, die einige Erregung auslöste. Vor einigen Jahren hatte er einen Mann verhaftet, auf den John Coopers Beschreibung paßte. Es hatte sich um eine Unterschlagung gehandelt, und der Mann hatte eine zweijährige Gefängnisstrafe in Fresnes abgesessen. Allerdings war es ein Franzose namens Henri Balin gewesen.
Dieser Spur folgte man gleichwohl. Balins Fingerabdrücke und Fotografie wurden vom Generalsekretariat auf bildtelegrafischem Wege dem Nationalen Zentralbüro in Ottawa übermittelt. Sofort erkannte Helmut Faber in Balin den gesuchten John Cooper. Auch andere identifizierten ihn ohne Zaudern. Ottawa war befriedigt. Ein Haftbefehl wurde auf Balins Namen erlassen, und die Information erging an St. Cloud.
Jetzt wurde eine rote Fahndungsausschreibung, auch „Rotekke“ genannt, herausgegeben. Sie enthielt Fingerabdrücke, eine

Fotografie und den Befehl zur sofortigen Verhaftung. Dieses rote Fahndungszirkular erhielten sämtliche Mitgliedstaaten der Interpol.

Gerhart Richter hatte die Jahresmiete für ein zweistöckiges Haus mit Blick aufs Meer erlegt. Rings um die Villa war eine Mauer mit einem großen Tor, durch das Richter mit seinem neuen gelben Maserati bis vors Haus fahren konnte.

Er war froh, nach Spanien gekommen zu sein. Hier fühlte er sich heimisch. Die Perfektion, mit der er Spanisch sprach, erregte immer Bewunderung, wenn entdeckt wurde, daß er Deutscher war.

*

Das Bundeskriminalamt in Wiesbaden machte eine interessante Feststellung. Die Fotografie und auch die Fingerabdrücke auf dem der roten Fahndungsausschreibung vom Generalsekretariat entlarvten Balin als einen Deutschen namens Karl Kraft, der wegen Unterschlagung festgenommen, aber später freigelassen worden war. Sein Geburtsort war Düsseldorf.

*

Der gelbe Maserati tauchte mit Gerhart Richter am Steuer und einer amerikanischen Touristin, Cindy Mathews, in Valencia auf. Die beiden wurden in vielen Restaurants und Nachtklubs gesehen, und sie blieben unvergessen. Sie hatten, ehe sie nach fünf hektischen Tagen und Nächten nach Barcelona zurückkehrten, einigen Trubel verursacht.

*

In Düsseldorf führte die Suche nach Karl Kraft zu einem anderen Kraft, dessen Vorname Heinrich war. Nachdem man ihm eine Fotografie von Karl Kraft gezeigt hatte, sagte er, er glaube, mit diesem Mann sei er von Montreal nach Zürich geflogen. Er gab der Polizei einen neuen Namen an: Gerhart Richter.

Das Schweizer Zentralbüro der Interpol ist die Polizeidirektion in Bern. Zwecks Nachforschungen wurde der Name Gerhart Richter dorthin übermittelt. Die Fremdenkontrolle bestätigte, daß der Gesuchte im Flughafen Kloten eingereist war. Sein Hotel wurde ausfindig gemacht, ebenso das Datum seiner Abreise nach Luxemburg.
Das luxemburgische Zentralbüro im Palais de Justice stellte Nachforschungen an und lieferte bald die Auskunft, daß Richter zehn Tage geblieben und dann nach Paris geflogen war. Ferner ergab sich, daß er dort ins nächste Flugzeug nach Barcelona umgestiegen war, in die Maschine der Air France, Flug 493, die täglich um 12 Uhr 25 abhob.
Jetzt erließ das Generalsekretariat eine neue rote Fahndungsausschreibung. Sie enthielt alle Namen, die der Gesuchte benutzt hatte, außerdem Fingerabdrücke und Fotografie.

*

Richter schlug Cindy Mathews vor, den ganzen Sommer mit ihm zu verbringen. Eigentlich hatte sie die Absicht gehabt, die französische und die italienische Riviera zu bereisen und dann vielleicht, wenn ihr noch Zeit blieb, nach Griechenland zu fahren. Sie hatte eine Schwäche für Richter. Er war ein schöner und sehr unterhaltsamer Mann, und es machte ihm nichts aus, für Vergnügungen viel Geld auszugeben. Sie beschloß, zu bleiben.

*

In Madrid handelte die Comisaria General de Investigación Criminal, die spanische Interpol, schnell. Die Fremdenkontrolle ergab, daß ein Gerhart Richter mit dem Air-France-Flug 493 in Barcelona eingetroffen war.
In dieser Hafenstadt wurden intensive Nachforschungen betrieben. Das Gästebuch des Hotels Diplomatic zeigte an, daß Richter hier acht Tage gewohnt hatte. Am selben Tage wurde der Makler ausfindig gemacht, der Richter das Haus vermittelt hatte.

Zwei Detektive in Zivil parkten ihren Wagen vor Richters Villa. Es war früher Abend, und sie trafen niemand zu Hause an. Sie richteten sich aufs Warten ein und beobachteten den Hauseingang vom Auto aus.

*

Der gelbe Maserati hielt mit quietschenden Bremsen, fast hätte er den Polizeiwagen gerammt. Gerhart Richter, der eine lange Hose und einen leichten Pullover trug, stieg aus und ging ums Auto herum, um Cindy Mathews den Schlag zu öffnen. Als er sich zu der niedrigen Tür bückte, sah er einen erstaunten Ausdruck in ihrem Gesicht. Sie starrte auf etwas hinter seinen gebeugten Schultern. Da ging ihm auf, daß jemand hinter ihm stehen mußte, und er fuhr herum.

Zwei Männer flankierten ihn. Der eine streckte die Hand aus und zeigte ihm ein Polizeiabzeichen.

„Polizei", sagte er. „Sind Sie Gerhart Richter?"

„Nein", erwiderte Richter auf spanisch, aber mit französischem Tonfall. „Mein Name ist Henri Balin. Sie irren sich."

Der Detektiv nickte. „Wir suchen auch einem Henri Balin."

„Demnach wünschen Sie wohl, daß ich mit Ihnen komme." Diesmal war das Spanisch tadellos. Er drehte sich zu Cindy Mathews um und winkte ihr einen lässigen Abschiedsgruß zu.

Die beiden Detektive führten ihn zu dem Polizeiwagen. Er wußte, daß er in einem spanischen Gefängnis sitzen mußte, bis das Auslieferungsverfahren beendet war und die lange Reise nach Kanada begann.

Pech, daß ihm nur zwei Monate vergönnt gewesen waren, sein Playboy-Leben zu genießen. Das sagte er zu den Detektiven.

„Ein Leben wie ein Traum“ sagte Doris - später

Bei der Festnahme von Henri Balin alias John Cooper zeigte Interpol wieder einmal ihre Fähigkeit, durch prompte Zusammenarbeit einen gesuchten Verbrecher zu finden. Trotz seiner Erfahrung, Intelligenz und Sprachkenntnis konnte Balin dem Netz von Informationen nicht entrinnen, die den Behörden den Weg zu ihm wiesen. Seine sorgfältig vorbereiteten Pläne für zahlreiche Identitäten genügten nicht, ihm die Freiheit zu sichern.
Man sollte meinen, weniger gut vorbereitete Verbrecher wären schneller zu fangen. Als eine Fahndung nach einem amerikanischen Ehepaar erging, das nur Englisch sprach und seinen eigenen Paß benutzte, nahm man deshalb an, die beiden würden in ein paar Tagen gefunden werden. Das erwies sich als ein Irrtum.

*

Jerry Young und seine Frau Doris landeten am ersten Juli 1973 im Mailänder Flughafen Malpensa. Beide waren sehr aufgeregt, da sie sich ein ganzes Jahr auf diesen Tag gefreut hatten. An unzähligen Abenden hatten sie in New York darüber gesprochen. Vor ihnen lagen vier herrliche Wochen, in denen sie die Kunstschätze Italiens besichtigen wollten.
Jerry war ein verhinderter Maler. Sechs Jahre lang hatte er versucht, seine Bilder zu verkaufen, ohne ein einziges Stück abzusetzen. Infolgedessen war er verbittert und zweifelte an seiner Begabung.
Doris hegte keine derartigen Zweifel. Sie war überzeugt, daß sein Werk eines Tages berühmt und in allen größeren Kunstmuseen der Welt zu sehen sein würde.
So sehr glaubte sie an ihn, daß sie ihrer beider Lebensunterhalt verdient und darauf bestanden hatte, daß Jerry seine Zeit in der New Yorker Wohnung mit Malen verbrachte. Ihre Eltern und

Freunde fanden es verrückt von ihr, so zu leben. Vielleicht war sie der einzige Mensch in der Stadt, der an seine Berufung glaubte. Jedenfalls verdiente sie als ausgebildete Krankenschwester genug, um sogar etwas Geld für die Italienreise auf die Seite legen zu können.

Die Reise war Doris' Einfall gewesen. Sie meinte, wenn Jerry Gelegenheit hätte, die alten Meister in ihrer italienischen Umgebung zu sehen, könnte er den Auftrieb erhalten, den er für seine Karriere so dringend benötigte.

Sie war ein kleines dünnes Persönchen mit scharfen braunen Augen. Obwohl sie sieben Jahre jünger war als ihr Mann, wirkte sie reifer als er. Diese Reife zeigte sich aber nicht in ihren Gefühlen für Jerry. Sie betete ihn an und hätte alles für ihn getan. Er wußte dies recht gut.

Jerry, einunddreißig Jahre alt, war ein untersetzter, muskulöser Mann mit Bart und langen dunklen Haaren, die ihm auf die Schultern fielen. Bevor er beschlossen hatte, sich ganz der Malerei zu widmen, hatte er verschiedene schlechtbezahlte Tätigkeiten in Fabriken und Garagen ausgeübt. Man hätte ihn hübsch nennen können, wenn sein Gesicht nicht immer einen so finsteren Ausdruck gehabt hätte. In den fünf Jahren seiner Ehe mit Doris hatte er nie etwas verdient.

Vor der Abreise von New York hatte sie ihren Eltern nochmals auseinandergesetzt, warum sie diese Reise für Jerry wünschte. Sie hörten ihr mit der stummen Verachtung zu, die ihre Augen stets zeigten, wenn sie von ihm sprach. Ihrer Meinung nach bestand Jerrys einzige Begabung darin, von dem Verdienst ihrer Tochter zu leben.

Jerrys Begeisterung für die Reise wurde immer größer, je näher der Tag der Abfahrt heranrückte. Ihm bot sie auch die Möglichkeit, von den Menschen wegzukommen, die dauernd wissen wollten, warum er keinen richtigen Beruf ausübte, und, was er noch schlimmer fand, wieso er denn nie ein Bild verkaufte. Er habe es satt, hatte er oft zu Doris gesagt, über seine Lebensweise Rechenschaft ablegen zu müssen.

Sie hatten vor, in Mailand nur einen Tag zu bleiben. Jerry wollte Leonardos „Abendmahl“ sehen. Danach sollte es nach Florenz gehen. Sie hatten vereinbart, daß Jerry die Reiseziele bestimmte und Doris die Finanzen verwaltete. Sie besaßen genau fünfhundert Dollar in Reiseschecks und die Rückflugkarten, die für einen Aufenthalt von zweiundzwanzig bis fünfundvierzig Tagen galten.

Aus dem geplanten einen Tag in Mailand wurden fünf Tage. Jerry hatte im Naturkundlichen Museum Leonardos technische Modelle entdeckt und war davon fasziniert. Als Doris darauf hinwies, daß sie noch viele Orte besichtigen wollten, machte er geltend, daß er den Aufenthalt bestimmen dürfe. Wie gewöhnlich fügte sie sich seinem Wunsch.

Als sie mit dem Zug nach Florenz fuhren und die Stadt zum erstenmal erblickten, waren sie überwältigt. Ursprünglich war für Florenz eine Woche vorgesehen worden, doch nun wurde ihnen klar, daß sie mehr Zeit brauchten. Jerry war dafür, hier zu bleiben, bis sie alles gesehen hätten, auch wenn das bedeutete, sonst nichts mehr zu sehen.

Kurz nach ihrer Ankunft tranken sie eines Abends Kaffee vor dem Restaurant „Il Roga", das im Ruf stand, billig zu sein, und von Touristen, die sich auskannten, bevorzugt wurde. Hier lernten sie ein ungefähr gleichaltriges amerikanisches Ehepaar kennen. Man freundete sich rasch an, und jeden Abend trafen sich die vier bei einem Liter Rotwein, um sich miteinander zu unterhalten.

Jerry und Doris erfuhren, daß sich ihre neuen Freunde seit über zwei Jahren in Europa aufhielten und sich mit allen möglichen Tätigkeiten ernährten, die nicht allzu strenger Arbeitserlaubnis unterlagen. Jerry begann davon zu sprechen, das gleiche zu tun. Doris war dagegen. Es sei nicht praktisch. Es sei durchaus möglich, daß sie keine Arbeit fänden, und daß ihnen das Geld ausginge. Jerry ließ sich auf keine Diskussionen ein, schmiedete aber seine Pläne. Inzwischen zerrann in Florenz die Zeit ebenso schnell wie ihr Geld.

Am letzten Abend vor der Rückfahrt nach Mailand, wo sie den Rückflug nach New York antreten mußten, verkündete Jerry, er habe eine Anstellung gefunden, und zwar als Barmann in Palermo. Viel schaue dabei nicht heraus, sagte er, aber sie könnten nun den Aufenthalt in Europa verlängern, und später, nach der Sommersaison, werde sich schon etwas anderes finden. Sie müßten nur erst einmal nach Palermo gehen. Die Anstellung war ihm von dem Besitzer der Bar zugesagt worden, einem Italo-Amerikaner, der fließend Englisch sprach. Abends wollte Jerry in der Bar arbeiten und tagsüber malen. Eine glänzende Lösung.

Sie diskutierten die halbe Nacht. Doris redete von der Notwendigkeit, praktisch zu sein, Jerry von seiner Karriere. Schließlich überzeugte er sie mit der Erklärung, daß sie jederzeit eine Anstellung finden würde, wenn sie nach New York zurückkehren müßten. Warum also den Versuch nicht wagen? Was hatten sie denn zu verlieren außer Doris' früherer Anstellung? Außerdem gefalle es ihr in Italien doch ebenso sehr wie ihm, nicht wahr? Mit hochgespannten Hoffnungen und dreißig Dollar fuhren sie nach Palermo.

Sie bezogen das Hotel Sausele beim Bahnhof. Ihr Doppelzimmer kostete sieben Mark pro Tag. Während Doris auspackte, begab sich Jerry zu der Bar, wo er arbeiten sollte.

Er kehrte mit der Nachricht zurück, daß es mit der Anstellung nichts war. Der Mann in Florenz, der sich als Besitzer der Bar ausgab, hatte gelogen. Er war in der Bar selbst angestellt, als Kellner. Der wahre Besitzer hatte Jerry viel Mitgefühl gezeigt, brauchte aber keine Hilfe.

Doris war wütend. Zum erstenmal sagte sie zu ihm, er sei ein Taugenichts und werde noch als Stromer enden. Nach dem unvermeidlichen Streit, den ihre Worte entzündeten, lief Jerry zornig weg. Nach zwei Stunden kam er wieder.

Als Antwort auf ihre Frage, wo er gewesen sei, warf er ein Bündel italienischer Banknoten auf den Tisch. „Da", sagte er, „nun halt gefälligst den Mund."

„Woher hast du das Geld?"

Er erklärte, er habe einen persönlichen Scheck auf zweihundert Dollar in Lire gewechselt.

„Wir haben aber auf unserem Bankkonto keine zweihundert Dollar mehr", sagte sie.

,,Wenn schon", erwiderte er. ,,Es wird einen Monat dauern, bis man das herausfindet." Er zeigte ihr einen Taschenkalender. Es war der erste August 1973.

Sie blieben eine Woche in Palermo und verbrachten die meiste Zeit damit, sich zu streiten. Jerry war dafür, nach England zu gehen. Doris war dafür, in die Vereinigten Staaten zurückzukehren und dafür zu sorgen, daß der Scheck gedeckt würde. Jerry sagte ihr, dazu sei zu es spät, und es werde ohnehin nichts geschehen.

Schließlich gab sie klein bei. Ihretwegen könne er tun, was er wolle. Sie werde eben wohl oder übel mitkommen. (Später sagte sie aus, sie wäre mit ihm gegangen, weil sie befürchtete, er würde sie sonst verlassen.)

Das Geld reichte noch für die Reise nach England, wo sie mit dem Bootszug von Frankreich aus in Folkestone ankamen.

In London verschafften sie sich sofort Bargeld, indem sie einen ungedeckten Scheck auf hundert Dollar einlösten. Diesmal erhob Doris keinen Widerspruch. Sie hatte sich Jerry ausgeliefert, was er auch tun mochte. Zehn Minuten später erspähten sie einen Fiat, dessen Schlüssel im Anlasser steckte. Sie eigneten sich das Auto an und fuhren damit nach Reading. Sie ließen es auf einem Parkplatz vor dem Bahnhof stehen und suchten sich ein Hotel für die Nacht.

Am folgenden Morgen wechselten sie einen Fünfzig-Dollar-Scheck, mieteten ein Auto und fuhren nach Cornwall. Der Wagen war für zwei Tage gemietet worden, und Doris begann Freude an der Sache zu haben. Zum erstenmal, soweit sie zurückdenken konnte, fühlte sie sich frei von Verantwortung. Was Jerry betraf, so erlebte er die schönsten Stunden seines Lebens. Er sagte zu Doris, wenn sie vorsichtig wären, könnten sie ewig so weiterleben.

Am zwölften August kauften sie in Exeter in einem Sportgeschäft einen Tennisschläger. Sie bezahlten ihn mit einem Hundert-Dollar-Scheck und ließen sich das Wechselgeld herausgeben.

Am sechzehnten August ließen sie das gemietete Auto in London stehen und fuhren mit dem Nachtzug nach Paris, wo sie An-

schluß nach Nizza hatten. Sie fanden es lustig, einen Teil des Sommers an der französischen Riviera zu verbringen.
Nachdem sie in Nizza im Hôtel des Nations eingezogen waren, wechselten sie sogleich einen Fünfundsiebzig-Dollar-Scheck. Diesmal beging Doris den Betrug, und sie staunte selbst, wie leicht er ihr fiel. Ihre früheren Skrupel hatte sie mittlerweile vollständig überwunden.
Am zwanzigsten August lösten sie den bisher größten Scheck ein, dreihundert Dollar, und zwar im Palais de la Méditerrannée, dem beliebten Spielkasino von Nizza.
Es war für beide zu einem Sport geworden. Ihr einziges Problem bestand in der Frage, wohin sie als nächstes gehen sollten. Glücklicherweise — oder leider, je nach Standpunkt — führten sie in ihrem Gepäck zwei Scheckbücher mit sich.
Sie wagten nur noch zehn Tage in Nizza zu bleiben. Sie beschlossen, als nächstes nach Deutschland zu fahren. Am einunddreißigsten August trafen sie mit dem Zug in Aachen ein.
Sie fanden Unterkunft im Hotel Frankfurter Hof, Bahnhofstraße 30/32. Am ersten Tag wurde die Stadt besichtigt. Doris gefiel besonders das Rathaus, wo die Schätze des Münsters und Karls des Großen ausgestellt waren. An diesem ersten Tag lernten sie den Australier John Dunlop kennen. Sie verbrachten mit ihm zusammen viel Zeit, erzählten ihm aber nie etwas von sich.
Dunlop sprach viel von Hamburg, was für eine lustige Stadt das sei. Wenn er nicht so knapp an Geld wäre, sagte er den Youngs, würde er gern für mindestens eine Woche wieder dorthin gehen.
Am siebenten September mietete Doris ein Auto, und alle drei verstauten ihre Koffer im Gepäckträger. Sie wollten nach Hamburg, und Dunlop kam als ihr Gast mit. Inzwischen glaubte Dunlop, Jerry wäre ein erfolgreicher New Yorker Maler. Nur einmal machten sie schnell halt, bevor sie Aachen hinter sich ließen. Sie aßen in einem Restaurant, wo Jerry mit einem Fünfzig-Dollar-Scheck bezahlte.
Dunlop lotste sie zu einem Hotel in der Nähe der Reeperbahn, dem Viertel des Nachtlebens. Es war der Paulinenhof, wo sie zu dritt ein Zimmer bewohnten. Dunlop blieb eine Woche mit ihnen zusammen und verabschiedete sich dann. Da es den Youngs in

Hamburg sehr gut gefiel, wollten sie hier längere Zeit bleiben. Sie blieben fast einen Monat. Das Auto, das sie gemietet hatten, wurde am dritten Oktober in der dreistöckigen Garage des Luxushotels Atlantic gefunden.
Am siebzehnten Oktober wurde der Heidelberger Polizei gemeldet, ein amerikanisches Ehepaar habe versucht, im Hotel Goldener Falke in der Altstadt nahe der Universität einen persönlichen Scheck zu wechseln. Das Paar habe sich mit einem Paß und einer französischen Kreditkarte ausgewiesen. Die Namen hätten verschieden gelautet, der auf dem amerikanischen Paß Doris Young. Als man die beiden deswegen befragt habe, seien sie weggelaufen.
Als diese Meldung bei der Heidelberger Polizei einging, mieteten Jerry und Doris gerade ein Auto. In ihrem Schrecken hielten sie die Zeit für gekommen, Deutschland zu verlassen und über die Grenze nach Frankreich und dann in die Schweiz zu fahren. Zum erstenmal hatten sie beim Einlösen eines Schecks einen Schnitzer begangen. Sie nahmen sich vor, in Zukunft vorsichtiger zu sein.
Auf der Fahrt in die Schweiz machten sie in Besançon halt, wo sie einen Fünfundsiebzig-Dollar-Scheck einlösten und den Wagen zurückließen.
Dann ging es weiter nach Lausanne. Sie kamen überein, hier eine Weile auszuruhen und die Dinge sich abkühlen zu lassen. So bezogen sie ein Doppelzimmer im Hotel Transit beim Bahnhof. Am Weihnachtsabend speisten sie im eleganten Palace Hotel und wechselten zur Feier des Tages einen Zweihundert-Dollar-Scheck ein.
Am Neujahrstag befanden sie sich in Neapel; in ihrer Ruhelosigkeit war ihnen die geregelte Sauberkeit der Schweiz auf die Nerven gegangen. Zwei Wochen später ließen sie im Hotel Rex eine unbezahlte Rechnung zurück und verschwanden in einem gemieteten Auto. Sie waren bei ihrem letzten Scheck angekommen und meinten, Frankreich böte bessere Aussichten als Italien.
In Lyon eröffneten sie ein Bankkonto und erhielten zwei Scheckbücher mit je fünfzig Schecks. Sie verbrauchten alle hundert auf einer Spritztour durch Frankreich, Belgien und die

Schweiz. Der letzte Scheck wurde am fünfzehnten Februar in Genf eingelöst. Alles in allem hatten die beiden Scheckbücher 6000 Dollar eingebracht.

Die ganze Zeit hatten Doris und Jerry das Gefühl, nicht in der Wirklichkeit zu leben. ,,Ein Leben wie ein Traum'', sagte Doris später. ,,Es kam mir immer vor, als ob wir nichts Unrechtes täten und eines Tages in unserer New Yorker Wohnung aufwachen würden.''
Nach einer kurzen Debatte wurde Österreich als nächstes Reiseziel gewählt. Doris hätte gern die skandinavischen Länder besucht, aber Jerry zog Österreich vor. Wie üblich setzte er seinen Willen durch. Am zweiten März zogen sie nachmittags im Hotel Austria in der Wiener Innenstadt ein.

Da sie sich in diesem Lande zum erstenmal aufhielten, fühlten sie sich hier sicher. Wie jeder Tourist schauten sie sich die Sehenswürdigkeiten an. Besonders beeindruckte sie die Aussicht auf Wien vom Nordturm des Stephansdomes. Sie machten von Wien aus vier Ausflüge. Abends waren sie Stammgäste im Griechenbeisl, einer Schenke aus dem fünfzehnten Jahrhundert. Hier trank man mit besonderer Vorliebe Bier, während man der Ziehharmonika- und Zithermusik lauschte.

Schließlich fand Jerry es an der Zeit, weiterzuziehen. Vorher eröffnete er abermals ein Bankkonto und erhielt 150 Blankoschecks. Mit der Einlösung wurde am vierundzwanzigsten März begonnen. Ein neues Verfahren ermöglichte es ihnen, sie schneller als sonst loszuwerden. Sie trennten sich, und jeder löste sechs Schecks ein. Meistens kauften sie eine Kleinigkeit und ließen sich das Wechselgeld in bar herausgeben.

Unterwegs in einem gemieteten Auto beschafften sie sich das Bargeld in Salzburg (am ersten April), in Dornbirn (am sechsten April), in Villach (am zehnten April) und zuletzt in St. Pölten (am fünfzehnten April). Den Wagen, den sie benutzt hatten, ließen sie am zweiten Mai in einer Straße in Luxemburg stehen.

Während einer zehntägigen Scheckabsatztour in Brüssel, die am elften Mai endete, sammelten sie Francs im Wert von 3400 Dollar ein.

Da Doris erklärte, Deutschland sage ihr besonders zu, unternahmen sie schnell eine Reise dorthin, mit verschieden langem Aufenthalt in Rheydt, Herford und München. Diesmal belief sich die Einnahme auf 1300 Dollar.
Jetzt verkündete Jerry, es sei ihm recht, Skandinavien zu besuchen. Am ersten Juli feierten sie mit einem besonderen Essen ihren einjährigen Aufenthalt in Europa, und zwar im Grill-Restaurant des Hotels Bristol in Oslo. Das Hotel hatte den Alliierten während der Befreiung 1945 als Hauptquartier gedient.
„Lassen wir Oslo in Ruhe", sagte Jerry beim Essen. „Wir wollen nächstes Jahr wieder herkommen, das heißt 1975 am selben Tisch sitzen."
„Ein guter Gedanke", stimmte Doris zu. „Wir wollen das Hotel ebenfalls zu unserem Hauptquartier machen."
„Vielleicht bringt man eines Tages auch für uns ein Schild an", scherzte Jerry.
Sie sprachen noch darüber, daß eine Reise nach Griechenland und in die Türkei interessant sein könnte. Vorher aber wollten sie nach England fahren, dort wieder ein Bankkonto eröffnen und sich mit weiteren Blankoschecks versehen.
„Was glaubst du, wann werden wir nach New York zurückkehren?" fragte Doris.
„Nach dem Besuch der Türkei", antwortete Jerry.
„Und wenn man uns in den Staaten sucht?"
„Dann gehen wir eben nicht zurück", sagte er. „Wir können gut irgendwo leben, zum Beispiel in Marokko."

Zickzacksprünge durch Europa

Luigi Cortorillo war erregt. Immer wieder fuhr er sich mit den Händen durch die Haare, während er dem Polizeileutnant auseinandersetzte, wie er von einem amerikanischen Touristen beschwindelt worden war. Er schüttelte die Faust über dem Scheck, der auf dem Schreibtisch des Polizeibeamten lag.
Um ihn zu beruhigen, sagte der Leutnant, es handle sich wohl um einen Irrtum. Es sei seines Erachtens unwahrscheinlich, daß ein ungedeckter Scheck auf der Rückseite die Paßnummer des Inhabers tragen würde. Er fände es am besten, den Scheck der Bank in New York nochmals zuzustellen.
Cortorillo teilte diese Ansicht nicht. Der Scheck sei mit der Anmerkung „ungedeckt" zurückgekommen. Wieso der Leutnant auf den Gedanken komme, es würde sich nicht wiederholen?
Abermals erklärte der Leutnant, Cortorillo rege sich unnötig auf, er solle den Scheck nochmals vorlegen. Sicher stecke nur ein Irrtum dahinter.
Cortorillo blieb hartnäckig. Er wünschte, daß etwas unternommen würde. Er hatte für den Scheck eine Summe in Lire verrechnet, die dem Wert von zweihundert Dollar entsprach. Das sei ein großer Geldverlust.
Der Leutnant trug die Nummer des Passes auf einem Formular ein. Er rief auch das Hotel an, das auf der Rückseite des Schecks als Adresse des Touristen angegeben war.
Das Hotel Sausele bestätigte, daß zwei Amerikaner, Jerry Young und Fau, hier Gäste gewesen waren. Sie waren vor drei Wochen abgereist. Ihr Reiseziel hatten sie nicht erwähnt.
Der Leutnant gab Cortorillo den Scheck zurück und riet ihm abermals, ihn nochmals der New Yorker Bank vorzulegen. „Sie werden schon sehen", sagte er, „es wird alles in Ordnung kommen."

Drei Tage später ließ in London ein städtischer Polizei-Inspektor, der einen retournierten Hundert-Dollar-Scheck geprüft hatte, in den Akten seiner Abteilung nachsehen, ob noch mehr Beschwerden über den Aussteller des Schecks eingetroffen seien. Als er verneinende Antwort erhielt, schlug auch er dem Beschwerdeführer vor, den Scheck nochmals der New Yorker Bank zur Verrechnung zuzustellen. Immerhin notierte er auf einem Formular den Namen, die Paßnummer, das Datum und den Betrag.
Gerade als er den Fall zu den Akten legen wollte, wurde er von einer Außenstelle angerufen. Zufällig hatte man dort von seiner Nachforschung gehört, und man war wegen des Namens stutzig geworden. Ein Amerikaner, Jerry Young, habe am elften August in Reading ein Auto gemietet und es dann in London stehengelassen. Er schuldete dem Autovermieter eine hohe Summe. Obwohl ein Zusammenhang mit dem Young bestehen könnte, nach dem sich der Inspektor erkundigt hatte?
Am gleichen Tage lief später eine Beschwerde aus Exeter bei Scotland Yard ein. Wieder handelte es sich um einen von Jerry Young ausgestellten Scheck.
Jetzt befaßte sich Scotland Yard mit all den Informationen und erließ einen Haftbefehl gegen die Youngs. Man war ziemlich sicher, es mit Berufsbetrügern zu tun zu haben. Die Suche nach den Youngs hatte begonnen. Das Datum war der vierzehnte September 1973.

*

Drei Tage nach der Ausstellung des Haftbefehls in London wurde die französische Polizei auf Doris und Jerry aufmerksam. Da in Nizza mit ungedeckten Schecks bezahlt worden war, fing die Suche nach den Youngs dort an.
Mittlerweile setzte sich Scotland Yard als Sitz des Nationalen Interpol-Büros in England mit dem Nationalen Büro in Frankreich in Verbindung. Man vermutete, Jerry und Doris könnten sich nach Frankreich abgesetzt haben. Wenn nicht, waren sie vielleicht von dort gekommen. So oder so bestand die Möglichkeit, daß Frankreich in der Lage war, Auskünfte zu liefern.

Da Interpol nun mit dem Fall zu tun hatte, ließ das Generalsekretariat ein Rundschreiben an alle europäischen Mitgliedländer ergehen. Viele Informationen konnte man nicht übermitteln, aber wenigstens die Nummer des Passes und eine allgemeine äußere Beschreibung des Paares. Auch mit dem Nationalen Zentralbüro der Vereinigten Staaten im Finanzministerium setzte man sich in Verbindung und erbat, wenn möglich, Fotografien der beiden Gesuchten sowie sämtliche Auskünfte, die gegeben werden konnten. Das war am zweiundzwanzigsten September.

Am fünfundzwanzigsten erhielt das Generalsekretariat Abzüge der Paßfotos. Aber noch etwas traf an diesem Tage ein: ein Dossier aus Deutschland, ungedeckte Schecks aus Aachen und eine Beschwerde wegen eines fehlenden Mietwagens. Die Young-Akten wurden allmählich umfangreich.

Interpols Räderwerk lief mit Höchstgeschwindigkeit. Eine rote Fahndungsausschreibung erging an alle Mitgliedstaaten innerhalb und außerhalb Europas. Wie üblich enthielt dieses Fahndungsblatt den Steckbrief der Gesuchten, den Haftbefehl mit genauer Begründung und alle bekannten Fakten. Die Youngs konnten nun in 120 Ländern festgenommen werden. Interpol hatte keine Zeit vertrödelt. Die Fahndungsausschreibung ging am fünften Oktober hinaus.

Die erste Möglichkeit, Jerry und Doris zu schnappen, ergab sich zwölf Tage später in Heidelberg. Hier hatte die Polizei erfahren, daß zwei Amerikaner mit zwei verschiedenen Ausweisen im „Goldenen Falken" einen Scheck hatten einlösen wollen, und sie beauftragte einen Mann mit der Untersuchung. Da jedoch kein Geldverlust vorlag, erschien der Beamte erst am folgenden Vormittag in dem Hotel. Als er im Polizeibüro den Namen angab, der ihm vom Hotel genannt worden war, erfaßte man, wer das Paar gewesen war. Es war jedoch zu spät, und es blieb nichts anderes übrig, als diese Information dem Nationalen Zentralbüro der Interpol in Wiesbaden zu übermitteln.

Während Jerry und Doris, denen das Glück immer noch hold blieb, durch Besançon fuhren, fand dort ihretwegen eine Sitzung in der Polizeidirektion statt. Als der Polizei später klar wurde, daß die Personen, um die sich die Besprechung gedreht hatte, am selben Tage einen ungedeckten Scheck eingelöst hatten, wurde sie wütend. An sich war es nur eine Routinesitzung gewesen, denn niemand wäre auf den Gedanken gekommen, daß die Youngs hier durchfahren könnten.

Im Generalsekretariat wurde das Dossier immer dicker. Von überall her liefen neue Rapporte ein. Der November kam und ging. Das Dossier wurde noch dicker. Es war schwer durchzuakkern. Man nahm an, daß die Youngs irgendwo haltgemacht hatten und sich versteckten. Es galt also, abzuwarten, bis sie auftauchten. An der ersten Grenze, die sie überqueren wollten, würde sie ihr Schicksal ereilen — so dachte man allgemein.

Auch in Lausanne war die rote Fahndungsausschreibung eingetroffen und lag hier begraben unter einem Stapel anderer Rundschreiben, die darauf warteten, eingeordnet zu werden. Weihnachten näherte sich, und in der Stadt herrschte frohe Stimmung.

Jeden Abend gegen neun Uhr begegnete der junge Polizist, dessen Runde die Gegend am Bahnhof einschloß, dem Touristenpaar, das im Hotel Transit wohnte. Obwohl die beiden ihn nie ansprachen, pflegten sie einander zu grüßen.

Später erklärten die Youngs, daß sie sich noch gut an ihn erinnerten. „Er hatte so rosige Wangen", sagte Doris.

Merkwürdigerweise war der Name der Youngs nie aufgetaucht, als das rote Fahndungszirkular in Lausanne eintraf. Wer die Gästeliste der Hotels auch nachgeprüft haben mochte, der Betreffende hatte den Youngs einen großen Gefallen getan, indem er offenbar sehr flüchtig vorgegangen war. Das war bezeichnend für das Glück, das Jerry und Doris auf all ihren Reisen hatten.

Als sie den Schritt taten, auf den die Polizei gewartet hatte, nämlich die Grenze nach Italien überquerten, erlebte die Polizei eine Überraschung, nicht das Ehepaar Young.

Es war gar keine Zauberei dabei. Im Zweitklasswagen eines vollbesetzten Zuges wurden sie in der Menge einfach übersehen. Die Paßkontrolleure und Zollbeamten, die durch den Zug gingen, hatten so viel zu tun, daß sie sich mit dem flüchtigen Blick auf die beiden amerikanischen Pässe begnügten. Sie wollten keine

Verzögerung bewirken, da der Zug ohnehin schon Verspätung hatte.

Am zweiundzwanzigsten Januar 1974 gerieten die Youngs, ohne es zu wissen, in höchste Not. Das trug sich in Lyon zu, als sie hier die Bank verließen, wo sie ein Konto eröffnet hatten, um zu weiteren Blankoschecks zu kommen.

Michel Girard, ein Beamter der französischen Fremdenpolizei, der in Cherbourg arbeitete, hielt sich in Lyon bei seiner Schwester zu Besuch auf. Gerade als Doris und Jerry durch die Tür der Bank hinausgingen, traf Girard, der hineingehen wollte, mit ihnen zusammen.

Als er die beiden sah, lächelte er und setzte zu einem Gruß an. Er kannte die Gesichter, konnte sich nur nicht auf den Namen besinnen. Da hörte er sie miteinander Englisch sprechen und unterließ die Begrüßung. Er mußte sich geirrt haben, obwohl sie ihm so bekannt vorkamen.

Während er am Schalter einen Scheck unterschrieb, fiel ihm plötzlich ein, woher er sie kannte. Vorige Woche hatte er in Cherbourg ihre Fotografien gesehen. Kugelschreiber und Scheck in der Eile vergessend, stürzte er auf die Straße hinaus. Als er sie nirgends sehen konnte, lief er in die Bank zurück, weil er hoffte, hier den Youngs auf die Spur zu kommen. Zu seiner Befriedigung brachte er in Erfahrung, daß sie ein Bankkonto eröffnet hatten; das war die Bestätigung, daß er tatsächlich dem gesuchten Paar begegnet war.

Sogleich zog die Lyoner Polizei ein Netz um die Stadt. Nur eine Stunde war zwischen Girards Entdeckung und dem Alarm vergangen. Das war ungefähr eine halbe Stunde zuviel. Das Paar war fort, mit dem Zug unterwegs nach Belgien über Paris.

Sechsunddreißig Stunden setzte die Polizei ihre fieberhafte Suche fort, bevor sie zu dem Schluß gelangte, daß ihr die Beute irgendwie entschlüpft war. Nachdem die Jagd abgeblasen worden war, benachrichtigte man Interpol. Die Verzögerung erwies sich als kostspielig. Am ersten März waren fast alle ungedeckten Schecks — im Wert von rund sechstausend Dollar — der Lyoner Bank eingereicht worden.

Beinahe täglich gingen Kopien dieser Schecks beim Generalsekretariat ein. In Eilbriefen wurden die Nationalen Zentralbüros dringend ersucht, sich bei der Suche nach den Youngs mit allen Kräften zu bemühen.
Während die Polizei ihre Anstrengungen verdoppelte, besichtigten Doris und Jerry Wien. Ihr Glück hatte sie ohne die geringsten Schwierigkeiten über Landesgrenzen hinweggezaubert. Sie hatten keine Ahnung, daß ihretwegen eine internationale Jagd im Gang war. An jeder Landesgrenze füllten sie arglos das Einreiseformular aus.
Dann erhielt Interpol ganz unerwartet die Nachricht, das Paar sei verhaftet worden. Gespannt wartete man auf nähere Einzelheiten. Das war am zehnten April, genau sechs Monate nach Beginn der Suche.
Die begierig erwartete nächste Nachricht brachte eine Enttäuschung. Es war ein Irrtum gewesen. Das festgenommene Ehepaar hieß ebenfalls Young und entsprach mehr oder weniger der allgemeinen Beschreibung. Aber die Überprüfung der Fingerabdrücke ergab, daß es sich um einen amerikanischen Hauptmann und dessen Frau handelte. Noch aufreizender als diese Nachricht wirkte es sich aus, als drei Tage später neue Schecks von einer österreichischen Bank eintrafen, die Jerry Young unterzeichnet hatte. Außerdem war an dem Tage, als man die falschen Youngs festgenommen hatte, in Brüssel ein Scheck eingelöst worden.
Während Doris und Jerry ein Märchenleben führten und die Zeit verging, wurden die Rapporte von ihren Reisen in den Polizeibüros und im Generalsekretariat sauber katalogisiert und eingeordnet. Da sich die beiden in Zickzacksprüngen bewegten, ließ sich ihr nächster Aufenthaltsort unmöglich voraussehen.
Am siebzehnten Juli 1974 betraten die Youngs zum zweitenmal in Folkestone den Boden Englands. Wieder kamen sie an dem Schalter vorbei, wo sie die Einreiseformulare abgeben mußten. Wieder nahm das junge Mädchen die Formulare mechanisch entgegen und fragte nur, während sie das sechsmonatige Visum in die Pässe stempelte, wie lange sie in England zu bleiben gedächten.

In London mieteten sie ein Auto, um nach Cornwall zu fahren, wo sie einen kleinen Urlaub verbringen wollten. Sie kamen durch einige Ortschaften, die sie schon auf ihrer ersten Englandreise besichtigt hatten.

Während sie durch dieses Gebiet fuhren, fühlte sich Doris auf einmal unbehaglich. ,,Vielleicht war es ein sechster Sinn oder etwas Ähnliches", sagte sie später. ,,Mir spukte der Gedanke im Kopf herum, wir würden erwischt werden. Ich wußte irgendwie, daß es geschehen würde. Ich bat Jerry immer wieder, nicht nach Cornwall zu fahren, aber er wollte nicht auf mich hören."

In der Marktstadt Newton Abbot mißachtete Jerry eine rote Ampel, worauf er von einem Polizeiwagen angehalten wurde. In dem Wagen saßen zwei Polizisten; der eine blieb am Steuer sitzen, während der andere zu Jerry und Doris hinüberging.

Nach dem ersten Wortwechsel merkte der Polizist, Jacob Finch, daß er offenbar zwei amerikanische Touristen angehalten hatte. ,,Ich wollte es bei einer Ermahnung bewenden lassen", sagte er später aus. ,,Ausländer, die unseren Linksverkehr nicht gewöhnt sind, übersehen oft die Signale."

Der Fahrausweis, den Jerry dem Polizisten vorwies, war seit drei Monaten abgelaufen. Er hoffte, die fremdartige Lizenz würde der Aufmerksamkeit des Beamten entgehen. Das war nicht der Fall.

Ruhig und höflich fragte Finch, wie Jerry den Wagen mit dem abgelaufenen Fahrausweis habe mieten können. Doris antwortete ebenso höflich, sie habe den Wagen gemietet, da ihr Fahrausweis gültig sei. Sie zeigte ihn vor.

Daraufhin erklärte Jerry, Doris fühle sich nicht wohl, und er habe das Steuer nur übernommen, bis sie ein Hotel finden würden. Er setzte hinzu, von jetzt an wolle er auf die roten Ampeln besser achtgeben.

Finch gab keine Antwort. Er überlegte, ob er die beiden laufen lassen sollte, ja, er wollte ihnen sogar das nächste Hotel angeben.

Unklugerweise brach Jerry das momentane Schweigen mit einem unbotmäßigen Vorschlag: ,,Würden Sie fünfzig Dollar annehmen und die Sache auf sich beruhen lassen?"

Sofort befahl Finch den beiden, auszusteigen. Gleichzeitig winkte er seinen Kollegen herbei. Seine erste Reaktion auf diese Bestechung war der Verdacht, daß die beiden Amerikaner Rauschgift mit sich führten. Er wollte den Wagen durchsuchen. Jerry verschlimmerte die Lage. Anstatt auszusteigen, bot er dem Polizisten hundert Dollar an. Das überzeugte Finch, daß da etwas nicht mit rechten Dingen zuging. Er beorderte Jerry und Doris aus dem Wagen, schloß ihn ab und hieß sie in das Polizeiauto einsteigen, um sie zur Wache zu bringen.
Doris begann zu weinen. Jerry fuhr sie wütend an, und Finch mußte ihn davon abhalten, sie zu ohrfeigen. Während der ganzen Fahrt zum Polizeiposten weinte Doris.
Als sie dort anlangten, hatte Doris genügend Wahrheiten herausgeschluchzt, daß sich Finch veranlaßt sah, die Stadtpolizei von London anzurufen.
Wenige Minuten nach dem Anruf war die Kriminalpolizei in Scotland Yard benachrichtigt. Die Youngs sollten festgehalten werden, bis ein Untersuchungsbeamter in Newton Abbot eintreffen würde.
Zwei Tage später saßen die Youngs unter der Anklage des Betrugs in Untersuchungshaft. Während sie auf den Gerichtstermin warteten, erfuhren sie etwas sehr Unangenehmes. Nicht nur hatten sie sich vor einem britischen Gericht zu verantworten, sondern auch in jedem Land, das einen Haftbefehl gegen sie erlassen hatte.
Die vierjährige Gefängnisstrafe, zu der sie in England verurteilt wurden, dürfte nur die erste von mehreren sein. Vorläufig machen noch vier Länder Anklagen geltend. Die einzige Frage ist, welchem Staat man sie als nächstem ausliefern wird, wenn sie in England freigelassen werden.

„Ein Glückspilz“, meinte der Hausverwalter

Mit ihren Zickzacksprüngen über ganz Europa hielten die Youngs die Polizei zwar in Atem, aber wenigstens beschränkten sie ihre Gaunereien auf einen Erdteil. Und fast die ganze Zeit waren ihre Personalien bekannt.

Ein anderes Problem ergibt sich für die Polizei, wenn Verbrecher ihre Tätigkeit auf internationalem Gebiet über die Grenzen eines Erdteils hinaus entfalten, und wenn weder Namen noch Staatsangehörigkeit bekannt sind. Handelt es sich dabei um hohe Geldsummen, die mit jedem Tage anwachsen, ist rasches Handeln um so wichtiger. Es kann ein internationales Versteckspiel werden, bei dem es manchmal um Millionen Dollar geht. In dieser Lage befindet sich Interpol ziemlich oft.

*

Am zweiundzwanzigsten Januar 1975 hatte Richard Venner, ein amerikanischer Geschäftsmann, in Paris vier Landsleute zum Abendessen eingeladen, und zwar ins Restaurant Pompadour des vornehmen und teuren Hotels Meurice in der Rue de Rivoli. Der Preis eines Essens für fünf Personen bildete für Venner kein Problem. Er und seine Gäste genossen ohnehin recht kostspielige vierzehntägige Ferien in Paris. Dies war nun ihr letzter Abend in der französischen Metropole, und Venner hatte ihnen einen denkwürdigen Abschluß versprochen.

Alle Männer, auch Venner, arbeiteten für eine große chemische Fabrik in Dallas im Staate Texas. Venner war Vizepräsident der Firma und leitete das Marketing. Die vier andern waren führende Vertreter in verschiedenen Gebieten der Vereinigten Staaten. Der zweiwöchige Urlaub war eine von der Firma gestiftete Belohnung für die Verkaufserfolge des vorigen Jahres.

Der vierschrötige, derbe, kräftige Venner riß während des üppigen Mahles seine Witze. Er warnte die andern, sich mit dem Wein zu mäßigen, da sie einen langen Abend vor sich hätten.

Nach dem Essen fuhren sie mit einem Taxi zum Montmartre, um hier die Nachtlokale zu erforschen. Kurz nach Mitternacht bestand Venner darauf, mit dem Taxi in eine andere Gegend zu fahren. Es erhob sich einiger Widerspruch, weil sich alle gut unterhielten; aber Venner sagte ihnen, er habe für diese Nacht besondere Pläne.

Er gab dem Taxifahrer eine Adresse in Montparnasse an. Die Fahrt dauerte etwa eine Viertelstunde. Als das Taxi in einer Nebenstraße vor einer kleinen Bar hielt, wurde wieder protestiert. Aber Venner ging voraus und sagte den andern, sie sollten bei der Tür warten. Sie befolgten die Anordnung und warteten, während Venner im Hintergrund der Bar mit einem kleinen, elegant gekleideten Manne sprach.

Der Mann, mit dem sich Venner verabredet hatte, war ein Franzose namens Armand Boucher. Nach beendigtem Gespräch quetschten sich die fünf Amerikaner in Bouchers Auto, einen zwei Jahre alten Renault. Der Franzose brachte sie zu einem Wohnhaus in der Avenue de Villiers im siebzehnten Arrondissement.

Mit dem Aufzug fuhren sie in den fünften Stock hinauf, wo Boucher sie in eine große Wohnung führte. Hier machte er sie in einem luxuriös eingerichteten Zimmer mit fünf bildschönen jungen Frauen bekannt. Diese Mädchen arbeiteten für Boucher, den die Pariser Polizei als Zuhälter kannte.

Als sich die Paare zusammengefunden hatten und Getränke herumgereicht wurden, schlossen Venner und Boucher die finanzielle Seite des Arrangements ab.

„Ich habe nicht mehr viele Francs", sagte Venner. „Sie nehmen doch auch amerikanische Dollars an?"

Boucher erklärte sich einverstanden, worauf Venner seine Brieftasche hervorholte und dem Franzosen fünf Hunderdollarscheine aushändigte. Boucher warf nur einen flüchtigen Blick auf das Geld, bevor er es einsteckte, und entschuldigte sich dann, er

müsse leider gehen und könne nicht einmal ein Glas mit ihnen trinken. Er habe noch ein Geschäft zu erledigen.
Das war keine Lüge. Er hatte es eilig. Er mußte zwei seiner Mädchen treffen, die im Bois de Boulogne arbeiteten, und ihre Einnahmen kassieren. Diese beiden gehörten nicht zu seinen hochklassigen Prostituierten. Sie befaßten sich mit den vorbeifahrenden Autos, standen am Straßenrand und winkten den Fahrern zu.
Schon seit einiger Zeit dachte Boucher daran, sie aufzugeben. Allzu oft wurden sie von der Polizei aufgegriffen, und dann mußte er viel Zeit und Geld opfern, um sie aus dem Gefängnis herauszuholen. Die Callgirls in der Wohnung sagten ihm eher zu. Sie verdienten mehr Geld und wurden nicht so leicht geschnappt.
Als Boucher durch den Bois de Boulogne fuhr, sah er andere Prostituierte auf den Alleen stehen. Er hatte mit seinen Mädchen einen bestimmten Treffpunkt ausgemacht. Es war der Eingang zur Rennbahn Longchamps. Diese Zusammenkunft barg zwar die Gefahr, von der Polizei erwischt zu werden, aber er schrieb sie als Geschäftsrisiko ab. Wenn er jemals geschnappt wurde, was mitunter geschah, war er stets zwei Tage später wieder auf freiem Fuße.
Er hielt vor dem dunklen Eingang und prüfte die Zeit auf seiner Armbanduhr nach, die er erst vor einer Woche bei Cartier gekauft hatte. Er hatte viel dafür bezahlt, doch das war sie ihm wert. Die neidischen Blicke seiner Freunde entschädigten ihn für den Preis.
Er war ein paar Minuten zu früh gekommen. Gerade als er sich eine Zigarette anzündete, sah er eins der Mädchen herbeischlendern. Er kurbelte das Fenster auf der Seite des Beifahrersitzes herunter und wartete.
Aus einiger Entfernung rief sie ihm zu: „Armand, bist du's?"
„Verflucht und zugenäht", fuhr er sie an, als sie neben dem Renault stand, „wie oft habe ich dir schon gesagt, du sollst mich nicht beim Namen nennen! Steig ein."
Als sie neben ihm saß, kurbelte er das Fenster auf seiner Seite herunter und warf die Zigarette auf die Straße. „Wieviel?" frag-

te er. Die Erfahrung hatte ihn gelehrt, seine Mädchen so zu begrüßen. Wenn er abwartete, bis sie redeten, logen sie immer und betrogen ihn um sein Geld.
Sie kramte in ihrer Handtasche und holte ein dünnes Bündel Geldscheine hervor.
,,Wieviel?" fragte er abermals.
,,Jedenfalls genug." Die Männerstimme erschreckte Boucher. Er fuhr mit dem Kopf zum Fenster neben sich herum. Polizeiinspektor Antoine Duval spähte herein. Hinter Duval stand ein zweiter Beamter.
,,Na, Boucher, wie geht das Geschäft?" fuhr Duval fort.
,,Scheiße", murmelte Boucher. Er wußte, daß ihm ein langer Morgen bevorstand. Es machte ihm nichts aus, die Kaution und eine bestimmte Buße zu bezahlen, aber das Drum und Dran wurmte ihn.
,,Also, was nun?" fragte er den Inspektor. Natürlich wußte er recht gut, wie es weitergehen würde. Die grüne Minna würde bald kommen, um ihn und das Mädchen abzuholen. Er wollte nicht, daß auch die andere, die er erwartet hatte, mitgenommen wurde. Sonst würde es ein teurer Tag für ihn werden.
Er lachte Duval spöttisch an. ,,Ich bin bereit, sobald es soweit ist." Er war ganz gefaßt. Er hatte das so oft schon erlebt, daß er den Verlauf der Dinge genau kannte.
Zwei Stunden später hatte Armand Boucher seine Fassung verloren. Er saß vor Inspektor Marcel Mercier vom Kriminalamt für Betrug und Fälschung. Mercier war von Duval zum Polizeirevier gerufen worden, weil Duval die amerikanischen Dollars in Bouchers Brieftasche etwas sonderbar gefunden hatte.
,,Na, na, Boucher", knurrte Mercier, ,,wollen Sie etwa behaupten, Sie hätten dieses Geld von einem Ihrer Mädchen erhalten?" Er wies auf die fünf Hundertdollarscheine, die zwischen ihm und Boucher auf dem Schreibtisch lagen.
,,Ich schwöre es Ihnen."
,,Pah! Solches Geld nehmen Ihre Huren nicht ein, o nein. Ich will Ihnen sagen, was es damit auf sich hat. Sie bringen es für einen Fälscherring in Umlauf, kaufen es vielleicht mit Prozenten ein. Daher stammt es."

„Ich schwöre Ihnen, ich habe es von Kunden erhalten, von amerikanischen Kunden", erwiderte Boucher, der sehr erschrocken zu sein schien.
Mercier sagte zu Duval: „Sperren Sie ihn ein. Es liegt genug gegen ihn vor, ihn lange in Untersuchungshaft zu halten."
Duval, der von Anfang an bei dem Verhör zugegen gewesen war, gab einem Polizisten ein Zeichen. Der Polizist führte Boucher hinaus.
Boucher hatte verschwiegen, wie er zu dem Geld gekommen war, weil er nicht wollte, daß die Polizei von seinem Geschäft in dem Wohnhaus etwas erfuhr. Jetzt aber rief er, bevor sich die Tür hinter ihm schloß: „Warten Sie, ich will Ihnen sagen, woher ich es habe."
Er durfte sich wieder setzen. Sofort berichtete er von dem Amerikaner, der ihm das Geld gegeben hatte. „So ein Gauner", beklagte er sich, „mir falsches Geld anzudrehen!"
Nachdem er sein Geständnis beendet hatte, wurde er abgeführt. Mercier erklärte Duval, daß diese Hunderter von gleicher Art waren wie die Geldscheine, die seit kurzem in Frankreich in Umlauf waren. Seit der erste Schein aufgetaucht war, hatte die Kriminalpolizei schon nahezu siebentausend Dollar eingesammelt. Jetzt konnte man diese fünfhundert hinzufügen.
Als sich Duval erkundigte, wann der erste Schein aufgetaucht sei, lächelte Mercier breit. „Vor zwei Tagen. Der Markt ist davon überflutet worden. Jetzt haben wir zum erstenmal eine Handhabe."
Schnell wurde eine Razzia auf die Wohnung in der Avenue de Villiers in die Wege geleitet. Wenn man ein bißchen Glück hatte, waren die Amerikaner noch dort. Es war kurz nach vier Uhr nachts.
In der Wohnung traf die Polizei nur ein Mädchen an, Hélène Colbert. Sie erklärte, alle anderen seien vor ungefähr einer halben Stunde gegangen. Sie konnte der Polizei nichts Näheres über die Amerikaner sagen, da sie kein Englisch sprach und an der Unterhaltung nicht teilgenommen hatte.
Als einzige nützliche Information erhielten sie von ihr die Adresse eines der Mädchen, das Englisch konnte. „Vielleicht weiß sie,

wo die Amerikaner wohnen, denn sie sprach mit mehreren von ihnen", sagte Hélène zu Mercier.
Mercier und Duval begaben sich zu der Wohnung dieses Mädchens, das Madeleine Durand hieß. Sie war gerade zu Bett gegangen und zeigte sich widerspenstig, bis man ihr sagte, sie könnte ja den ganzen Tag in einer Zelle verbringen. Sofort wurde sie anderen Sinnes. Ja, sie konnte Englisch. Ja, sie kannte den Namen des Mannes, mit dem sie zusammen gewesen war, und wußte, wo er wohnte: er nannte sich Venner und wohnte in einem Hotel in der Rue de Berri. Sie gab auch den Namen des Hotels an.
Mercier und Duval rissen Venner aus dem Schlaf. Nachdem sie sich ausgewiesen hatten, stritt Venner ab, mit den Mädchen in der Wohnung gewesen zu sein. „Ich weiß nicht, was Sie von mir wollen. Wenn Sie sich nicht wegscheren, rufe ich meine Gesandtschaft an."
Mercier antwortete ihm in gutem Englisch, er täte gut daran, sich mit seiner Gesandtschaft in Verbindung zu setzen. „Sie stecken in ernsten Schwierigkeiten, Herr Venner."
Duval berichtete ihm von dem Geld, das sie dem Zuhälter Boucher abgenommen hatten, und fragte Venner, ob er noch mehr derartige Scheine habe.
Daraufhin beruhigte sich Venner. Er zeigte ihnen seinen Paß und sagte, er sei ein angesehener Geschäftsmann, sie sollten seine Angaben schleunigst nachprüfen, denn er habe keine Lust, in eine solche Geschichte verwickelt zu werden. Ja, er habe noch zwei Hundertdollarnoten, sagte er und holte sie hervor. Unmöglich, daß es falsches Geld sei, denn er habe alle diese Noten von seiner Bank in Dallas erhalten.
Mercier sah sich die Banknoten an und versicherte Venner, sie seien wie die andern gefälscht. Es wurde vereinbart, daß Venner im Hotel bleiben würde, bis seine Angaben nachgeprüft worden wären und seine Unschuld erwiesen.
Am Nachmittag hatte sich die Polizei überzeugt, daß Venner mit dem falschen Geld nichts zu tun hatte. Es wurde nun Zeit, den Ursprung in den Vereinigten Staaten zu suchen. Das war Sache des französischen Interpol-Büros.

Im allgemeinen wurden Informationen von einem anderen Land durch Eilbriefe angefordert. In diesem Falle aber spielte die Zeit eine wichtige Rolle. Das Falschgeld wurde so schnell in Umlauf gesetzt, daß jeder Tag kostbar war. Die Quelle mußte so rasch wie möglich gefunden und abgedrosselt werden.

Ein Telex ging an die Interpol in den Vereinigten Staaten im Finanzministerium ab, eine Kopie wurde im Generalsekretariat in St. Cloud abgelegt. Nach französischer Zeit war es sechzehn Uhr, in Washington zehn Uhr.

Der Zeitunterschied zwischen Frankreich und den Vereinigten Staaten kam der Polizei zugute. Von Washington aus flog ein Interpolbeamter nach Dallas. Ein Anruf in der Bank sorgte dafür, daß der Präsident und drei Assistenten den Beamten erwarteten.

Der Interpolbeamte, Harry Tremont, war Sachverständiger für Falschgeld. Im Flughafen wurde er von einem Detektiv der Stadtpolizei, Walter Richardson, abgeholt. Mit Höchstgeschwindigkeit fuhren sie zu der Bank.

Tremont machte zwei Vorschläge, die er selbst als Schüsse ins Blaue bezeichnete. Als erstes sollten die Hundertdollarnoten im Banktresor untersucht werden. Immerhin bestand die Möglichkeit, darunter Fälschungen zu finden. Der Haken daran war nur die ebenso große Möglichkeit, daß die falschen Noten bei den normalen Geldannahmen und -ausgaben längst die Hand gewechselt hatten. Tatsächlich wurde im Tresor kein Falschgeld gefunden.

Währenddessen wurden einige Bankangestellte aufgeboten. Sie mußten die Einzahlungen nachprüfen, die in den drei Tagen vorgenommen worden waren, bevor Venner sein Geld abgehoben hatte. Auch das war ein vages Vorgehen, aber es machte sich bezahlt.

Nach vierstündiger verbissener Arbeit förderte man drei Einzahlungsbestätigungen zutage, die mit den Hundertern in Zusammenhang stehen konnten. Weitere Polizeibeamte wurden zugezogen. Paarweise suchten sie die Einzahler auf. Tremont und Richardson begaben sich zu einer Bar in der Mockingbird Lane.

Alle sechs sollten sich hernach wieder in der Bank einfinden, um Informationen auszutauschen.

Tremont und Richardson kehrten als erste zurück. Tremont hatte die benötigte Information erhalten. Der Besitzer der Bar erinnerte sich, siebenhundert Dollar in Hundertnoten eingenommen zu haben.

,,Sieben waren es, natürlich erinnere ich mich", hatte er zu Tremont gesagt. ,,Wer würde einen Kunden vergessen, der so viel auf einmal bezahlt? Er schuldete mir die Summe schon lange. Es waren Spielschulden."

Als die anderen Polizisten erschienen, konnte Tremont ihnen Name und Adresse des Mannes angeben, der das Geld dem Barbesitzer angehängt hatte.

Während noch auf die vier andern Polizisten gewartet wurde, fragte Richardson bei der Kriminalpolizei an, ob es dort bei den Akten einen Vermerk über einen gewissen David Holliday gebe. Die Antwort war negativ. Weder im Verbrecheralbum noch in irgendwelchen Akten der Kriminalpolizei von Dallas kam der Name David Holliday vor.

Mit einem neutralen Wagen fuhr man zu Hollidays Wohnung im Norden der Stadt. Es war zehn Minuten vor Mitternacht, als Tremont und die Polizisten dort anklopften.

Holliday, ein Versicherungsinspektor, gab ohne weiteres zu, seine Schulden mit den Banknoten beglichen zu haben. Er hatte sie von einem Nachbarn erhalten, der drei Häuser entfernt wohnte. Er hatte diesem Mann, James Duncan mit Namen, für den Betrag ein Auto verkauft.

Die Gruppe begab sich zu Duncans Wohnung. Nachdem Duncan geweckt worden war, erklärte er, das Geld ebenfalls bei einem Autohandel erhalten zu haben. ,,Am Tag bevor ich Hollidays Auto kaufte", führte er aus. ,,Es ist mein Steckenpferd, ältere Autos aufzufrischen und weiterzuverkaufen. Ein recht einträgliches Hobby."

Als Namen des Autokäufers gab er einen gewissen Paul Chase an und nannte dessen Adresse. Das große Wohnhaus war ganz in der Nähe.

Hier aber fand die Jagd ihr Ende. Paul Chase war nicht zu Hause. Der Hausverwalter wurde geweckt. Er sagte zu Tremont, Chase sei auf einer Geschäftsreise. ,,Wenn Sie mit ihm sprechen wollen, müssen Sie nach Hongkong reisen'', fügte er hinzu.
Der Hausverwalter war nicht ganz sicher, was für einen Beruf Chase ausübte, meinte aber, Chase und noch ein Mann hätten ein Importgeschäft. ,,Ein Glückspilz'', sagte er. ,,Immerzu ist er unterwegs. Muß ein gutes Geschäft sein, scheint mir.''

Sechs Tage im Januar

In Dallas brach der Tag an. Es war Freitag, der vierundzwanzigste Januar, und Tremont hatte überhaupt nicht geschlafen. Er rief von Richardsons Büro aus Washington an und erstattete Bericht über seine Ermittlungen.

Washington setzte sich mit dem Generalsekretariat in St. Cloud in Verbindung und sandte auch ein Telex an May House, Polizeidirektion in Hongkong, Arsenal Street, das Nationale Interpolbüro in dieser lebhaften, übervölkerten Stadt.

Das Telex ging in Washington um Viertel nach zehn vormittags ab, aber infolge des Zeitunterschiedes traf es in Hongkong um Viertel nach elf Uhr abends ein.

Die Hongkonger Polizei verlor keine Zeit. Zehn Minuten nach Erhalt der Benachrichtigung spürte sie Paul Chase in einem Hotel auf. In Wirklichkeit war es reines Glück gewesen, denn er wohnte in dem ersten Hotel, bei dem mit den Nachforschungen begonnen wurde. Chase saß gerade allein in einer Nische in der Hotelbar, als die Polizei erschien.

Kriminalinspektor Bryan Smith nahm Chase gegenüber Platz. Er stellte sich vor und warf einen schnellen Blick über die Schulter, um sich zu überzeugen, daß seine beiden Leute beim Eingang zur Bar Posten bezogen hatten. Ja, sie standen dort.

Chase war ein breiter Mann mit fleischigem, rundem Gesicht und kurzgeschorenem grauem Haar. Er ließ sich nicht anmerken, ob ihn Smiths plötzliches Erscheinen überraschte.

Nachdem Smith ihm mitgeteilt hatte, daß man in den Vereinigten Staaten gern wüßte, woher er die fraglichen Hunderternoten gehabt hätte, fragte er, ob Chase noch mehr davon bei sich habe, der nun doch überrascht war. „Eine komische Frage", lautete die Antwort, die Smith seinerseits überraschte. „Möglich, daß ich ein paar Hunderter bei mir habe, sicher bin ich nicht."

„Würden Sie bitte nachsehen?"

„Jetzt gleich?" Chases Ton klang nicht mehr verwundert, sondern verärgert. „Warum kommen Sie nicht morgen wieder? Ich laufe nicht weg."
„Sehen Sie jetzt gleich nach", befahl Smith.
Chase holte aus seinem Rock eine Brieftasche hervor. Er durchblätterte den Inhalt und schüttelte den Kopf. „Keine dabei."
Smith gefiel die Art nicht, wie der Amerikaner die Brieftasche untersucht hatte. Er streckte die Hand aus. „Darf ich?"
Chase steckte die Brieftasche ein. „Nicht ohne Durchsuchungsbefehl."
„Sie komplizieren die Dinge nur, Herr Chase", sagte Smith. „Vergessen Sie nicht, daß Sie hier in der Stadt als Gast sind. Wir können Sie auffordern, Hongkong zu verlassen, wenn wir wollen."
Mit finsterer Miene reichte ihm Chase die Brieftasche. Er zündete sich eine Zigarette an, während Smith sie durchsuchte.
„Was ist das?" fragte Smith und hielt einen vierfach gefalteten Geldschein in die Höhe. Er faltete ihn auseinander und strich ihn auf dem Tisch glatt.
„Sieht wie Geld aus", antwortete Chase mürrisch.
„Ja. Eine Hundertdollarnote, Herr Chase. Tut mir leid, aber Sie werden mit mir kommen müssen. Es gibt allerlei zu bereden."
„Ich hab' sie beim Nachschauen übersehen", sagte Chase böse. Er schlug mit der Hand auf den Tisch. „Ich bin Geschäftsmann, und ich habe heute abend noch etwas zu erledigen."
„Das müssen Sie auf morgen verschieben", erwiderte Smith.
In einem Büro der Polizeistation in der Arsenal Street saß Chase dann dem Inspektor gegenüber und erklärte wütend, er brauche keine Fragen zu beantworten.
Smith blieb höflich, während er nochmals sagte, es sei wichtig, daß Chase sich erinnere, woher die Hundertdollarnoten stammten, mit denen er in Dallas Duncan bezahlt hatte.
Um zwei Uhr nachts beschloß Chase, Smiths Frage zu beantworten.
„Also gut. Ich bekam sie von einem Mann, mit dem ich manchmal Geschäfte mache. Er lebt in Dallas. Er kaufte von mir Waren und bezahlte sie in bar."

,,Warum haben Sie das nicht gleich gesagt?"
,,Weil ich es nicht mag, wenn man mir lauter dumme Fragen stellt. Weil ich Rechte habe. Ich habe nichts Unrechtes getan, und das weiß ich."
,,Wollen Sie uns nicht den Namen dieses Mannes angeben, Herr Chase? Wir leiten dann die Information weiter, und Sie können in Ihr Hotel zurückkehren und schlafen gehen."
,,Ich weiß seinen Namen nicht", sagte Chase. Sein rundes Gesicht war puterrot.
,,Sagten Sie nicht, er wäre ein Kunde?"
,,Ja. Ich weiß bloß, daß er immer bar bezahlt. Sie verstehen, was ich meine?"
Smith fragte, ob Chase meine, daß er mit dem Mann illegale Geschäfte betrieb. Chase nickte und erläuterte dann ziemlich gereizt, er habe sich nicht äußern wollen, weil er seinen Geschäftspartner in Texas hinterging. Er nannte endlich den Namen des Mannes.
,,Er heißt Charley Stevens. Ich habe schon seit einigen Jahren mit ihm zu tun. Er steht im Telefonbuch. Er wird bestätigen, daß ich das Geld von ihm bekommen habe."
Diese Information wurde sofort der Washingtoner Interpol übermittelt. In Hongkong war es nun der fünfundzwanzigste Januar, in Washinton aber immer noch der vierundzwanzigste. Tremont, der in Dallas geblieben war, erhielt den Auftrag, auf Grund der neuesten Information Nachforschungen anzustellen.
Es war Tremont gelungen, in Richardsons Büro ein Stündchen zu schlafen. Nun suchten die beiden übermüdeten Männer die Adresse heraus und fuhren dorthin.
Charley Stevens wohnte in einem modernen Hochhaus in Oak Cliff, einem Vorort von Dallas. Er saß gerade vor dem Bildschirm, als die beiden Beamten kamen.
Tremont fragte ihn, ob er Paul Chase kenne. Diese Frage schien Stevens aufzuregen. Er war ein kleiner, dünner Mann, dessen rechter Mundwinkel zuckte. Er gab zu, Chase zu kennen und manchmal Geschäfte mit ihm zu machen.
,,Warum?" fügte er hinzu. ,,Was hat er angestellt?" Das Zukken des Mundwinkels verstärkte sich.

Ob Stevens sich erinnere, fragte Tremont weiter, an Chase eine Barzahlung in Hundertdollarnoten geleistet zu haben. Hierauf schien Stevens einzuschrumpfen. Er blickte sich im Zimmer um, als ob er einen Fluchtweg suchte.
„Sie sollten uns über das Geld Bescheid geben", mahnte Tremont.
„Dachte ich's mir doch, daß es falsches Geld war." Stevens' Ton klang verwirrt. „Nicht sofort, als ich es entgegennahm. Erst später, am nächsten Tag. Als ich die Scheine betrachtete, kamen sie mir merkwürdig vor. Ich wollte sie nicht abliefern und das Geld eventuell verlieren. Ich gab es Chase, weil ich wußte, daß er eine Reise in den Fernen Osten vor hatte, und ich dachte, dort könnte er es gut absetzen."
„Und von wem hatten Sie es?" fragte Tremont.
Stevens sagte, damit habe ihm ein Mann namens Robert Baxter in Oklahoma Waren bezahlt.
Um halb zwölf Uhr nachts befanden sich Tremont und Malcolm Reese, ein Detektiv von der Stadtpolizei Oklahoma, in Baxters Wohnung. Baxter war der Polizei bekannt, sein Dossier reichte bis 1965 zurück. Vor kurzem hatte er im Zuchthaus von Oklahoma eine Strafe wegen Scheckfälschung abgesessen. Gegenwärtig beschäftigte er sich damit, auf Jahrmärkten gebrauchte und neue Sachen zu verkaufen.
Tremont und Reese gegenüber leugnete er, Stevens irgendwelches Geld gegeben zu haben. „Ich kenne den Mann kaum. Hab' ihn nur ein paarmal auf dem Jahrmarkt gesehen, bei Gott, das ist alles."
„Wissen Sie, wieviel Sie bekommen können, wenn Sie daran beteiligt sind, Falschgeld in Umlauf zu bringen?" bemerkte Reese.
Baxter zuckte die Schultern. „Ich habe nichts getan."
„Ich werde Sie in Untersuchungshaft nehmen", sagte Reese. „Dann werden wir Stevens unter Eid aussagen lassen. Und dann . . ."
„Schon gut, schon gut", fiel Baxter ein. „Kann ich mit mildernden Umständen rechnen, wenn ich auspacke?"
„Versprechen können wir nichts", antwortete Tremont. „Aber wenn Sie uns helfen, soll das Gericht es erfahren."

Baxter befeuchtete sich die Lippen. „Ich habe die Blüten gekauft. Zweitausend Dollar."
„Wer stellt sie her?" Tremont hegte wenig Hoffnung auf eine aufschlußreiche Antwort, aber die Frage kostete nichts.
„Keine Ahnung. Ich war bloß mit zwanzig Prozent beteiligt."
Das Verhör wurde fortgesetzt, und Baxter sprach offen. Er hatte die Banknoten von einem Mann in Dallas gekauft: Albert Grogan. Grogan besaß eine Bar in der Greenville Avenue, verkaufte aber das Falschgeld nicht dort. Um es zu kaufen, mußte man zu ihm in die Wohnung gehen.
Tremont war todmüde, als das Verhör beendet war. Er ließ Baxter in Reeses Gewahrsam zurück und begab sich in aller Eile wieder nach Dallas. Vorher aber benachrichtigte er Washington vom Stand der Dinge. Er rief auch Richardson in Dallas an und teilte ihm seine Ankunftszeit mit. Auf Richardsons Frage, ob er ein bißchen Schlaf gefunden habe, lachte Tremont nur. Es war jetzt sowohl in Dallas als auch in Washington der fünfundzwanzigste Januar.

*

Um zehn Uhr abends aß Paul Chase im Restaurant seines Hotels ein Steak. Durch den Vorfall mit der Polizei hatte er eine geschäftliche Besprechung versäumt. Er hatte Smith nicht belogen. Infolge der Verschiebung war sein ganzer Stundenplan durcheinandergeraten. Früh am Abend hatte Smith ihm mitgeteilt, daß er aus der Sache sei. Die Polizei in Dallas habe die Richtigkeit seiner Aussage bestätigt. Obwohl die Hongkonger Polizei es nicht an Höflichkeit hatte fehlen lassen, war Chase erpicht darauf, in die Vereinigten Staaten zurückzukehren. Aber er mußte geschäftehalber noch zwei Tage bleiben. Es war für ihn sehr unangenehm gewesen, im Ausland in eine polizeiliche Untersuchung verwickelt zu werden.

*

Ungefähr zur gleichen Zeit, als Paul Chase den ersten Bissen zum Munde führte, klopften Tremont und Richardson an der Tür eines Hauses in Süddallas an. Es war noch früh am Morgen

— der fünfundzwanzigste Januar —, und Tremont sah aus, wie er es selbst ausdrückte, als ob eine Armee über ihn hinwegmarschiert wäre. Aber in Anbetracht seines Vorhabens sah er gern so aus.

Die Tür wurde von einem Manne in rotem Flanellpyjama geöffnet. Tremont hatte einen solchen Anzug seit Jahren nicht mehr gesehen und mußte ein Lachen unterdrücken. Er fragte, ob er es mit Al Grogan zu tun habe.

Obwohl der Mann offensichtlich noch verschlafen war, fiel den beiden Beamten auf, daß er sehr wache Augen hatte. Tremont fand ihn recht eindrucksvoll. Er mochte um die 275 Pfund wiegen, und er überragte den Interpol-Beamten, der selbst einen Meter achtzig maß.

Der Mann bestätigte, Grogan zu sein, und wollte dann sogleich wissen, was man von ihm wünsche. Sein Ton war entschieden unfreundlich.

Tremont erklärte, daß Baxter ihm gesagt habe, er solle Grogan in Dallas aufsuchen.

„Kenne keinen Baxter", erwiderte Grogan.

„In Oklahoma", sagte Tremont.

Grogan antwortete, dorthin gehe er nie, und er kenne dort keine Seele.

„Ich möchte einige Ihrer Waren kaufen", sagte Tremont zu ihm.

In verdrossenem Tone entgegnete Grogan, er wisse nicht, was sie kaufen wollten, und er habe nichts zu verkaufen.

Tremont sagte, da sei er anders informiert, und er habe fünftausend Dollar, die er bei Grogan veräußern wolle.

Grogan musterte die beiden argwöhnisch. Dann schien er einen Entschluß zu fassen und bat sie ins Haus. Sie betraten ein unordentliches Wohnzimmer.

Sofort verlangte Grogan eine Beschreibung Baxters. Er hörte aufmerksam zu, während Trenton sowohl Baxter als auch dessen Wohnung beschrieb. Offenbar war Grogan befriedigt. Er gab zu, im Besitz von Falschgeld zu sein, das sich durch hohe Qualität auszeichne. Sein Angebot lautete: fünfundzwanzig Prozent des Wertes.

Tremont sah Richardson an, und Richardson nickte. Hierauf sagte Tremont: ,,Lassen Sie uns das Geld sehen.''

,,Lassen Sie mich zuerst Ihr Geld sehen'', erwiderte Grogan.

,,O nein'', sagte Tremont. ,,Ich will sehen, ob Sie genug für fünftausend haben. Wenn Sie darauf nicht eingehen, lassen wir den ganzen Handel lieber bleiben.''

,,Ich will Ihnen sagen, was ich tun will'', lenkte Grogan ein. ,,Ich zeige Ihnen ein paar Blüten, damit Sie sich von der Qualität überzeugen können. Dann zeigen Sie mir, was Sie bei sich haben, und wir schließen den Handel ab.''

Tremont und Richardson erklärten sich einverstanden, und Grogan verschwand ins Nebenzimmer. Er kehrte mit drei Hundertdollarscheinen zurück. ,,Da, schauen Sie sich das an'', sagte er.

Richardson zückte eine Pistole. ,,Und Sie schauen sich das an'', sagte er. ,,Sie sind verhaftet.''

Grogan starrte ihn entgeistert an, dann brach er in ein Wutgeschrei aus.

,,Beruhigen Sie sich, und setzen Sie sich'', befahl Richardson.

Grogan ließ sich auf seinem höckrigen Sofa nieder. ,,Zum Teufel, das wird mich etwas kosten.'' Er blickte von Tremont zu Richardson. ,,Wie können wir ins Geschäft kommen?''

,,Nichts da'', entgegnete Tremont, ,,aber wenn Sie uns behilflich sind, werden wir ein gutes Wort für Sie einlegen.''

Richardson benutzte das Telefon, ohne die Pistole von Grogan abzuwenden, und bestellte einen Gefängniswagen. Inzwischen dachte Grogan offenbar über Tremonts Worte nach.

,,Also gut'', sagte er schließlich, ,,ich will Ihnen sagen, was ich weiß.''

,,Wird das Falschgeld hier in der Stadt gedruckt?'' fragte Richardson.

,,Nein, in Hongkong.''

In Trentons Kopf rasselte ein Wecker. ,,Kennen Sie einen Mann namens Paul Chase?''

Grogan nickte. ,,Klar. Der bringt die Blüten ja herein.''

Smith erhielt den dringenden Anruf zu Hause, nachdem er vor genau einer Stunde zu Bett gegangen war. Er blickte auf die Uhr, während er sich anzog. Es war ein Uhr nachts am sechsundzwanzigsten Januar. Er stand vor seinem Hause, als der Polizeiwagen, in dem zwei Beamte saßen, vorfuhr.
Sie schafften den Weg von Smiths Wohnung in der Nähe der Repulse-Bucht bis zur Innenstadt von Hongkong, wo Chase logierte, in guter Zeit.
Chase machte auf, als bei ihm angeklopft wurde. Als er Smiths Gesichtsausdruck und die beiden Polizisten gewahrte, stöhnte er.
„Sie sind verhaftet", sagte Smith.
„Ich weiß", antwortete Chase.
Der Schweiß lief ihm über sein Mondgesicht, als er Smith sagte, die Hundertdollarnoten würden tatsächlich in Hongkong hergestellt. Er gab die Adresse und einen Namen an.
Smith ließ Chase in einem anderen Wagen zur Polizeidirektion bringen und fuhr dann mit dem einen Polizisten zur Ventris Road, die Chase angegeben hatte. Während sie unterwegs waren, wurde der Besitzer des Hauses überprüft. Es stellte sich heraus, daß das Haus zwar einem chinesischen Bankier gehörte, aber zwecks Rendite vermietet worden war. Die Ventris Road lag hoch über der Stadt mit Aussicht auf den Hafen. Die meisten Gebäude waren Hochhäuser mit Mietwohnungen, doch dazwischen eingeklemmt standen ein paar Privathäuser.
Vor einer dieser Villen hielt der Polizeiwagen. Sie war von einer Mauer mit einem Tor umgeben. Smith und der Polizist gingen durch das Tor zu dem Haus. Hier brannte immer noch Licht. Smith klingelte.
Als die Haustür geöffnet wurde, hatte Smith einen Mann mittleren Alters mit gepflegtem Bärtchen vor sich. Der Detektiv stellte sich vor und betrat das Haus. Der Mann, ein Amerikaner, nannte sich Harvey Carmody. Es schien ihn nicht weiter zu beunruhigen, daß sich die Polizei zu dieser Stunde bei ihm meldete.
Carmody erklärte, er wohne hier seit zwei Wochen. Der eigentliche Mieter sei John Peabody, der sich augenblicklich geschäftehalber in Tokio aufhalte. Peabody sei ein alter Freund von ihm,

und er werde auch nach Peabodys Rückkehr noch eine Woche hierbleiben. Er erwarte seinen Freund in drei bis vier Tagen zurück.
Smith ersuchte ihn, sich auszuweisen, worauf Carmody einen amerikanischen Paß vorwies.
Smith besah sich den Paß. „Besten Dank, Herr Peabody."
„Nein, nein." Carmody lachte. „Ich bin Carmody."
„Jawohl. Sie sind verhaftet, Herr Carmody-Peabody", sagte Smith.
Die Farbe wich aus dem Gesicht des Mannes. Dann zuckte er die Schultern. „Sie finden das Gesuchte unten im Keller."
„Ich weiß", antwortete Smith. „Chase hat uns alles gesagt."

*

Im Keller des Hauses fand die Polizei die Schnellpresse und die Druckplatte, die zur Herstellung der falschen Hundertdollarscheine dienten. Außerdem entdeckte man in einem Schrank, kistenweise verpackt, Blüten im Wert von anderthalb Millionen Dollar.
Harvey Carmody-Peabody und Paul Chase wurden an die Vereinigten Staaten ausgeliefert. Mit Albert Grogan zusammen wurde ihnen im Bundesgericht von Nordtexas der Prozeß gemacht.
Chase und Carmody wurden zu fünfzehn Jahren, Albert Grogan zu fünf Jahren Gefängnis verurteilt. Alle drei kamen in die Strafanstalt von Atlanta im Staat Georgia.
Robert Baxter, dessen Strafe bedingt ausgesetzt worden war, mußte ins Zuchthaus von Oklahoma zurück. Nach seiner Freilassung erwartet ihn eine neue Haft in einer Bundesstrafanstalt.
Charles Stevens erhielt ein Jahr Bewährungsfrist.
In Frankreich wurden der Italiener Antonio Risco, der Spanier Manuel Castillo, die beiden Deutschen Ludwig Bremer und Franz Schliff in Zusammenhang mit diesem Fall festgenommen und angeklagt, wissentlich Falschgeld in Umlauf gebracht zu haben. Sie alle sitzen in Frankreich im Gefängnis.
Interpol bekam am dreiundzwanzigsten Januar zuerst mit dem Fall zu tun. Die letzte Verhaftung wurde am achtundzwanzigsten Januar vorgenommen.

Der Mann im Eckzimmer im sechsten Stock

Ein Eckzimmer im sechsten Stock des Interpol-Hauptquartiers in St. Cloud bietet eine großartige Aussicht auf die Seine und auf Paris. Vom Fenster aus sieht man die weiße Kuppel von Sacré-Coeur in Montmartre, den Arc de Triomphe an der Place de l'Etoile, den Eiffelturm und die neuen Wolkenkratzer, die die Silhouette von Paris immerzu verändern.

Im Gegensatz zu der malerischen Aussicht ist das Zimmer nüchtern. Die spärliche Einrichtung besteht nur aus Büromöbeln: einem Schreibtisch, ein paar Stühlen und einem Stahlschrank, der zweifellos Ordner enthält, und einem Garderobenständer. Beschränkt sich die Ausstattung auch auf ein Mindestmaß, so wird hier doch ein Höchstmaß an Arbeit geleistet, denn dies ist das Büro des Leiters der Interpol-Abteilung für Gewaltverbrechen und Diebstähle.

Dieser Mann ist gleichzeitig Kommissar der französischen Polizei. Nachdem er an der Universität Grenoble Jura studiert hatte, besuchte er die Ecole Nationale Supérieure de Police, wo er zum Kommissar aufrückte, und arbeitete drei Jahre lang bei der Fremdenpolizei in Le Havre, bevor er der Interpol beitrat. Er spricht fließend Französisch, Englisch und Spanisch, die drei offiziellen Sprachen der Interpol.

Während der vierjährigen Arbeit bei Interpol hat er sich ausgiebig mit dem Verbrecherwesen befaßt. Natürlich hat er dabei einige Theorien und Ansichten auf seinem Spezialgebiet entwikkelt.

Wie seine Kollegen findet er die zunehmende Zahl der Verbrechen beunruhigend. Im vorigen Jahr hatte sich seine Abteilung mit 309 Gewaltverbrechen und ungefähr 2000 Diebstählen zu befassen. Im vorvorigen Jahr waren es 200 Gewaltverbrechen und 1200 Diebstähle und das Jahr davor entsprechend weniger.

Die steigende Statistik erklärte er mit zwei Gründen. Erstens mit der allgemeinen Abgestumpftheit des großen Publikums, das durch Fernsehen, Zeitungen und andere Medien dauernd mit Verbrechen konfrontiert wird. Wer regt sich noch über einen Mord auf, wenn man mit einem Druck auf den Kopf Hunderte von Gewalttaten ansehen kann? Die Schockwirkung läßt nach. Außerdem werden die Einzelheiten verschiedener Verbrechen so genau geschildert, daß der phantasieloseste Labile zu raffiniertem Vorgehen angeregt wird.

Andererseits verführen diese Darstellungen manch einen begeisterten Amateur dazu, sich als Verbrecher zu versuchen. Dieser Typus, dem es an Schulung und Kaltblütigkeit fehlt, richtet, wenn er in Panik gerät, oft Unheil an.

Mord, früher meistens ein Leidenschaftsverbrechen, ist zur logischen Folge von Raub, Vergewaltigung und Entführung geworden.

Ein Gebiet gibt es, auf dem es selten zu einem Gewaltverbrechen kommt: Diebstähle schließen in den meisten Fällen Mord aus.

Aber die Taschendiebe, die dem Publikum und der Polizei seit Jahrhunderten zu schaffen machen, breiten sich aus wie noch nie zuvor. Diese Verbrecher, die häufig in Familiengruppen zusammenarbeiten, in denen der eine vom anderen lernt, folgen den Menschenansammlungen. Man findet sie bei größeren Sportanlässen, Versammlungen und neuerdings in fast allen Touristenzentren. Für sie sind Schriftstücke wie Pässe und Identitätskarten fast ebenso wertvoll wie Bargeld. Es gibt in der Unterwelt einen Markt für amtliche Ausweise.

Auch Bilderdiebstahl gilt als besonders einträglich. Der Wert von Kunstwerken ist gestiegen, da sie als sichere Kapitalanlage gelten, sicherer als schwankende Börsenpapiere, so daß eine ganz neue Käufergruppe entstanden ist.

Gestohlene Kunstwerke können, abgesehen von besonders berühmten Objekten, im Kunsthandel leicht abgesetzt werden. Es mag einige Zeit dauern, bis das Werk in die Hände eines legalen Verkäufers gelangt, doch im allgemeinen landet es dort. Nachdem es durch viele Hände gegangen ist, kommt es, mit gefälschten Expertisen versehen, auf den Markt. Das große Problem für

Interpol und andere Institutionen ist die mangelhafte Kontrolle der Dokumentation. An diesem Problem wird gearbeitet.
Ein weiteres blühendes Geschäft ist der Menschenschmuggel von einem Land ins andere. Das ist ein besonders gemeines Verbrechen, weil die Opfer buchstäblich als Leibeigene in das neue Land gelangen. Arm, meistens des Lesens und Schreibens unkundig, ohne die Fremdsprache zu beherrschen, verrichten sie niedrige Arbeit und liefern den größten Teil ihres Verdienstes den Schmugglern ab. Sie scheuen sich, mit den Behörden in Berührung zu kommen, weil sie sich illegal im Lande aufhalten, und so bluten sie manchmal jahrelang, bis sie erwischt und ausgewiesen werden. Infolge der weitverbreiteten Arbeitslosigkeit wenden sich die Menschenschmuggler neuerdings auch anderen Gebieten zu und schmuggeln alles, was irgendwelchen Wert hat.

Nachgelassen hat hingegen der Juwelendiebstahl. Das heißt, der Juwelendieb, der im Film und im Roman so dramatisch dargestellt wird, gehört mehr oder weniger der Vergangenheit an. Natürlich kommen Juwelendiebstähle immer noch vor, aber heute werden sie gewöhnlich mit gezückter Pistole ausgeführt, so daß sie dem Gebiet des bewaffneten Raubüberfalls zugeschrieben werden.
Bewaffneter Raubüberfall nimmt um so mehr zu. Heutzutage kann anscheinend jeder in den Besitz einer Feuerwaffe gelangen, und die beliebteste Anwendung ist offenbar der Raubüberfall. Das heißt nicht, daß die neue Welle der Amateure die Berufsverbrecher aus dem Felde geschlagen hat. Sie lassen nur die Statistik anschwellen. Den kaltblütigen Berufsverbrecher gibt es immer noch, den üblen Gesellen, dem es nichts ausmacht, eine Feuerwaffe zu benutzen, nur um zu sehen, wie groß das Loch ist, das die Kugel hervorruft. Einen solchen Mann suchte Interpol vor nicht langer Zeit.

*

Léon LaFarge, fünfunddreißig Jahre alt, durfte sich eines dikken Dossiers bei der französischen Kriminalpolizei rühmen. Er war nicht weniger als dreiundzwanzigmal wegen verschiedener

Vergehen angeklagt worden, darunter Erpressung, bewaffneter Raubüberfall, Körperverletzung, Zuhälterei, Rauschgifthandel und Mord. Aber nur einmal war er verurteilt worden: eine Anklage wegen Erpressung trug ihm drei Jahre Gefängnis ein. Er wurde im Juni 1974 entlassen und nahm sogleich seine alten Gewohnheiten wieder auf.

Die Polizei wußte über sein Treiben Bescheid, hatte aber keine Handhabe, ihn zu verhaften. Das hielt sie jedoch nicht davon ab, ein wachsames Auge auf ihn zu haben. Man war überzeugt, daß er schließlich einmal überführt werden konnte, und man wollte bereit sein, wenn sich diese Gelegenheit ergab.

LaFarge trat gern in dem Stil auf, der seiner Vorstellung von einem amerikanischen Gangster entsprach. Er trug immer einen schwarzen Anzug, schwarze Krawatte, schwarze Schuhe und ein gelbes Hemd. Wenn sich jemand versucht fühlte, über diese Aufmachung zu lachen, genügte ein Blick auf sein Gesicht, sich eines anderen zu besinnen.

Er hatte ein langes Gesicht mit auffallender Hakennase. Er kämmte sich das Haar glatt und scheitellos aus der Stirn nach hinten. Die weit auseinanderstehenden Augen kniff er meistens mißtrauisch zusammen. Sein kleiner Mund mit den dünnen, blutlosen Lippen lächelte nie.

LaFarge war fast ein Meter achtzig groß und ungewöhnlich muskulös. Er stand im wohlverdienten Ruf großer Körperkraft, und der einzige Scherz, den er sich leistete, hing damit zusammen. Er zeigte gern seine Körperkraft, indem er einen Mann von gleichem Gewicht unter den Armen packte und hoch in die Luft warf.

Im August 1974 erhielt die Polizei von einem Zuträger den Tip, daß LaFarge einen Handel mit drei Kilo Heroin vorhatte. Die Transaktion sollte in Montparnasse in einem Nachtlokal vor sich gehen, das die Polizei als beliebten Treffpunkt dunkler Gesellen kannte.

Am Mittwoch, dem vierzehnten August, infiltrierte eine Sondermannschaft von fünf Polizisten in Zivil unter Führung von Oberinspektor Christian Raymond das Nachtlokal. Laut Hinweis sollte LaFarge sein Geschäft punkt ein Uhr abschließen.

Es war leicht, LaFarge in dem Lokal zu erspähen. In seiner üblichen Aufmachung saß er an einem Tisch, umgeben von seinen Spießgesellen. Die Polizei kannte diese Leute, richtete aber ihr Augenmerk auf LaFarge.

In dem Lokal befand sich eine große, lärmende Menge. Außer einigen zufällig hineingeschneiten Touristen waren es lauter bekannte oder verdächtigte Verbrecher.

Als die Zeiger der Uhr neben dem Eingang auf eins zurückten, stand LaFarge auf und begab sich zu den Toiletten im Hintergrund des Lokals. Es waren zwei, die nebeneinander lagen; eine entsprechende Silhouette kennzeichnete sie als Damen- und Herrentoilette.

Raymond und Inspektor Jean Ricard folgten ihm möglichst unauffällig. Bei den Toiletten stand ein Mann, der später als der Spanier Fernando Torres identifiziert wurde. In der Hand hatte er einen Plastiksack, der auf beiden Seiten den Aufdruck eines Warenhauses trug.

Als LaFarge in die Herrentoilette ging, folgte ihm Torres. Raymond machte Ricard ein Zeichen mit der Hand, und beide liefen zu der Tür und rissen sie auf. Sie überrumpelten LaFarge und Torres, die gerade den Inhalt des Plastiksackes betrachteten.

„Lassen Sie den Sack fallen, und stellen Sie sich an die Wand!" befahl Raymond mit gezückter Pistole.

LaFarge und Torres gehorchten. Ricard, der ebenfalls seine Pistole gezogen hatte, guckte in den Sack. „Nur ein Paar Schuhe", sagte er zu Raymond.

Raymond musterte die beiden Männer und sagte dann kurz zu Ricard: „Durchsuchen."

Ricard steckte seine Pistole ein und trat zuerst auf Torres zu. Dabei verdeckte er Oberinspektor Raymond. Das war ein verhängnisvoller Fehler.

Später schilderte Ricard die weiteren Vorgänge folgendermaßen: „Plötzlich sah ich eine Pistole in LaFarges Hand. Bevor ich reagieren konnte, hatte er zweimal schnell gefeuert. Die erste Kugel traf mich an der Schulter, so daß ich an die Wand taumelte, die zweite in den Leib. Bevor ich das Bewußtsein verlor, hörte ich noch mehr Schüsse und sah Raymonds zerfetztes Gesicht.“

Die drei andern Polizeibeamten hatten sich nahe bei den Türen aufgestellt, nachdem Raymond und Ricard in die Toilette gegangen waren. Als sie die Schüsse vernahmen, stürzten sie vor, aber eine weitere Kugel durchschlug die Tür und traf den einen in den Hals. Er war sofort tot. Die beiden andern zögerten; sie scheuten sich, in die Toilette zu schießen, weil sie befürchteten, einen ihrer Kollegen zu treffen. Sie beugten sich über den zusammengesunkenen Inspektor Blanchard, ohne zu ahnen, daß er bereits tot war.

Im Lokal merkten nur wenige Leute etwas von dem Vorfall. Die laute Musik einer Box und der allgemeine Lärm betäubten die meisten Ohren.

Nur diejenigen, die in der Nähe der Toiletten saßen, erkannten, was da vor sich ging, und rannten zum Ausgang, wodurch sie Verwirrung stifteten. Rasch verbreitete sich die Kunde, und Panik setzte ein. In wildem Durcheinander drängten alle zum Ausgang.

Die beiden Beamten vor der Toilettentür wußten noch immer nicht, was sie tun sollten. Drinnen bemühte sich LaFarge, der überzeugt war, sowohl Raymond als auch Ricard getötet zu haben, das Fenster über den Pissoirs aufzubringen. Torres, vor Schreck versteinert, sah ihm zu, ohne ihm zu helfen. LaFarge beachtete ihn nicht, sondern konzentrierte sich auf sein Vorhaben.

Endlich, nach langer Zeit, wie es dem benommenen Torres schien, in Wirklichkeit aber nach höchstens zwei Minuten, war LaFarge bereit, durch das Fenster zu klettern. Er drehte sich um, richtete die Pistole auf Torres und drückte ab. Nichts geschah. Das Magazin war leergeschossen. LaFarge starrte Torres sekundenlang an, rammte die Pistole dann in den Gürtel und kletterte durchs Fenster hinaus.

Jetzt reagierte Torres. Obwohl er nicht wußte, daß sich draußen Polizisten befanden, schrie er, er sei allein und unbewaffnet.

Daraufhin eilten die beiden Beamten hinein und erkannten die Lage. Sowie Torres ihre Pistolen sah, hob er die Hände hoch. Er

wich zurück und beteuerte immer wieder, er habe nicht geschossen.
Ricard lag zusammengekrümmt zwischen einem Pissoir und der Wand. Ein Arm hing über einem Wasserrohr, der andere lag in seinem Schoß. Hemd und Hose waren blutdurchtränkt. Er atmete noch.
Raymond, dessen Gesicht wie zerhackt aussah, war offensichtlich tot. Da ihm nicht mehr geholfen werden konnte, kümmerten sich die Kollegen um Ricard.
Während man auf den Krankenwagen wartete, wurde Torres ins Gebet genommen. Er war so verstört, daß er keine zusammenhängende Aussage zu machen vermochte. Aber das offene Fenster sprach Bände, und den Beamten wurde klar, wie LaFarge entkommen war. Während der eine bei Torres blieb, bahnte sich der andere durch die inzwischen angesammelte Menge Neugieriger einen Weg zu der Gasse auf der Rückseite des Lokals. Inzwischen war von LaFarge keine Spur mehr zu entdecken.
Bis die organisierte Suche nach LaFarge beginnen konnte, hatte er einen zeitlichen Vorsprung von zwanzig Minuten.
Als erstes wurden alle Ausfallstraßen von Paris gesperrt. An den Brücken, die die Stadt mit den Vororten verbanden, wurden Posten aufgestellt. Autobahnen, Flughäfen, Bahnhöfe und Endstationen der Verkehrsmittel wurden überwacht. Eine Stunde und zwanzig Minuten nach LaFarges Flucht meldete der letzte Posten, daß er an Ort und Stelle sei. Es war halb drei Uhr. Paris war abgeriegelt.
Der Rest der Nacht verging für die Polizei allzu schnell. Um sechs Uhr vermutete man, daß LaFarge entweder vor der Blokkade entronnen oder irgendwie durch das Netz geschlüpft sei. Daraufhin wurde im ganzen Land Alarm geschlagen. In jedem Departement Frankreichs war man auf der Hut vor dem Mörder.
Währenddessen wurde die Suche in Paris fortgesetzt. Man durchstöberte jeden Ort, der LaFarge als Versteck hätte dienen können, und verhörte die Leute, die ihn persönlich kannten. Jeder Hinweis wurde nachgeprüft.
Als bis zum Mittag nicht das geringste Ergebnis zu verzeichnen war, erging der Befehl, den Kordon rings um Paris für den Rest

des Tages und in der nächsten Nacht beizubehalten. Danach sollte er abgeblasen werden. Schon staute sich der Verkehr durch die vielen Kontrollen, und im Innenministerium liefen Beschwerden über die lästigen Maßnahmen der Polizei ein.
Um drei Uhr nachmittags wurde die Presse orientiert. Um halb fünf handelte es sich um dreifachen Mord. Ricard, der in der Intensivstation des Krankenhauses zu Bewußtsein gekommen war und seine Aussage gemacht hatte, war an den Folgen seiner Bauchverletzung gestorben.
Die einzige Überraschung erbrachte das Verhör, dem Torres ausgesetzt wurde. Er erklärte, die Schuhe in dem Plastikbeutel hätten nur als Erkennungsmittel gedient. Das eigentliche Heroingeschäft hätte später und nicht in dem Lokal getätigt werden sollen.
„Wieso fand LaFarge es notwendig, von der Waffe Gebrauch zu machen, wenn gar keine Drogen vorhanden waren?“ wurde er gefragt.
Darauf wußte Torres keine Antwort. Nur LaFarge hätte sie geben können, und er war verschwunden.

„Hier ist dein Lohn“ sagte er und feuerte zweimal

LaFarge hatte Paris verlassen. Er war nachts nach Lyon gefahren, wo er sich bei einem Freund in einer kleinen Kammer über einer Garage versteckte.

Nachdem er durch das Toilettenfenster geklettert war, lief er durch die Gasse hinter dem Nachtlokal zur Straße, suchte sich ein Taxi und ließ sich nach Versailles fahren. Von dort aus fuhr er in einem gestohlenen Mercedes nach Lyon, wo er kurz vor sieben Uhr morgens eintraf. Der Durchbruch glückte ihm, bevor die Straßensperren errichtet waren.

Der Mercedes wurde nach Entfernung der Nummernschilder zugedeckt in der Garage versteckt. LaFarges Freund, René Perier, war der Polizei als Rauschgifthändler bekannt. Was LaFarge nicht wußte: Perier war nur in Freiheit, weil er sich bereit erklärt hatte, der Polizei als Informant zu dienen.

LaFarge erklärte ihm, warum er das Land verlassen mußte, und bot ihm viertausend Dollar für seine Hilfe an — zweitausend im voraus, die andere Hälfte, sobald er ausreisen konnte. Perier sollte ihn verstecken und ernähren, nach Marseille bringen und ihm eine Schiffsfahrkarte nach Lissabon besorgen.

Perier stimmt aus zwei Gründen eifrig zu. Erstens brauchte er Geld. Zweitens sah er eine gute Gelegenheit, von den anhängigen Anklagen loszukommen. Er dachte, wenn er LaFarge der Polizei auslieferte, würde man ihn zur Belohnung freisprechen. Immerhin wußte er, daß er vorsichtig sein mußte. LaFarge würde nicht zögern ihn umzubringen, wenn er etwas merkte. Perier hatte vor, die Aufträge auszuführen, das restliche Geld einzukassieren und erst, wenn er LaFarge an Bord des Schiffes nach Lissabon gebracht hatte, zur Polizei zu gehen. Wenn er LaFarge früher verriet, bestand immerhin die Möglichkeit, daß LaFarge der Polizei entging und sich dann an ihm rächte. Hingegen würde er nicht ahnen, wer ihn verpfiffen hatte, wenn er sicher auf das Schiff gelangt. Wenigstens nahm Perier das an.

Die beiden Männer beschlossen, eine Woche verstreichen zu lassen, bevor sie zur Tat schritten. Während dieser Zeit sollte LaFarge in der Kammer über der Garage bleiben und Perier die notwendigen Vorbereitungen treffen. Er mußte nicht nur die Schiffsfahrkarte besorgen, sondern auch gefälschte Ausweispapiere beschaffen.

LaFarge wollte möglichst schnell aus Frankreich weg. Er wußte, daß man zwei bis drei Monate lang in Frankreich nach ihm fahnden würde, bevor die Suche aufs Ausland ausgedehnt wurde. Während dieser Zeit konnte er sich absetzen. Er sagte Perier nicht, wohin er von Lissabon aus gehen wollte.

Binnen drei Tagen hatte Perier die falschen Papiere besorgt, einen Paß und eine Identitätskarte auf den Namen Jacques Rollain. LaFarge freute sich nicht nur über diese Papiere, sondern auch über die Nachricht, daß am Donnerstag, dem zweiundzwanzigsten August, wahrscheinlich ein griechischer Frachter von Marseille nach Lissabon abging. Perier leistete gute Arbeit: In kürzester Frist buchte er die Passage für LaFarge.

LaFarge vertrieb sich die Zeit, indem er in der Kammer über sich selbst in den Zeitungen las und Patience legte. Er wütete wegen der Freiheitsbeschränkung und begegnete seinem Gastgeber, wie es Perier schien, mit zunehmendem Mißtrauen.

Da weder die genaue Ankunfts- noch die Abfahrtszeit des Frachters feststand, mußte fortwährend bei der Schiffsagentur in Marseille angefragt werden. Der Frachter sollte nur einen Tag im Hafen liegen. Sobald die Landung gemeldet wurde, wollten sie mit einem kleinen Lastwagen — LaFarge in einer Kiste versteckt — zum Hafen fahren, zeitlich so berechnet, daß sie dort abends kurz vor der Abfahrt des Schiffes ankamen. Die Fahrkarte ermöglichte es, mit dem Wagen bis zu der Anlegestelle zu fahren. Im Schutz der Dunkelheit konnte LaFarge seine Kiste verlassen und ungehindert an Bord gehen.

Am zweiundzwanzigsten August erhielt Perier jedoch den Bescheid, daß das Schiff einen Tag Verspätung haben werde. Tatsächlich verspätete es sich um zwei Tage: Am Samstag, dem vierundzwanzigsten August, legte es um zehn Uhr vormittags an. Perier berechnete die Zeit für die Fahrt nach Marseille so, daß sie dort eine Stunde vor der für dreiundzwanzig Uhr festgesetzten Abfahrtszeit eintrafen. LaFarge hatte es nicht unterlassen, ihn zu warnen, er werde ihn erschießen, wenn er das Schiff versäumte.

Als Perier in der Stadtmitte von Marseille herumfuhr, um Zeit totzuschlagen, wäre es in der Rue du Théâtre Français beinahe zu einem Unfall gekommen. Ein Sportwagen schnitt ihm den Weg ab, so daß Perier hart auf die Bremse treten mußte, um einen Zusammenstoß zu vermeiden. Er sagte später, dabei habe er keinen andern Gedanken im Kopf gehabt, als daß LaFarge ihn umbringen würde. Er fuhr mit zitternden Händen weiter.

Er hielt vor einem Lagerhaus am Pier, etwa zweihundert Meter von dem Frachter entfernt. Nachdem er sich überzeugt hatte, daß keine Gefahr bestand, öffnete er die lose vernagelte Kiste und ließ LaFarge heraus. Er wollte die Polizei benachrichtigen, sobald das Schiff abgelegt hatte. LaFarge stand ein arger Schrecken bevor, wenn das Schiff wieder anlegte.

LaFarge trug einen einfachen Anzug. Er führte einen kleinen Koffer mit, der Sachen enthielt, die Perier besorgt hatte.

LaFarge sagte kein Wort über den heftigen Stopp, den Perier vorher gerissen hatte, um den Zusammenstoß zu vermeiden. Er ging einfach zur Fahrerkabine des Lastwagens und setzte sich. Perier setzte sich neben ihn hinters Steuer und wartete auf seine zweitausend Dollar.

„Du hast gute Arbeit geleistet", sagte LaFarge. „Hier ist dein Lohn."

Es war nicht Geld, was LaFarge in der Hand hatte. Es war eine Pistole. „Ich kann es auf nichts ankommen lassen", sagte er zu Perier und feuerte zweimal. Die Kugeln trafen Perier in die Brust. LaFarge stieg aus und ging zu dem Schiff hinüber. Seiner Überzeugung nach war Perier tot.

Perier war nicht tot. Er war schwerverletzt und verlor viel Blut. Er hatte nicht die Kraft, sich zu bewegen, obwohl er sich verzweifelt bemühte, die Hupe zu betätigen.

Gerade als der Frachter ablegte, wurde Perier von einem Nachtwächter gefunden. Er war bewußtlos, und er kam erst zehn Tage später zu sich. Auch dann dauerte es noch eine Weile, bis er imstande war, der Polizei über LaFarge Bescheid zu sagen.
Natürlich war es viel zu spät. Mittlerweile war Léon LaFarge alias Jacques Rollain in Buenos Aires gelandet. Er hatte diese Stadt gewählt, weil er hier jemand kannte, der ihm helfen konnte. Der Mann, der er aufsuchte, hieß Paul Sèvres und befaßte sich mit Drogenhandel. Er empfing LaFarge wie einen lange verlorenen Vetter, und genau das war er.

*

Als die Kriminalpolizei durch Perier erfuhr, daß LaFarge nach Lissabon geflüchtet war, wandte sie sich an Interpol.
Eine, „Rotecke" mit Fotografie, Fingerabdrücken und Haftbefehl wegen Mordes wurde an die Mitgliedstaaten versandt. Die Tatsache, daß sich LaFarge jetzt Jaques Rollain nannte, war ebenfalls erwähnt.
Das Büro in Portugal ermittelte schnell LaFarges Einreisedatum sowie sein Ausreisedatum und das Reiseziel
In Buenos Aires bestätigte die Policia Federal Argentina, Direción de Investigaciones, der dortige Sitz der Interpol, durch die Fremdenkontrolle, daß ein Jacques Rollain tatsächlich eingereist war.
Er schien nun, daß LaFarge in der Falle saß. Die Polizei prüfte sämtliche Hoteleintragungen der letzten drei Wochen. Sie begann mit der Fahndung am elften September 1974. Einen Tag zu spät. LaFarge hatte Buenos Aires am zehnten September mit dem Flugzeug verlassen. Sein Ziel war Chicago.

Er hatte sich einen neuen falschen Paß zugelegt. Er nannte sich jetzt Henri Villemain. In Chicago gedachte er ein Geschäft zu gründen, das als Verteilungsstelle für Rauschgift aus Argentinien dienen sollte. Da er fließend Englisch sprach, fiel es ihm nicht schwer, alles Notwendige in die Wege zu leiten. Er hatte sich wieder seine Lieblingskleidung zugelegt, was ein Fehler war. Er wurde von einem Stadtpolizisten angehalten, als er einen Klub verließ, der als Treffpunkt zwielichtiger Gestalten galt, und des langen und breiten zur Rede gestellt. Sein Paß und zungenfertiges Geschwafel befreiten ihn aus der Klemme. Aber der Schreck war ihm in die Glieder gefahren. Wenn man seine Fingerabdrücke genommen hätte, wäre er verloren gewesen. Von da an zog er sich unauffälliger an.

Vor der Trennung waren LaFarge und Sèvres übereingekommen, daß LaFarge nach Abwicklung der Geschäfte in den Vereinigten Staaten nicht nach Buenos Aires zurückkommen, sondern sich lieber in Mexiko City betätigen sollte.

Nach Chicago kam Minneapolis an die Reihe. Hier wäre LaFarge sein Leichtsinn beinahe teuer zu stehen gekommen. Er erhielt Nachricht, daß sein Geschäftsteilhaber Sèvres in Buenos Aires verhaftet worden war. Die Neuigkeit, daß der Rauschgifthändlerring aufgeflogen war, brachte LaFarge auf den Gedanken, auf eigene Faust Geschäfte zu tätigen. Er nahm an, daß die Mittelsmänner in Minneapolis von den Verhaftungen in Argentinien noch nichts wüßten. Er kassierte eine Menge Geld für Waren, die er, wie er wußte, gar nicht liefern konnte.

Die Nachricht von Sèvres' Schicksal sickerte nach Minneapolis durch, bevor LaFarge Zeit fand, die Stadt zu verlassen. In seinem Hotelzimmer wurde ein Mordanschlag auf ihn verübt. Er entkam mit heiler Haut. Aber der kurze, wenn auch ergebnislose Schußwechsel rief die Polizei auf den Plan. Einer seiner Angreifer hatte weniger Glück. Als er aufs Polizeirevier gebracht wurde, sagte er alles, was er wußte. Nun wurde auch in den Vereinigten Staaten ein Steckbrief gegen LaFarge wegen Rauschgifthandels erlassen.

LaFarge hätte das nur zufällig erfahren können. Sein weiteres Verhalten zeigt, daß er nichts davon wußte. Er reiste am Donnerstag, dem dritten Oktober, unter dem Namen Villemain in Mexiko ein.

In Mexiko City legte er sich allerdings einen anderen Namen zu: Jacques Imbert. Er vermutete, daß allzu viele Leute Henri Villemain suchten. Bald aber ließ er alle Vorsicht außer acht und arbeitete wieder in seinem Pariser Stil. Er konnte von den schwarzen Anzügen und den gelben Hemden nicht lassen. Er lernte Un-

terwelttypen kennen und begann mit Zuhälterei. Sein angeborenes Geschick kam ihm schnell zugute. Er übernahm von einem anderen Zuhälter drei Callgirls und rekrutierte dazu noch vier Mädchen.
Die Polizei von Mexico City wurde auf ihn und seine Tätigkeit aufmerksam. Offenbar merkte LaFarge das, denn er tauchte fast in derselben Stunde unter. Sein Geschäft wurde von einem seiner Gehilfen weitergeführt, einem Mexikaner namens Luis Valdez.
Valdez war ein kleinkarierter Verbrecher, den die Polizei eher als Handlanger kannte als wegen eigener Unternehmungen. Er fand LaFarge großartig und ahmte seine Kleidung, sein Benehmen und die zusammengekniffenen Augen nach. Die Polizei nahm ihn am Abend des achtzehnten November unter der Anklage eines tätlichen Angriffs fest.
LaFarge wartete die Feststellung, ob Valdez den Mund halten würde, nicht ab. Er flog am neunzehnten November nach El Paso. Das war keine kluge Wahl. Valdez hörte gar nicht auf, zu reden. Wenn LaFarge gewußt hätte, wie nahe ihm die Polizei auf den Fersen war, hätte er einen anderen Erdteil gewählt.

*

Nach der Verhaftung von Paul Sèvres und anderen Mitgliedern des Ringes in Buenos Aires stellte sich heraus, daß LaFarge mit von der Partie war. Das argentinische Interpol-Büro teilte dies dem Generalsekretariat in St. Cloud mit. Man setzte sich mit der Zentrale der Vereinigten Staaten in Verbindung und machte darauf aufmerksam, daß LaFarge wahrscheinlich Amerika bereiste. Trotz intensiver Fahndung wurde LaFarges neuer Name erst bekannt, als die Polizei von Minneapolis einen der Männer festnahm, die LaFarge nach dem Leben getrachtet hatten.
Die rote Fahndungsausschreibung der Interpol enthielt jetzt nicht nur die bekannten falschen Namen und den Haftbefehl wegen Mordes aus Frankreich, sondern auch einen Haftbefehl der Vereinigten Staaten wegen Rauschgifthandels, einen gleichen aus Argentinien und einen Haftbefehl aus Mexiko wegen Verstoßes gegen das Prostitutionsgesetz.

Nach Valdez' Verhaftung in Mexico City konnte sich LaFarge keine falschen Papiere mehr beschaffen, denn in El Paso gab es dafür keine Helfershelfer. In dieser Grenzstadt hatte er überhaupt keine Beziehungen. Er hatte sie gewählt, um sich an einem Ort zu verbergen, wo niemand ihn kannte.
Hier wollte er eine Zeitlang bleiben, nahe genug bei Mexiko, so daß er leicht dorthin gelangen konnte, wenn es ihm paßte, und doch mit einer Staatengrenze zwischen sich und der Polizei von Mexico City. Er ahnte nicht, daß in beiden Staaten gemeinsam nach ihm gefahndet wurde.
Wenn er zu dieser Zeit die Grenze überquert hätte, wäre er sofort gefaßt worden. Seine Fotografie und seine Fingerabdrücke lagen in jeder nordamerikanischen und mexikanischen Grenzstadt auf.
Und dann, am sechsten Dezember gegen neun Uhr abends, wurde LaFarge von seinem Glück verlassen.
Er befand sich im Speiseraum des Howard Johnson-Motels an der Autobahn 10. Er erörterte mit einem Mexikaner namens José Herrera, einem kleinen Gauner, die Möglichkeiten des Rauschgifthandels. Beide redeten leise und schnell in spanischer Sprache. Ab und zu blickten sie sich um, um zu sehen, ob sich jemand an den Nebentischen für ihr Gespräch interessierte. Sie beobachteten nicht scharf genug.
In der nächsten Nische saß ein Detektiv der Stadtpolizei, Nick Kellog, der einen freien Abend genoß. Er hatte ein Restaurationsbrot zu sich genommen und ihr Gespräch belauscht. Da er die spanische Sprache beherrschte, war ihm nicht viel entgangen, und es schien ihm die Mühe wert zu sein, ein bißchen Beschattungsarbeit zu leisten.
Als LaFarge das Restaurant verließ und zu seinem gemieteten Wagen ging, notierte sich Kellog die Autonummer und setzte sich mit seinem Vorgesetzten in Verbindung. Sehr bald wurde festgestellt, daß der Wagen an einen gewissen Jacques Imbert vermietet worden war. Es wurde Zeit, einzuschreiten.
Die Adresse auf dem Mietvertrag war ein lokales Motel mit Einzelkabinen. Imbert bezahlte die Miete wöchentlich für die Kabine Nummer zehn, die hinter dem Büro des Motels lag.

Da LaFarge sowohl unter seinem eigenen als auch unter all seinen angenommenen Namen als ein heißes Eisen galt, rückten viele bewaffnete Polizisten unter Vorsichtsmaßnahmen an.
Mit gezückter Pistole näherten sich die Detektive Jason und Stockdale der Kabine. Neben dem gemieteten Wagen kauerten zwei Leute, die sie mit angelegtem Gewehr deckten.
Die Motelkabinen waren nicht neu. Es genügte ein tüchtiger Tritt, die Tür aufzubrechen, die innen an die Wand knallte.
LaFarge wurde überrumpelt. Als die beiden Detektive mit gezückter Pistole bei ihm eindrangen, lag er gerade in Shorts und Socken auf dem Bett. Obwohl seine Waffe auf dem Nachttisch in Reichweite war, machte er keinen Versuch, sie zu ergreifen. Widerstandslos ließ er sich in Handfesseln legen und abführen.
Nun aber ergab sich eine merkwürdige Lage. Während LaFarge in El Paso in Gewahrsam saß, erhob sich nach der Benachrichtigung der einschlägigen Behörden die Streitfrage, welches Land die ersten Rechte auf ihn hätte.
Auslieferungsbegehren lagen von Frankreich, Argentinien und Mexiko vor. Minnesota wollte ihm wegen des verbotenen Rauschgifthandels den Prozeß machen, und auch die Bundesregierung der Vereinigten Staaten erhob Anspruch auf ihn.
Minnesota gewann bei dem Auslieferungs-Wettbewerb. Zwei Männer wurden mit dem Flugzeug entsandt, LaFarge zu holen. Der Grund für die Auslieferung nach Minnesota war der, daß man dort mit der Papierarbeit zuerst fertig war. Frankreich, Argentinien und Mexiko mußten ihr Begehren auf diplomatischem Wege vorbringen. Das erforderte mehr Zeit. Die Bundesregierung begnügte sich damit, LaFarge erst in Haft zu nehmen, wenn Minnesotas Anspruch befriedigt wäre.
LaFarge kam in Minnesota Anfang 1975 vor Gericht. Frankreich mit seiner Mordanklage, Mexiko und Argentinien müssen noch lange warten. Léon LaFarge wurde in Minnesota zu zwanzig Jahren Zuchthaus verurteilt.

Coras Einfälle

Der skrupellose Léon LaFarge ist der Typ des eingefleischten Verbrechers, der zu allem fähig ist. Interpol und Kriminalpolizei bekommen öfters mit ihm zu tun, und wissen, was sie zu erwarten haben. Manchmal aber erleben sie eine Überraschung, wenn sie die gleiche Abgebrühtheit bei einem ganz jungen Menschen finden, zumal es sich um eine Frau handelt.

*

Am zehnten November 1974, einem Sonntag, standen in Quebec in Kanada zwei Menschen vor dem Traualtar. Nicht viele Leute wohnten der Trauung bei. In der Kirche saßen nur zehn oder elf, als die Zeremonie begann.

Cora Linnet, die Braut, war groß und schlank, lange blonde Haare fielen ihr glatt auf den Rücken. Dem Pfarrer war aufgefallen, daß ihr linkes Auge ein wenig schielte, aber das machte sie nicht weniger anziehend. Er fand sie recht hübsch.

Der siebenunddreißigjährige Bräutigam Richard Blackman war neunzehn Jahre älter als sie. Er hatte dunkle Haare und braune Augen und war ein zu lebenslänglichem Gefängnis verurteilter Mörder.

Die Direktion des Gefängnisses in Quebec hatte ihn für drei Tage freigelassen, damit er Cora Linnet heiraten konnte. Dieser Sonntag war der erste Tag seines „Urlaubs". Am zwölften November sollte er spätestens um einundzwanzig Uhr hinter die Gefängnismauern zurückkehren.

Während seiner siebenjährigen Haft war Blackman sozusagen ein Vertrauensmann geworden und galt als Musterhäftling. Vor seiner Verurteilung wegen Mordes war er Buchhalter gewesen und hatte sich nie gegen das Gesetz vergangen. Doch als er dann den Safe seiner Firma ausrauben wollte, wurde er von seiner Sekretärin in flagranti ertappt. Er geriet in Panik, ergriff einen langen, scharfen Brieföffner und erstach sie. Nie zuvor war Blackman gewalttätig geworden.

Cora Linnet war elf Jahre alt, als Blackman verurteilt wurde. Mit dreizehn Jahren begann sie ihm zu schreiben. Es war eine Schulaufgabe. Sie war die einzige in der Klasse, die sich einen Gefangenen als Brieffreund aussuchte.

Blackman, der unverheiratet, sanft und scheu war, hatte Freude an dem Briefwechsel mit dem Schulmädchen. Im Verlauf der Jahre wurden die steifen Briefe herzlich und freundlich, und dann entwickelten sie sich zu Liebesbriefen. Als Cora siebzehn geworden war, schrieb sie Blackman, sie wolle ihn heiraten.

Er war aus vielerlei Gründen dagegen, nicht zuletzt wegen seiner Gefangenschaft. Was für einen Zweck hatte es da, zu heiraten? Es war sinnlos. Aber Cora blieb dabei, und schließlich stimmte er zu. Er hatte durchaus die Absicht, nach drei Tagen in seine Zelle zurückzukehren. Das wußte die Gefängnisverwaltung. Sie kannte Blackman. Unglückseligerweise kannte sie Cora nicht.

Sie hatten diesen Tag ausgewählt, weil es der erste Sonntag nach Coras achtzehntem Geburtstag war. Sie lebte allein mit ihrer Mutter, und ihre Mutter hatte ihr die Erlaubnis verweigert, einen Gefängnisinsassen zu heiraten. Nun aber war sie nach kanadischem Gesetz volljährig, und die Heirat konnte stattfinden.

Cora hatte die höhere Schule aufgegeben, um in einem Supermarkt zu arbeiten. Da die Mutter nur eine kleine Rente erhielt, spielte Coras Verdienst für sie keine geringe Rolle, und vielleicht war sie auch deswegen gegen die Heirat gewesen.

Coras Schulkameradinnen hatten sie immer etwas sonderbar gefunden. Sie brütete viel, sagten sie, und sie redete von nichts anderem als von ihrem Liebsten im Gefängnis. Obwohl sich Cora mit keinem Mann einließ, war sie nicht ohne sexuelle Erfahrung. Ihr Vater hatte sie, bevor er die Familie verließ, mehrmals mißbraucht. Damals war sie zwölf gewesen. Drei Jahre später erfuhren sie und ihre Mutter, daß der Vater bei einem Autounfall in den Vereinigten Staaten ums Leben gekommen war.

Nach der Trauung küßte Cora ihren Ehegatten und führte ihn zu einem gemieteten Wagen. Sie wollten die drei Tage in einem Motel am Rande der Stadt verbringen. Wenigstens glaubte Blackman das. Cora hatte andere Pläne.

Während sie zu dem Motel fuhren, sagte sie ihm, sie habe dort für ihn einige Überraschungen. Eine davon waren neue Kleider. Sie wollte nicht, daß er den Anzug trug, der ihm vom Gefängnis geliehen worden war. Sobald sie die Tür ihres Zimmers hinter sich geschlossen und verriegelt hatte, verkündete sie ihm, daß er nie mehr hinter schwedischen Gardinen sitzen werde.

Blackman versuchte ihr verständlich zu machen, daß ihm keine andere Wahl blieb. Es sei ein besonderes Privileg, drei Tage freigelassen zu werden. Wenn er nicht zurückkehrte, müßten es die anderen Insassen später büßen.

Cora wischte seine Argumente beiseite. Die anderen gingen sie nichts an. Außerdem stehe ihr Entschluß fest. Er werde nicht zurückkehren.

Blackman wies sie auf die praktische Seite hin. Sie hätten keine Bleibe, sie müßten sich ihr Leben lang verstecken. Bestimmt würde er eines Tages geschnappt werden, und dann bestünde keine Hoffnung mehr auf Begnadigung. Überdies hätten sie kein Geld.

Sie lachte ihn aus. Es sei leicht, zu Geld zu kommen. Sie würden es eben stehlen. Sie wunderte sich, daß er nicht selbst daran gedacht hatte. Nein, Geld sei kein Problem. Und wenn die Polizei auf sie aus wäre, würden sie gar nicht da sein und könnten nicht gefunden werden.

Daraufhin zeigte sie ihm die versprochenen Überraschungen. Zuerst holte sie den neuen Anzug aus dem Schrank. Dann entnahm sie ihrer Handtasche zwei Pässe und zwei Flugscheine. Sie bebte vor Aufregung. ,,Unter einem neuen Namen und in einem anderen Lande wirst du niemals gefunden werden.''

Sie ging zu einem Koffer und machte ihn auf. ,,Schau dir das an.'' Sie kramte unter Kleidungsstücken, und als ihre Hand hervorkam, hielt sie eine Pistole. ,,Damit können wir uns alles Geld beschaffen, das wir brauchen.''

Blackman schwankte, hin und her gerissen zwischen seiner Sehnsucht nach Freiheit und seiner Pflicht, ins Gefängnis zurückzukehren. Er sei kein richtiger Verbrecher, sagte er. Was er getan habe, sei in jäher Aufwallung geschehen, und er habe es immerzu bitter bereut. Er könne es nicht über sich bringen, Verbrechen zu begehen, um den Lebensunterhalt zu bestreiten.
„Du machst einen großen Fehler“, sagte er. „Ich kann nicht tun, was du verlangst. Ich hätte Angst, es nur zu versuchen.“
Deswegen brauche er sich keine Sorgen zu machen, sagte sie rasch. Sie hätte keine Angst, eine Pistole zu benutzen. Alles werde gut gehen.
Blackman mußte sich entscheiden. Er brauchte dazu nicht lange Zeit. Er war sieben lange Jahre ohne Frau gewesen. Er gab klein bei.
Am folgenden Morgen fuhr das Paar nach Montreal. Sie ließen den gemieteten Wagen im Flughafen Dorval stehen.
Mit einer Maschine der Air Canada flogen sie nach Frankreich, wo sie am zwölften November um acht Uhr vierzig ankamen, dem Tage, an dem Blackmans Urlaub abends ablief. Mit den falschen Pässen, die auf die Namen Donald und Norma Chaney lauteten, kamen sie durch die Kontrolle. In Paris blieben sie bis zum fünfzehnten November; an diesem Freitag flogen sie mit der SAS vom Flughafen Le Bourget nach Oslo, wo sie gegen achtzehn Uhr ankamen.
Der kurze Aufenthalt in Paris hatte ihre Geldmittel fast erschöpft. Sie fuhren mit dem Autobus in die Stadt und zogen in ein billiges Hotel. An diesem Abend schmiedeten sie die Pläne für ihr weiteres Vorgehen.
Blackman hatte sich mittlerweile besonnen. Er sprach kaum, wiederholte meistens nur, sie hätten einen schlimmen Fehler gemacht.
Cora hingegen war voller Einfälle. Nachdem sie alle begutachtet hatte, kam sie auf ihren ersten zurück: bei einem Raubzug die Pistole zu gebrauchen. Blackman hatte die Waffe ganz vergessen.
Er erschrak bei dem Gedanken, daß der Zoll sie hätte entdecken können. Ob sie wüßte, was dann geschehen wäre?

„Der springende Punkt ist, daß sie nicht entdeckt wurde", antwortete Cora. Sie hatte die Pistole während der ganzen Reise von Kanada in ihrer Handtasche gehabt.
Sie zeigte ihm das Geld, das ihnen noch geblieben war. Es waren rund fünfzig kanadische Dollar in verschiedener Währung. Sie sagte, da er jetzt von der Polizei gesucht würde, sei es der sicherste Weg, geschnappt zu werden, wenn er mittellos wäre.
Am folgenden Tage, Sonntag, dem sechzehnten, verließen sie das Hotel nur einmal, um essen zu gehen. Am Abend aber zogen sie los, um sich Geld zu beschaffen. Cora hatte jetzt die Führung vollständig übernommen.
Ihr Ziel war eine Pension, die hauptsächlich Studenten beherbergte. Die Pension nahm die beiden untersten Stockwerke eines grauen Gebäudes in der Josefinesgate ein, einer Wohngegend mit gepflegten Privathäusern.
Beide streiften sich eine Strumpfmaske über, bevor sie das Büro der Pension betraten. Sowohl der Besitzer als auch seine Frau waren da; sie erschraken, als sie das Paar mit drohend erhobener Pistole gewahrten.
Wie gewöhnlich hatte Cora alles vorbereitet. Sie hatte Seile und Pflaster mitgenommen; sie fesselte ihre Opfer an Stühle und verklebten ihnen den Mund. Sie entnahmen der Kasse fünfzehntausend Kronen, durchschnitten die Telefonschnur und gingen. Der Raubüberfall hatte knapp zehn Minuten gedauert.
In ihrem Hotelzimmer fanden beide keinen Schlaf; Blackman war zu nervös und verstört, Cora zu erregt. Sie lief im Zimmer herum und schilderte immer wieder, was für Gefühle sie bei dem Raub gehabt hatte.
Jetzt bekam Blackman zum erstenmal Angst vor ihr. „Ich bin kein gewalttätiger Mensch", sagte er später. „Ich spürte die Triebverbrecherin in ihr, und sie machte mir Angst."
Er täuschte sich nicht in seiner achtzehnjährigen Frau. Am folgenden Abend unternahmen sie wieder einen Raubzug auf eine Pension. Abermals überrumpelten sie, unkenntlich gemacht durch die Strumpfmaske, den Wirt und seine Frau. Cora zählte das Geld in der Kasse und murmelte durch die Maske: „Es muß noch mehr da sein."

Sie riß der Frau das Pflaster vom Mund und fragte nach mehr Geld. Die Frau konnte nur wenig Englisch, vermochte aber zu erklären, es sei nicht mehr da. Cora wurde wütend und versetzte ihr rechts und links eine Ohrfeige.
Der gefesselte Wirt wand sich auf seinem Stuhl. Cora befahl Blackman, in unschädlich zu machen.
,,Wie denn?" fragte Blackman.
,,Hau ihm mit der Lampe eins auf den Kopf." Sie wies auf eine große Tischlampe.
Blackman ergriff die Lampe und riß das Kabel aus dem Stecker. Er stellte sich vor den Mann und hob die Lampe in die Höhe. Aber er konnte nicht zuschlagen.
Cora stieß eine Verwünschung aus, nahm ihm die Lampe weg und ließ sie auf den Kopf des Mannes krachen.
Die Lampe ging in Stücke, Glas- und Porzellanscherben flogen herum. Blut floß vom Kopf des Mannes. Seine Frau schrie.
Blackman lief zur Tür und rief Cora zu, sie solle ihm folgen. Cora hatte es nicht eilig. Während Blackman bei der Tür stand, verklebte Cora der Frau den Mund wieder mit dem Pflaster. Dann trat sie zurück und versetzte ihr mit dem Pistolenlauf einen Hieb an die Schläfe. Als die Frau zusammensackte, schlug Cora nochmals zu. Der zweite Hieb war überflüssig; der erste hatte sie schon bewußtlos gemacht.
Nun wandte sich Cora dem Mann zu. Er wehrte sich gegen die Fesseln; Blut rann ihm in die Augen. Cora drehte die Pistole um und benutzte sie als Hammer, mit dem sie den Kopf des Mannes bearbeitete. Als der Mann zu ihrer Befriedigung bewußtlos war, trat sie zu Blackman und sagte: ,,Jetzt können wir gehen."
,,Du hast ihn vielleicht getötet."
,,Na, und?" gab sie zurück.
Blackman wollte fort aus Oslo. Er erklärte seiner Frau, daß die Polizei nach ihnen fahnden würde. Sie hatten vor dem zweiten Ehepaar Englisch gesprochen, so daß sich die Suche verengte. Zu dieser Jahreszeit befanden sich nicht viele englischsprechende Touristen in Oslo.
Cora widersprach, aber Blackman war so beharrlich, daß sie schließlich einwilligte, nach Stockholm zu gehen. Er wäre lieber

viel weiter geflüchtet, weil er jedes skandinavische Land für gefährlich hielt, lieber nach Frankreich oder Italien.

Cora erklärte, sie habe als Leiterin der Unternehmungen die Entscheidung zu treffen. Wenn er sich nicht mehr wie ein Angsthase benähme, könne er gern die Zügel ergreifen. Vorläufig würde das getan, was sie für richtig hielt.

Offenbar wartete Cora darauf, daß ihr Mann eine andere Rolle spielte. Sie hatte wohl angenommen, daß seine Verurteilung wegen Mordes bedeutete, er sei ein ziemlich harter Geselle. Sie schob sein gegenwärtiges Verhalten auf Verweichlichung durch den Aufenthalt im Gefängnis und nahm an, daß es nur eine Frage der Zeit sei, bis er wieder der alte würde.

Blackman gab sich keinen Illusionen über seine Frau hin. Er wußte nicht, was er tun sollte. Er hatte die Raubüberfälle mitgemacht, weil er meinte, keine andere Wahl zu haben; außerdem hatten sie wirklich Geld benötigt. Er wollte keinem Menschen etwas zuleide tun. Cora aber war, wie er erkannte, eine Sadistin. Es war ihr eine Wonne gewesen, mit der Pistole zuzuschlagen. Er konnte da nicht mit.

Am Morgen des achtzehnten Novembers war Cora anderen Sinnes. Sie wollte noch einen Tag in Oslo bleiben und dann, nach dem dritten Raubüberfall, nach Spanien gehen. Er habe recht, sie müßten ganz aus diesem Gebiet verschwinden, aber sie brauchten noch mehr Geld. Jetzt hätten sie bloß lumpige dreieinhalbtausend Dollar in norwegischer Währung.

Blackman widersetzte sich. Es sei zu gewagt, es nochmals zu versuchen. Sie würden von der Polizei gesucht. Sie könnten sogar auf der Straße angehalten werden, nur weil sie englischsprechende Touristen waren.

Sie lachte über seine Worte und sagte, wenn er Angst hätte, solle er eben im Hotel auf sie warten, sie würde es allein tun. Daraufhin gab er wieder klein bei.

Diesmal wählten sie eine Pension mit sechzig Zimmern in der Nähe des Ostbahnhofs. Vor der Bürotür im zweiten Stock maskierten sie sich mit den Strümpfen, und Blackman klopfte an.

Der Besitzer der Pension, Malle Johans, kam zur Tür. Er hatte ein Wort des Tadels auf den Lippen, weil Blackman allzu laut geklopft hatte. Die Gäste sollten nicht gestört werden.
Cora hielt ihm die Pistole vor's Gesicht, so daß er unwillkürlich zurückwich. Als sie alle drinnen waren, schloß Blackman die Tür ab.
Inger Johans, die Frau des Wirtes, wollte aufstehen, sank aber beim Anblick von Coras Pistole in ihren Sessel zurück.
Cora verlangte Geld.
Malle Johans zuckte die Schultern. ,,Lassen Sie die Pistole ruhen'', sagte er. ,,Wir haben kein Geld.'' Er sprach ein vorzügliches Englisch, da er fünfzehn Jahre in Toronto gelebt hatte.
Cora bedeutete ihm, sich zu setzen, und Blackman begann Inger festzubinden. Malle blieb stehen.
Cora zielte auf seinen Kopf. ,,Wenn Sie sich nicht setzen, schieße ich Sie nieder.''
Er rührte sich nicht. Sie drückte ab. Der Knall bewirkte, daß Inger Johans und Blackman aufschrien. Cora lachte. Das Geschoß hatte Malles Kieferknochen zertrümmert. Er schlug die Hände vors Gesicht und fiel zu Boden.
Cora kicherte und richtete die Pistole auf Inger. ,,Wo ist das Geld?''
Inger wandte die Augen nicht von ihrem Mann. Er lag regungslos auf dem Bauch. Sie wußte nicht, ob er tot war oder lebte. Sie starrte ihn an; sie war im Schockzustand.
Cora ging zu ihr und setzte die Pistole an ihre Schläfe. ,,Wo ist das Geld?'' fragte sie abermals.
Blackman rief: ,,Es kommt jemand!'' Er lief zu seiner Frau, packte sie an den Schultern und zog sie zur Tür.
An der Tür wurde laut geklopft. Inger Johans nahm den Augenblick wahr und schrie eine Warnung heraus. Gleichzeitig stöhnte Malle und versuchte, sich umzudrehen.
Cora blickte wild um sich, riß sich von Blackman los und feuerte zweimal auf die Tür. Der erste Schuß sprengte das Schloß, der zweite ging durch die untere Füllung.
Man hörte Laufschritte, die sich entfernten. Die Person, die angeklopft hatte, rannte weg.

Blackman trat die Tür auf und lief mit Cora die Treppe hinunter auf die Straße. Die Fenster der Pension erhellten sich. Der Lärm hatte die meisten Gäste geweckt.

Während Cora die Richtung zur nächsten Ecke einschlug und Blackman ihr folgte, riet er ihr, die Pistole wegzuwerfen. Cora warf sie in die Gosse.

*

Dienstag, der zwölfte November 1974. Die Luft war prickelnd und kalt. Um zehn Uhr war Richard Blackman noch immer nicht ins Gefängnis zurückgekehrt.

Im Büro des Direktors zeigte die große Wanduhr mit dem weißen Zifferblatt zehn Minuten nach Zehn an. Der Gefängnisdirektor saß an seinem Schreibtisch und schaute auf die Uhr. Alle Anwesenden, der Sekretär, der Gefängnisarzt und zwei Wärter, folgten seinem Blick.

Sie hatten gehört, daß Blackman und seine frisch angetraute Frau das Motel verlassen hatten. Coras Mutter wußte nicht, wohin sie gegangen sein könnten.

Zum erstenmal geschah es, daß ein privilegierter Gefängnisinsasse sich nicht beizeiten zurück meldete. Außerdem hatte sich Blackman schuldig gemacht, indem er seinen neuen Aufenthaltsort nicht angegeben hatte. Diese Unterlassungssünde ließ die Frage aufkommen, ob er überhaupt zurückkehren würde.

Zigaretten wurden herumgereicht. Niemand mochte sich äußern. Alle erhofften eine entschuldbare Erklärung für Blackmans Verspätung. Der Direktor gab diese Hoffnung als erster auf. Er drückte seine Zigarette aus und sagte, um Mitternacht müßte Blackman als entsprungener Sträfling betrachtet werden. Sie ergingen sich in allerlei Mutmaßungen, während die Zeiger der Uhr unerbittlich auf die Mitternachtsstunde zurückten. Schließlich schlug sie zwölf.

Der Direktor nahm den Telefonhörer ab und rief die städtische Polizei von Quebec an. Er erstattete Anzeige gegen Richard Blackman. Er las die Personalien seines Insassen aus der Kartei

ab. Größe, Gewicht, Haar- und Augenfarbe, Kleidung, besondere Kennzeichen, letztbekannter Aufenthaltsort (Motel), all das wurde ohne Stocken aufgezählt.
Die Polizei war für eine Großfahndung. Immerhin handelte es sich um einen verurteilten Mörder.
Der Gefängnisdirektor war dagegen. Die Publizität könnte seinen anderen Häftlingen schaden. Außerdem war Blackman ja kein gewalttätiger Mensch. Wahrscheinlich wurde er mit seiner Frau irgendwo aufgehalten, oder hielt sich noch verborgen, um etwas mehr Zeit mit ihr zusammen zu verleben. Es sei nicht nötig, meinte der Direktor, den Fall an die große Glocke zu hängen.
Mit niedergeschlagener Miene legte er den Hörer auf und sagte seinen Mitarbeitern, die Polizei habe sich nicht erweichen lassen. Blackman würde steckbrieflich gesucht werden. Er schlug den andern vor, schlafen zu gehen. Er wollte mit seinem Sekretär für alle Fälle noch eine Weile im Büro warten. Es konnte ja sein, daß Blackman gerade jetzt unterwegs war. Er merkte selbst, daß sein Ton nicht sehr überzeugend klang.

*

Quebec hat eine Bevölkerung von fast zweihunderttausend Seelen. Die Stadt hat den lebhaftesten Hafen von Kanada und ist die älteste befestigte Ortschaft Nordamerikas. Hier begann die Fahndung nach Blackman und seiner Frau. Cora war nun die Mitschuldige eines entsprungenen Sträflings und wurde ebenfalls steckbrieflich gesucht.
Am Freitag, dem fünfzehnten November, gelangte die städtische Polizei von Quebec zu dem Schluß, daß sich Blackman nicht in der Stadt befand. Nun mußte die Menschenjagd aufs ganze Land ausgedehnt werden.
Die Royal Canadian Mounted Police wurde um Hilfe ersucht. Am Samstag, dem sechzehnten, erstreckte sich die Fahndung auf ganz Kanada. Am Montag, dem achtzehnten, setzte sich das kanadische Interpol-Büro mit dem Generalsekretariat in Frankreich in Verbindung und ersuchte um internationale Fahnung.

Am Sonntag, dem siebzehnten November, begann die Osloer Polizei mit der Suche nach einem englischsprechenden Paar unbekannten Namens. Die beiden, ein Mann und eine Frau, hatten einen Raubüberfall auf eine Pension verübt und fünfzehntausend Kronen gestohlen. Vermutlich waren sie Amerikaner, Kanadier oder Engländer.

Kurz darauf wurde abermals ein bewaffneter Raubüberfall gemeldet. Es schien sich um dieselben Täter zu handeln. Diesmal aber waren zwei Personen schwer verletzt worden. Der Mann war mit einer Schädelfraktur und einer Gehirnerschütterung ins Krankenhaus eingeliefert worden, die Frau mit einem gebrochenen Backenknochen. Die Körperverletzungen hatte ihnen die Diebin mit Pistolenhieben zugefügt. Der Diebstahl belief sich auf fünftausend Kronen. Beide Opfer hielten die Täter für Amerikaner.

Zur Routine der polizeilichen Nachforschungen gehörte die mühsame Überprüfung aller Touristen-Unterkünfte. Es galt ja, ein Paar zu finden, auf das die Personenbeschreibung paßte.
Zwei Paare wurden aufgegriffen und verhört. In einem Falle handelte es sich um ein Ehepaar, beide von Beruf Reiseschriftsteller, die ein hieb- und stichfestes Alibi hatten. Nach einer Stunde wurden sie freigelassen. Das andere Paar wurde länger verhört, bevor der Beweis erbracht war, daß sie an einem der fraglichen Abende eine Gesellschaft bei Osloern mitgemacht hatten.

Als sich nichts ergab, wurde man doch unruhig. Flughafen und Bahnhof wurden bewacht. Aber man wußte lediglich, daß die Frau blond und etwas größer als der Mann war, sonst nichts.

Am Montag wurde die Polizei kurz vor Mitternacht zum drittenmal in eine Pension gerufen. Bei diesem Überfall war auf den Wirt geschossen worden; seine Frau war kaum vernehmungsfähig, da sie einen schweren Schock erlitten hatte. Immerhin bestärkten die Aussagen der Pensionäre, die die Täter auf der Straße hatten weglaufen sehen, die Polizei in der Überzeugung, daß es sich um dasselbe Paar handeln mußte.

Inger Johans konnte einen wichtigen Hinweis liefern. Die Verbrecher waren Kanadier. Sie kannte den Unterschied zwischen amerikanischem und kanadischem Englisch.
Die Zeugeneinvernahme fand eine knappe halbe Stunde nach dem Überfall statt. Währenddessen wurde Malle Johans von einer Ambulanz abgeholt. Er hatte viel Blut verloren, war aber nicht in Lebensgefahr.
Polizeipatrouillen durchkämmten die Stadt in Streifenwagen und zu Fuß. Zu dieser Stunde waren die Straßen ziemlich menschenleer. Man glaubte an die Möglichkeit, das Paar zu finden, wenn es nicht bereits untergetaucht war.

*

Blackman wollte ein Taxi nehmen, um so schnell wie möglich ins Hotel zu gelangen, bevor die Polizei auf dem Schauplatz des Verbrechens erschien. Er fand es zu gewagt, sich auf der Straße aufzuhalten.
„Noch gewagter ist es, einem Taxi zu winken", meinte Cora. Jeder zufällig vorbeikommende Streifenwagen könnte sie dabei beobachten. Außerdem wäre es möglich, daß sich der Fahrer ihrer erinnerte und auch das Ziel der Fahrt angeben könnte. Nein, sie fand es besser, zu Fuß zu gehen und sich im Schatten der Gebäude zu halten.
„Wir müssen aus Oslo weg", sagte Blackman. Um halb sieben in der Frühe ging ein Zug nach Stockholm. Niemand wußte, wie sie aussahen, und wenn sie schnell wegkämen, würden sie es schaffen.
Cora sprach davon, ein Auto zu stehlen, aber das redete er ihr aus. Er wisse nicht, wie er es anlassen könnte, wenn der Schlüssel nicht stak. Sie ließ dieses Argument gelten.
Ungesehen gelangten sie in ihr Hotel. Beide konnten nicht schlafen. Cora war böse auf ihren Mann, weil er sie veranlaßt hatte, die Pistole wegzuwerfen. Sie hatte sogar die größte Lust, sich die Waffe wieder zu holen.
Sie packten ihre wenigen Siebensachen. Cora trug alles Geld in ihrer Handtasche. Sie begaben sich zu Fuß zum Bahnhof. Cora

hatte flache Schuhe an und schlurfte beim Gehen. Ihres Erachtens wußte die Polizei, daß sie größer war als ihr Mann, und sie bemühte sich, den Unterschied auszugleichen.
Obwohl auf dem Bahnhof Posten standen, kamen sie ungehindert durch. Sie trennten sich, ehe sie den Bahnhof betraten, und stiegen in verschiedene Wagen ein.
Als sie dann in einem Abteil zweiter Klasse beisammen saßen, sagte Cora, alle Sorgen seien überstanden. In Stockholm könnten sie sich eine neue Pistole besorgen. Sie hoffte, daß ihm dadurch das Rückgrat gestärkt würde.

*

Das Generalsekretariat versandte eine rote Fahndungsausschreibung an alle Interpol-Mitglieder, nachdem es am achtzehnten die Unterlagen erhalten hatte. Am Morgen des zwanzigsten, einem Mittwoch, ging die „Rotecke" hinaus.
Das Interpol-Büro in Ottawa hatte eine Fotografie von Cora erhalten, die ein Jahr zuvor gemacht worden war. Diese Aufnahme ging über das Generalsekretariat an alle Mitgliedstaaten.
Am gleichen Tage, an dem die Fahndungsausschreibung in Norwegen eintraf, konnte die Polizei feststellen, in welchem Osloer Hotel die Blackmans abgestiegen waren. Jetzt wußte man, wen man zu suchen hatte, ungeachtet der falschen Pässe. Der angenommene Name Chaney wurde durch Telex an Interpol in St. Cloud übermittelt, worauf sämtliche Mitglieder die zusätzliche Information erhielten.

*

In Stockholm verließen Cora und Blackman am Mittwochabend, dem zwanzigsten November, das Hotel Wasa und suchten ein Lokal in der Gamla Stan auf, wo sie sich Rock- und Volksmusik anhörten. Sie wollten auch endgültige Pläne machen.
Dabei gerieten sie in Streit. Cora wünschte in Stockholm zu bleiben, Blackman die Stadt so schnell wie möglich zu verlassen. Er hielt es für sehr gefährlich, hier zu bleiben. Seiner Überzeugung

nach würden alle skandinavischen Länder alarmiert werden, und er schlug vor, am nächsten Morgen abzureisen.
Cora verstand seine Nervosität nicht. Die Raubüberfälle waren in Oslo geschehen. Sie befanden sich jetzt in Stockholm, in einem anderen Land. Niemand vermutete sie in Schweden. Benahmen sie sich nicht wie zwei normale Touristen?
Er sah die Sache anders an. Ob sie denn nicht wüßte, daß manche Länder in polizeilichen Fragen gegenseitige Übereinkünfte hätten? Wenn sie in Norwegen gesucht wurden, war es gut möglich, daß die Schweden Beistand leisteten.
Cora verhöhnte ihn. Sie hatte genug von seiner Schlappschwänzigkeit. Offenbar war seine Energie durch den Aufenthalt im Gefängnis so ausgehöhlt, daß er nie mehr ein ganzer Kerl werden würde. Er sollte lieber seiner eigenen Wege gehen. Sie wollte ihm etwas Geld geben, und er könnte tun, was ihm beliebte. Sie selbst werde bleiben, aber nicht mit einem Schwächling.
Als sie zum Hotel zurückkehrten, hatten sie einander nichts mehr zu sagen. Vor dem Schlafengehen machte Blackman noch einen Versuch, Cora umzustimmen; aber er stieß auf Granit.
Am folgenden Morgen — am Donnerstag, dem einundzwanzigsten — gab Cora ihrem Mann etwas Geld und sagte ihm, er solle sich wegscheren. Wieder versuchte er sie umzustimmen, und wieder blieb sie steinhart. In ihren Augen war er eine Niete, und sie interessierte sich nicht mehr für ihn.
Blackman ließ seine Kleider im Hotel zurück und machte sich auf, einen Flug nach Italien zu buchen. Er fuhr mit dem Flughafenbus zum Flughafen Arlanda.
Zehn Minuten nach dem Betreten des Flughafens wurde Blackman festgenommen. Die „Rotecke“ hatte ihr Werk getan. Die Polizei im Flughafen erkannte ihn sofort.
Blackman legte ein offenes Geständnis ab. Er kam in Haft, und ein Telex ging an die Interpol in Oslo und in Kanada sowie ans Generalsekretariat ab.

*

Cora hielt sich nicht mehr lange im Hotel auf, nachdem ihr Mann gegangen war. Sie wollte irgendwo frühstücken und nahm ihre

Handtasche mitsamt dem Geld mit. Ihre Wahl fiel auf das Bahnhofsrestaurant. Hier knüpfte sie im Nu ein Gespräch mit einem jungen englischen Touristen namens Martin Freeman an.

Freeman war mitten in einer viermonatigen Autoreise durch den europäischen Kontinent. Er besaß einen Wohnwagen, dessen Verdienste er Cora eifrig beschrieb. Das beste daran sei, sagte er, daß er darin schlief und kein Geld für Hotelzimmer brauchte. Cora wollte wissen, ob es nachts darin nicht zu kalt sei; aber Freeman antwortete, er habe es in seinem Wohnwagen dank einem elektrischen Ofen in den kältesten Nächten mollig warm. Er erbot sich, ihr den Wagen zu zeigen, und schilderte ihr alle die Geräte, die er darin installiert hatte, um daraus ein Zuhause zu machen.

Gerade als sie das Restaurant verließ, um sich Freemans ganzen Stolz anzusehen, inspizierte die Stockholmer Polizei Coras Hotelzimmer. Sowohl in der Halle als auch in Coras Zimmer wurde ein Posten aufgestellt. Man wußte, daß sie zurückkehren würde, um ihre Sachen zu holen.

Die Polizei sollte eine Überraschung erleben; denn während sich Cora den Wohnwagen ansah, faßte sie einen raschen Entschluß. Als Freeman ihr sagte, er wolle sogleich nach Dänemark fahren, bat sie ihn, sie mitzunehmen.

Freeman stellte die naheliegende Frage nach ihrem Gepäck, aber Cora erklärte, sie brauche ihr Hotel nicht mehr aufzusuchen. Vielleicht ahnte sie, daß ihr Mann gefaßt werden und die Polizei auf ihre Spur bringen würde. Jedenfalls verließ sie mit Freeman zusammen Stockholm. Sie hatte sich anerboten, ihren Anteil an den Reisekosten zu tragen, und das genügte dem Engländer. Er war nicht von dem Schlag, der viele persönliche Fragen stellt.

Sie beschlossen, nach Malmö zu fahren und dort die Fähre nach Kopenhagen zu nehmen. Sie hatten es nicht eilig. In Malmö kamen sie am Freitag gegen Mittag an.

Auf dem Weg zum Fahrkartenschalter bat Cora ihn, ihr eine Pistole zu kaufen, bevor sie Schweden verließen. Selbstverständlich werde sie sie bezahlen, sagte sie, aber sie mochte den Kauf nicht selbst tätigen.

Freeman lehnte das Ansinnen ab, ließ sich aber nicht merken, wie sehr es ihn entsetzte. Später sagte er aus, er habe die Bitte so sonderbar gefunden, daß ihm der Verdacht gekommen sei, sie könnte nicht ganz richtig im Kopf sein. Um sie nicht aufzuregen, äußerte er sich nicht weiter. Immerhin begann er daran zu denken, dieser kurzen Bekanntschaft ein Ende zu machen. Er beschloß, damit zu warten, bis sie in Dänemark wären. Sie hatte etwas an sich, das ihn beunruhigte.

Er hätte sich keine Sorgen zu machen brauchen. Während er die Fahrkarten für die Fähre kaufte, wandte sich Cora, die neben ihm stand, von ihm ab, um ein Plakat zu betrachten. Sie blickte in die Augen des schwedischen Polizeibeamten Manne Steffan, der sie sofort erkannte.

Sie wollte um ihn herumlaufen, wodurch sein Verdacht bestärkt wurde. Er trat ihr in den Weg und verlangte ihren Ausweis zu sehen. Als sie den Paß mit dem Namen Norma Chaney vorwies, erklärte er sie für verhaftet.

Im Februar 1975 wurde Richard Blackman nach Kanada ausgeliefert, wo er seine lebenslängliche Gefängnisstrafe weiterverbüßen muß. Falls er jemals begnadigt wird, erhebt Norwegen Anspruch auf ihn.

Cora Blackmann wurde nach Norwegen ausgeliefert und hier wegen bewaffneten Raubüberfalls und Körperverletzung zu drei Jahren Gefängnis verurteilt. Beide wünschen eine Scheidung, aber es fehlt ihnen das Geld für den Scheidungsprozeß. Sie werden also noch einige Zeit verheiratet bleiben.

Sicherer Fluchtweg

In den Akten der Interpol sind viele klug erdachte Verbrechen verzeichnet. Manche sind so ausgeklügelt ersonnen und so sorgfältig bis ins kleinste geplant, daß die Festnahme der Täter fast ans Wunderbare grenzt.
Für ein derartiges Verbrechen diente Schweden als Schauplatz, wenn die Täter auch keine Schweden waren. Sie hatten sogar eine weite Reise hinter sich, ehe sie nach Schweden gelangten, und kamen nicht einmal aus ihrem eigenen Lande hierher.

*

Die türkische Stadt Budrum, im Altertum als Halikarnassos die Hauptstadt der Könige von Karien, beherbergte einstmals eines der Sieben Weltwunder, nämlich das Mausoleum, das König Mausolus seiner Gemahlin errichten ließ. Heute wird Budrum hauptsächlich von Touristen bevölkert. Nur noch wenige Ruinen erinnern den Besucher an Budrums glorreiche Vergangenheit.
Hauptattraktionen sind heute das klare Wasser des Ägäischen Meeres, die warme Sonne und die verhältnismäßig niedrigen Preise. Der große Sport ist das Tiefseetauchen, das viele Leute nach Budrum lockt.
Es war also nicht verwunderlich, daß sich zwei Touristen hier kennenlernten und feststellten, daß sie vieles gemeinsam hatten. Beide sprachen Englisch, beide waren begeisterte Taucher, beide genossen den Aufenthalt in Budrum, und beide waren Berufsverbrecher.
Charles Eastman stammte aus Exeter in England. Er war nicht nur der dortigen Polizei, sondern auch in London bei Scotland Yard wohlbekannt. Im Generalsekretariat gab es eine Akte über ihn, denn er hatte seine Verbrechen oft außerhalb Englands be-

gangen. Sechs seiner zweiunddreißig Jahre hatte er in England und auf dem europäischen Festland hinter Gittern verbracht.

Arnold Berger war in seiner amerikanischen Heimatstadt Philadelphia nicht ganz so gut bekannt. Wahrscheinlich lag es daran, daß Philadelphia eine Großstadt war. Immerhin hatte er sein Dossier bei Interpol, weil er sich in Mexiko, Costa Rica und Kanada gegen das Gesetz vergangen hatte. Er war drei Jahre jünger als Eastman, hatte es jedoch fertiggebracht, in den Vereinigten Staaten und in Kanada ebenso lange Zeit im Gefängnis zu sitzen. Eastman war nach Budrum gekommen, weil er ganz richtig vermutete, daß er in England unter polizeilicher Beobachtung stand. Er wollte an einem Erholungsort weilen und, wie er es ausdrückte, „einen großen, sicheren und gewinnbringenden Coup aushecken".

Berger hörte das gern, da er ähnliche Gründe für seine Reise nach Budrum hatte. Nachdem sie das einander eingestanden hatten, wurden sie rasch dicke Freunde.

Eastman wollte seinen Beruf wechseln. Er war Einbrecher, aber die Polizei kannte seine Methoden allzu gut. Außerdem hatte er sein Herz daran gehängt, eine Bank auszurauben. Er hatte einmal gelesen, daß Willie Sutton auf die Frage, warum er sich mit Vorliebe als Bankräuber betätigte, geantwortet hatte: „Weil dort das Geld zu finden ist." Diese Aufrichtigkeit bewunderte Eastman. Überdies leuchtete ihm die Begründung ein.

Berger, dessen Betätigung von der Veräußerung ungedeckter Schecks bis zu gelegentlichen Raubüberfällen reichte, suchte ebenfalls ein neues Arbeitsfeld. Er fand, daß Eastman recht hatte. Ein Banküberfall sagte ihm durchaus zu. Das teilte er Eastman mit.

Keiner von ihnen hatte Lust, jemals wieder einen Tag im Gefängnis zu verbringen. Sie wollten den Bankraub so geschickt einfädeln, daß die Polizei in bezug auf die Täterschaft vor einem Rätsel stehen würde.

Sie stimmten darin überein, daß nicht der Überfall an sich das große Problem war, sondern die Flucht nach vollbrachter Tat. Jeder Mensch konnte einem Schalterbeamten eine Pistole vor die

Nase halten und ihn zur Herausgabe des Geldes nötigen. Schwierigkeiten boten sich erst danach.
Über dieses Problem hatte Eastman viel nachgedacht. Er meinte, wenn die Flucht auf ganz neuartige Weise bewerkstelligt würde, könnte man Erfolg haben. Er wollte dafür einen Wasserweg benutzen.
Von dieser Idee war Berger begeistert. Was könnte ihnen besser liegen? Sie waren ja beide Experten im Wasser. Wenn sie sich irgendwie unter Wasser davonmachen könnten, wäre es ein narrensicheres Verfahren.
Die beiden waren gegen Ende Juni nach Budrum gekommen. Am zwanzigsten Juli hatten sie fast einen ganzen Monat des Pläneschmiedens hinter sich. Sie hatten verschiedene Fluchtmöglichkeiten ausgearbeitet und sie im Gewässer der Umgebung erprobt.
Ein Problem mußte noch gelöst werden, bevor sie ans Werk gehen konnten. Sie mußten eine Bank in der Nähe eines Gewässers ausfindig machen, und das Gewässer mußte nahe oder in einer großen Stadt sein. Es hätte nicht viel Zweck gehabt, sich nach dem Bankraub in einem Ozean zu befinden.
Ihr Tagesablauf blieb sich immer gleich. Jeden Morgen mieteten sie ein kleines Boot, fuhren damit hinaus und tauchten. Nach der Rückkehr am späten Nachmittag machten sie Siesta, und nach dem Abendessen tranken sie etwas und schmiedeten bis in die Nacht hinein Pläne.
Den endgültigen Plan mußten sie aufschieben, bis sie die geeignete Bank begutachtet hatten. Dann aber war ihnen das Glück eines Tages hold. Nachdem sie sich den Kopf zerbrochen hatten, ob sie jemals irgendwo eine Bank gesehen hätten, die sich für ihre Zwecke eignete, lernten sie einen Schweden aus Göteborg kennen, der ihnen viel von seiner Heimatstadt erzählte und ihnen das dortige Flußsystem schilderte.
Berger und Eastman freuten sich. Das hörte sich ja ganz so an, als ob Göteborg das richtige für sie wäre. Sie beschlossen, sich auf den Weg zu machen. Sie wollten ihre Reserven nicht mehr in Budrum verschwenden. Für den Bankraub mußten sie sich noch mancherlei besorgen, und je früher sie aufbrachen, desto besser.

Am sechsten August fuhren sie mit dem Morgenbus nach Izmir, wo sie übernachteten. Von hier flogen sie über Paris nach Stockholm. Es schien ihnen angebracht, ihre Einkäufe in Stockholm zu tätigen, bevor sie die Reise nach Göteborg fortsetzten.

Ihr Plan bestand darin, die Bank als Ehepaar zu betreten. Da Berger breitschultrig und ein Meter achtzig groß und Eastman klein und zierlich gebaut war, fiel Eastman die Frauenrolle zu.

Das Damenkleid mußte Eastman vollständig bedecken, weil sie unter ihrer Kleidung den Taucheranzug tragen wollten. Deshalb wählten sie einen Hosenanzug. Sie fanden einen schwarzen, der über die flachen Damenschuhe reichte, die Eastman zu groß waren, und sie kauften eine braune Perücke.

In ihrem Zimmer des Hotels Continental mitten in der Stadt veranstalteten sie eine Anprobe. Da merkten sie, daß sie etwas Wichtiges vergessen hatten. Eastman mußte wegen seines starken Bartwuchses geschminkt werden. Selbst wenn er frischrasiert war, schimmerten die Stoppeln durch.

Sie kauften also helle Teintschminke, einen knallroten Lippenstift, Wimperntusche und Nagellack. Über den Nagellack war Eastman nicht erfreut. Er meinte, daß Wimperntusche und Lippenstift im Wasser abgewischt werden könnten, der Nagellack hingegen nicht. Berger bestand auf dem Nagellack. Die Augenzeugen dürften nicht daran zweifeln, daß die Bankräuber ein Mann und eine Frau gewesen wären. Widerwillig erklärte sich Eastman bereit, sich die Nägel zu lackieren.

Als letztes erstanden sie einen wasserdichten Plastiksack, den Berger an einem Gürtel über dem Taucheranzug tragen wollte. Der Sack sollte das Geld enthalten.

Mit einem gemieteten Auto fuhren sie nach Göteborg. Hier bezogen sie am Dienstag, dem dreizehnten August, das Hotel Opalen. Am selben Tag fanden sie die gewünschte Bank, eine Filiale der Skandinaviska Bank ganz in der Nähe des Flusses Savean, der etwa tausend Meter entfernt in den Götaälv mündete, wo die beiden Flüsse ein breites Gewässer bildeten.

Tags darauf mieteten sie ein dreieinhalb Meter langes Motorboot und bezahlten die Miete für einen Monat voraus. Sie nahmen

sich auch die Zeit, die Bank zu begutachten. Sie war nicht nur geeignet, sondern sogar ideal.
Es war keine große Bank. Sie hatte nur drei miteinander verbundene Schalter, und gegenüber standen zwei Schreibtische an der Wand. Es konnte nicht schwer sein, hier alle Anwesenden mit ihren Pistolen in Schach zu halten.
Die beiden folgenden Tage verbrachten sie damit, den Fluß auszukundschaften und den besten Fluchtweg auszutüfteln. Einfach schien das Vorhaben nicht zu sein. Das Boot mußte ja irgendwo außer Sicht ankern, damit es nicht als Beförderungsmittel der Bankräuber erkannt wurde. Sie wollten unter Wasser zu der betreffenden Stelle schwimmen.
Eastman schlug vor, das Boot in der Nähe der Savean-Mündung warten zu lassen. Berger wandte ein, das sei eine recht lange Strecke, die sie unter Wasser zurücklegen müßten. Es wäre möglich, daß sie es infolgedessen nicht finden würden. Auf diese Gefahr dürfe man es nicht ankommen lassen.
Es gebe einen sicheren Weg, es zu finden, erklärte ihm Eastman. Wenn sie unter Wasser einen Draht legten, brauchten sie dieser Richtschnur nur zu folgen.
Diese Möglichkeit mußte näher ergründet werden. Vor allem galt es, festzustellen, ob der Abstand zu bewältigen war. Beim Zusammenfluß entdeckten sie am Ufer des Götaälvs eine Stelle, die man von den Ufern des Savean aus nicht sehen konnte, so daß sie sich als Ankerplatz gut eignete. Die Entfernung betrug 1500 Meter.
Im Taucheranzug und mit Atmungsgerät suchten sie das Flußbett des Savean ab. Sie fanden in der Nähe der Bank ein untergegangenes Ruderboot, an dem sie den Draht befestigten. Das andere Ende wurde am Kiel des Motorboots festgemacht und so die Richtschnur zum Ankerplatz gelegt.
Der Banküberfall war für Dienstag, den zwanzigsten, geplant, genau eine Woche nach ihrer Ankunft in Göteborg.
Tags zuvor trafen sie die letzten Vorbereitungen. Sie brachten alle ihre Sachen in dem Motorboot unter und verhängten das Heck des Bootes von der kleinen Kabine aus mit einem Segeltuch, so daß sie nicht gesehen werden konnten, wenn sie an

Bord kletterten. Sie kauften eine Aktenmappe, in der sie ihre Pässe und zwei Flugkarten unterbrachten. Sie hatten für den SAS-Flug 495 nach Kopenhagen gebucht, wo sie in die SAS-Maschine 567 nach Paris umsteigen wollten. Ihr Gepäck an Bord enthielt nur das Notwendigste.

Der Stundenplan war genauestens aufgestellt. Das Flugzeug hob gleichen Tages um dreizehn Uhr ab. Sie wollten mit dem Boot auf dem Götaälv flußaufwärts zur nächsten Anlegestelle fahren und von dort aus mit einem Taxi zum Flughafen.

Die Atmungsgeräte wurden nahe bei dem untergegangenen Ruderboot versteckt, fast genau gegenüber der Bankfiliale. Sie brauchten nichts anderes zu tun, als nach dem Banküberfall ins Wasser zu springen, die kurze Strecke zu schwimmen, die Atmungsgeräte anzuschnallen und der Richtschnur unter Wasser bis zum Motorboot zu folgen.

Eastmans Hosenanzug wurde so geändert, daß er ihn rasch ausziehen konnte. Bergers Beinkleider wurden nur von Haken und Öse zusammengehalten. Oben trug er über seinem Taucheranzug eine leichte Jacke mit Reißverschluß. Sie übten das Ausziehen mehrmals. Da Berger es ein wenig schneller bewältigte, sollte er Eastman die Perücke vom Kopf nehmen. Es erwies sich, daß es knapp zwanzig Sekunden dauerte, bis sie im Taucheranzug dastanden.

Am zwanzigsten August betraten Berger und Eastman um Viertel nach zehn die Bank. Außer zwei männlichen Kunden befanden sich hier nur die drei Schalterbeamten, darunter eine Frau.

Eastman, angetan mit dem schwarzen Hosenanzug und der braunen Perücke, dazu stark geschminkt, schlurfte in den unbequemen Damenschuhen durch den Schalterraum. Er drückte eine Handtasche an sich.

Berger, dessen Jacke bis zum Hals geschlossen war, damit man den Taucheranzug nicht sehen konnte, hatte die Hände in den Jackentaschen. Er ging einen Schritt hinter Eastman.

Die Kassiererin Selma Moberg schaute auf, als sie sich ihrem Schalter näherten. Sie hätte beinahe gelacht beim Anblick der merkwürdig aussehenden Dame, die ihre Handtasche an den Bauch preßte; denn sie wirkte wie für die Bühne geschminkt. Sie wollte schon eine Bemerkung zu dem Kollegen neben ihr machen, besann sich aber eines Besseren, weil die groteske Gestalt schon zu nahe war und sie hätte hören können.

In diesem Augenblick griff Eastman in seine Handtasche und zog eine Pistole hervor. Er richtete sie auf Selma Moberg und verlangte Geld.

Berger zückte ebenfalls eine Pistole, kehrte Eastman den Rükken und zwang die beiden Kunden, sich zwischen die Schreibtische zu stellen und die Hände hochzuheben. Inzwischen befahl Eastman den beiden andern Schalterbeamten, mit allem vorhandenen Geld herauszurücken.

Es ging bei dem Banküberfall sehr ruhig vor. Die Räuber bewegten sich flink und arbeiteten geschickt zusammen, während sie den in der Handtasche mitgebrachten wasserdichten Sack mit dem Geld füllen ließen. Als der Sack voll war, warf Eastman die Handtasche auf den Boden. Sie wurde nicht mehr gebraucht.

Mit der Waffe in der Hand warnten die Räuber die Anwesenden, sie würden den ersten, der die Nase zur Tür hinaussteckte, niederknallen. Dann machten sie sich davon.

Sobald die Tür hinter ihnen ins Schloß gefallen war, rannten sie zum Flußufer. Eastman schüttelte seine Schuhe ab, zur großen Verwunderung der Vorbeikommenden, die dem sonderbaren Paar nachgafften.

An der bestimmten Uferstelle wurden die Kleider abgeworfen. Während Berger seinem Freund die Perücke vom Kopf riß, befestigte Eastman den Geldbeutel an Bergers Gürtel. Obwohl sie nicht mehr Zeit brauchten als bei den Proben, genügten die wenigen Sekunden, daß sich einige Neugierige um sie scharten.

Sie sprangen ins Wasser und schwammen so schnell wie möglich zu den Atmungsgeräten. Jetzt kamen die Leute aus der Bank gelaufen und schrien Zetermordio. Berger und Eastman konnten sie schon nicht mehr hören.

Alles verlief plangemäß. Sie fanden die Atmungsgeräte und folgten unter Wasser dem Draht.

Eastman führte den Weg, seine Füße waren nur ein paar Zentimeter von Bergers Kopf entfernt. Ihre Methode bestand darin, die eine Hand am Draht zu halten und einander nicht aus den

Augen zu verlieren. Dadurch wurde die Geschwindigkeit herabgemindert, aber da niemand sie sehen konnte, spielte das keine Rolle. Den gefährlichsten Teil des Raubzugs hatten sie hinter sich.

Die Pistolen, die sie benutzt hatten, lagen auf dem Grunde des Flusses. Während des Schwimmens wischte sich Eastman mit der freien Hand die Schminke vom Gesicht. Die Wimperntusche behinderte ihm die Sicht. Doch solange er den Draht fühlte, war alles gut.

Sie gelangten zur Savean-Mündung. Nur noch etwa fünfhundert Meter zu schwimmen. Die Stelle, wo sie auftauchen mußten, hatten sie mit einer dicken Kordel am Draht markiert. Sie erreichten unbemerkt ihr Ziel.

Zwei „Grünecken"

Als Charles Eastman von England aus in die Türkei gefahren war, hatte er geglaubt, der polizeilichen Überwachung entronnen zu sein. In diesem Punkt irrte er sich. Als er mit dem Zug von Exeter nach London fuhr, wurde Scotland Yard benachrichtigt, daß er den Polizeidistrikt von Exeter verlassen hatte. Da er als eingefleischter und rückfälliger Verbrecher galt und bekanntermaßen ziemlich mittellos war, hielt Scotland Yard es für angebracht, ihn im Auge zu behalten.
Als er mit dem Flugzeug England verließ, war sein Bestimmungsort der Kriminalpolizei bekannt. Scotland Yard benachrichtigte das Interpol-Generalsekretariat, und sogleich erging eine Fahndungsausschreibung mit grüner Ecke an alle Mitgliedstaaten. Sie enthielt außer Eastmans Foto, seinen Fingerabdrükken, seinem Strafregister und anderen Daten die Anmerkung, daß Eastmans Reiseziel die Türkei sei.
Die türkische Einwanderungsbehörde bestätigte dem Generalsekretariat Eastmans Einreise am sechzehnten Juni.
In Istanbul stieg Eastman im Palace Hotel Pera ab. Laut Polizeibericht blieb er nicht lange. Am achtzehnten Juni gab er sein Zimmer im Hotel auf und fuhr mit dem Autobus nach Budrum. Die Istanbuler Polizei setzte sich mit der Budrumer Polizei in Verbindung und trug ihr auf, ein scharfes Auge auf den Engländer zu halten.
Arnold Berger wurde nicht beobachtet, als er von Philadelphia über New York in die Türkei flog. Aber nicht lange danach merkte die Polizei, daß er ihr entschlüpft war, und stellte Nachforschungen an. Man erfuhr, daß er nach New York geflogen war, wahrscheinlich mit der Absicht, das Land zu verlassen. Also setzte man sich mit Interpol in Washington in Verbindung. Das Generalsekretariat wurde informiert, und nun ging eine grüne Fahndungsausschreibung auf Arnold Bergers Namen hinaus.

Bei einer routinemäßigen Kontrolle der Einreiseformulare tauchte Bergers Name in Istanbul auf. Er war einen Tag nach Eastman eingetroffen und, wie sich später herausstellte, ebenfalls mit einem Autobus nach Budrum gefahren.
Die schnell geschlossene Freundschaft zwischen Eastman und Berger erregte die Neugier der Budrumer Polizei. Sie ersuchte das türkische Interpol-Büro um Auskunft über Berger und erhielt den Bescheid, daß auch er Gegenstand einer Fahndungsausschreibung mit grüner Ecke war.
Die Budrumer Polizei überlegte, ob man gegen das Paar vorgehen sollte. Sie schätzte es nicht, wenn sich bekannte Verbrecher unter die Touristen mischten. Doch da man zu dem Schluß gelangte, daß sich die beiden zufällig getroffen hatten, begnügte man sich damit, sie scharf zu beobachten.
Während ihres Aufenthalts in der Türkei ahnten Eastman und Berger nicht, daß sie beschattet wurden. Um so größer war ihr Schrecken, als sie später erfuhren, daß jeder ihrer Schritte in der Türkei in den Akten verzeichnet worden war.
Ihre Abreise nach Schweden wurde durch enge polizeiliche Zusammenarbeit dem Interpol-Generalsekretariat gemeldet, so daß die Stockholmer Polizei bei ihrer Ankunft im Flughafen Arlanda einen Posten aufstellen konnte. Dieser Mann sollte die beiden beschatten. Er folgte ihnen zum Hotel Continental und vergewisserte sich dann; daß sie hier tatsächlich ein Zimmer genommen hatten.
Die schwedische Interpol-Sektion ist der Reichspolizeidirektion in Stockholm eingegliedert. Von hier aus wurde das Generalsekretariat benachrichtigt, daß sich Eastman und Berger in Stockholm aufhielten und unter Beobachtung standen.
Während die beiden in der Stadt ihre Besorgungen machten, vergewisserte sich die Polizei, daß sie ihre Adresse nicht änderten. Das Hotel erhielt Anweisung, die Polizei zu benachrichtigen, falls die beiden Gäste auszögen. Im schwedischen Interpol-Büro hatte man das dunkle Gefühl, daß Eastmann und Berger etwas Krummes planten. Man konnte sich nicht vorstellen, daß sie die weite Reise von Budrum nach Stockholm nur um der Sehenswürdigkeiten willen unternommen hatten.

Am dreizehnten August, dem Dienstag, an dem das Paar nach Göteborg fuhr, benachrichtigte das Hotel pflichtgemäß die Polizei, daß die beiden Gäste ausgezogen seien. Eine neue Adresse hatten sie nicht angegeben.
Als erstes erfolgten die Ermittlungen bei den Fluggesellschaften. Keine vermochte nützliche Auskunft zu geben.
Wenn die beiden Vögel nicht buchstäblich ausgeflogen waren, gab es mehrere Möglichkeiten. Sie konnten immer noch in Stockholm sein, jedoch in einem anderen Hotel. Da die Hotelregistrierungen routinemäßig der Polizei zugestellt wurden, ließ sich das früher oder später feststellen; aber so lange wollte man nicht warten, sondern man begann sofort mit der mühsamen Anfrage bei jedem Hotel. Es war aber ebensogut möglich, daß sie mit der Eisenbahn oder mit dem Auto abgereist waren. Diese Überlegung führte zu einer Untersuchung bei den Firmen, die Kraftwagen vermieteten. Tatsächlich ergab sich, daß Eastman und Berger bei Hertz für zwei Wochen ein Auto gemietet hatten, um eine Rundreise durch Schweden zu machen.
Jeder Polizeidistrikt in Schweden wurde ersucht, auf die beiden zu achten. Beschreibung des Wagens und die Autonummer wurden der Benachrichtigung beigefügt. Sofern sie den Wagen nicht irgendwo eingestellt hatten, mußte er eigentlich rasch aufgespürt werden. Außerdem wurde die Polizei in ganz Schweden angehalten, die Eintragungen in den Hotels sorgfältig zu überprüfen.
Alle diese Verständigungen und Maßnahmen erforderten ihre Zeit. Infolgedessen spürte man Eastman und Berger erst am achtzehnten August auf, zwei Tage vor der Ausführung des geplanten Banküberfalls.
Sie wurden durch die normale Kontrolle der Hoteleintragungen gefunden. Inzwischen hatten sie ihre Fluchtprobleme gelöst, das Motorboot gemietet, den Unterwasserdraht gelegt und alle notwendigen Proben veranstaltet.
Die Göteborger Polizei wußte lediglich, daß sie im Hotel Opalen wohnten. Da sie sich nie bemüht hatten, ihre Spuren zu verwischen, glaubte man, daß sie ihr Vorhaben nicht in Göteborg durchführen würden. Trotzdem vergewisserte man sich täglich

zweimal, daß sie immer noch im Hotel Opalen wohnten. Man hielt es jedoch für überflüssig, sie zu beschatten.
Der Mann, dem die Überwachung der beiden „Grünecken" unterstand, war Detektivinspektor Carl Backman. Wegen seiner fünfzehnjährigen Erfahrung ließ Backman es sich angelegen sein, die beiden am Montag, dem neunzehnten August, nachmittags eine Stunde lang zu beobachten.
So kam es, daß er sie in dem gemieteten Boot herumturnen und das Segeltuch anbringen sah. Backman ging dem gemieteten Boot nach und stellte fest, daß die beiden Männer es für einen ganzen Monat gemietet hatten. Daraus schloß er, daß ihr Vorhaben irgendwie die Benutzung des Bootes erforderte, aber wieso und warum, das war die Frage.
Da die Strafregister der beiden keinen bewaffneten Überfall oder einen Bankraub verzeichneten, wurden sie eines derartigen Vorhabens überhaupt nicht verdächtigt. Selten kommt es vor, daß ein Scheckbetrüger oder ein Einbrecher ein bewaffneter Räuber wird, und es bestand kein Grund zu der Vermutung, daß sich dieses Paar als Ausnahme von der Regel erweisen würde. Eher rechnete man damit, daß sie einen großen Einbruch vorhatten und die Beute in dem Boot verstecken wollten.
Hingegen ergab sich an diesem Nachmittag ein interessanter Tatbestand. Bei der Kontrolle im Flughafen stellte sich heraus, daß Eastman und Berger bei der SAS einen Flug nach Kopenhagen und von dort einen nach Paris gebucht hatten. Der Abflug sollte am nächsten Tag um dreizehn Uhr zehn vonstatten gehen.
Inspektor Backman und seine Leute bemühten sich, das Puzzle zusammenzusetzen. Obwohl das Boot noch für weitere zwanzig Tage gemietet war, wollten die beiden Männer Schweden am nächsten Tag verlassen. Das mußte etwas zu bedeuten haben. Wenn tatsächlich etwas geschehen sollte, dann war es für die kommende Nacht geplant. Wenn aber nichts geschah, dann hatten Eastman und Berger offenbar vor, ihren Plan außerhalb Schwedens auszuführen und vielleicht nach getaner Arbeit zurückzukehren.
Backman beauftragte sofort einen Mann mit der Überwachung des Hotels. Auch in der Nähe des Bootes stellte er einen Posten

auf. Die Beobachtung sollte fortgesetzt werden, bis sich das Paar zum Flughafen begab.
Den ganzen Abend und die Nacht über blieben Eastman und Berger in ihrem Zimmer. Um acht Uhr morgens erschienen sie im Restaurant zum Frühstück, wo sie sich nicht anders ausnahmen als die übrigen Hotelgäste.

Backman, der die ganze Nacht auf geblieben war, fühlte sich sonderbar beunruhigt. Einem Instinkt folgend, beorderte er einen Posten zum Flughafen, damit die beiden, falls sich etwas Überraschendes ereignete, vor dem Abflug ergriffen werden konnten.

Die Stockholmer Interpol unterrichtete sowohl die dänische wie auch die französische Interpol vom neuesten Stand der Dinge und gab auch die Ankunftszeiten der Flugzeuge an. Nachdem die Polizei alles getan hatte, was sie konnte, wartete sie gespannt ab.

Wie in Stockholm hatte das Hotel den Auftrag erhalten, die Polizei zu benachrichtigen, sobald Eastman und Berger ihr Zimmer aufgaben. Der Detektiv, der vor dem Hoteleingang Wache stand, hatte die beiden ins Restaurant gehen sehen und seinen Vorgesetzten angerufen, um ihm das zu melden. Er sei überzeugt, es werde sich gar nichts ereignen. Er könne sich nicht vorstellen, daß die beiden am hellichten Tage etwas unternehmen würden. Dennoch erhielt er den Befehl, auf seinem Posten zu bleiben, bis die beiden das Hotel verließen.

Als ein Touristenschwarm aus dem Hotel kam, überflog er die Gruppe mit einem Blick und wandte sich dann ab. Hätte er sie etwas gründlicher in Augenschein genommen, so wäre ihm in der Gruppe vielleicht eine absonderlich aussehende Dame aufgefallen. Er hätte wohl auch gemerkt, daß ihr Begleiter Arnold Berger war. So aber schlüpften die beiden Männer knapp drei Meter entfernt an ihm vorbei.

Eine Viertelstunde früher hatte Berger die Hotelrechnung bezahlt. Er sagte dem Portier, das Zimmer solle noch nicht gemacht werden, sie wollten noch eine Weile oben bleiben. Sowohl dem Portier als auch einem der anwesenden Hoteldiener entging

es, daß Berger kurz darauf mit der Touristengruppe aus dem Hause ging.
Der Polizei wurde mitgeteilt, daß Berger die Rechnung bezahlt und gesagt hatte, beide wollten noch in ihrem Zimmer bleiben. Der Portier erhielt die Anweisung, sofort wieder anzurufen, wenn sie mit ihrem Gepäck das Hotel verließen. Niemand konnte wissen, daß sich das Gepäck längst in dem Motorboot befand.
Um zehn Uhr siebzehn wurde die Kriminalpolizei wegen eines Banküberfalles alarmiert. Zwei Männer, der eine als Frau verkleidet, hätten einen Bankraub verübt. Sie wären über die Straße gelaufen, in den Savean gesprungen und im Wasser verschwunden.
An der betreffenden Stelle fand die Polizei die zurückgelassenen Kleidungsstücke und die Perücke. Augenzeugen berichteten, die beiden Männer hätten einen Taucheranzug getragen. Niemand hatte sie auftauchen sehen, nicht einmal die Neugierigen, die am Ufer entlang gelaufen waren, und wissen wollten, wann und wo sie zum Vorschein kommen würden. Es war wirklich ein Rätsel, das viel zu reden gab.

*

Während die Polizei Fragen stellte und wenig befriedigende Auskunft erhielt, gelangten Eastman und Berger zu dem Boot. Wie geplant, versenkten sie die Tauchgeräte im Wasser, lösten den Draht und kletterten an Bord.
Vom Segeltuch verdeckt, entledigten sie sich hastig der Taucheranzüge, trockneten sich in der Eile kaum ab und zogen sich an. Sowie sie angekleidet waren, ließ Berger den Motor an, und Eastman lichtete den Anker.

*

Detektiv Lagerlöf, der das Boot seit dem frühen Morgen bewachte, erschrak, als er es plötzlich auf dem Wasser schaukeln sah. Er hatte niemand an Bord gehen sehen, und von seinem Beobachtungsposten aus hatte er die ganze Uferstrecke im Blick. Es mußte der Wellenschlag vom Kielwasser irgendeines Schiffes sein. Er ließ das Boot nicht aus den Augen und beobachtete das Geschaukel, bis ihm klar wurde, daß es weder von einem Wellenschlag noch von einer Strömung herrührte. Im selben Augenblick sah er Eastman am Heck den Anker lichten und hörte den Motor anspringen.

„He!" rief er. Er stand zu weit entfernt, die Männer an Bord konnten ihn nicht hören. Er wußte nicht, wer sich da das Boot angeeignet hatte, denn Eastmans gesenkter Kopf war nicht zu erkennen gewesen. Lagerlöf beeilte sich, Backman zu benachrichtigen.

Die Polizeibeamten, die sich mit dem Banküberfall befaßten, hatten noch immer nicht begriffen, daß es sich bei den Bankräubern um Eastman und Berger handelte. Eine Person aber assoziierte richtig: Detektivinspektor Backman. Sobald er die Nachricht erhalten hatte, daß das Boot unterwegs war, fügte sich für ihn alles zusammen. Das Boot, die bestellten Flugplätze, die Berichte vom Tauchen in Budrum, alles ergab einen Sinn. Er schritt rasch zur Tat.

Der Posten im Flughafen wurde vergrößert. Da man nicht wußte, wohin Eastman und Berger mit dem Boot fahren würden, hielt man es fürs beste, sie in aller Ahnungslosigkeit zum Flughafen kommen zu lassen. Sie mußten sich ja am Schalter ihre Bordkarte abholen, bevor sie das Flugzeug besteigen konnten.

*

Eastman und Berger gingen im Flughafen zuversichtlich zum SAS-Schalter. An Eastmans Nägeln haftete immer noch roter Lack. Sie stellten sich am Ende der kurzen Reihe vor dem Schalter auf und wunderten sich nicht weiter, als sie von zwei Hinzukommenden flankiert wurden. Die beiden Herren wirkten wie ungeduldige Geschäftsleute, die sehen wollten, warum die Reihe so langsam nachrückte.

Die Detektive wußten nicht, ob Eastman und Berger bewaffnet waren. Sie befürchteten eine Schießerei im Flughafen. Als die Bankräuber flankiert waren, drängten sich zwei Herren vor ihnen gegen sie.

Eastman und Berger sahen sich von vier Männern umzingelt, von denen zwei eine Pistole auf sie richteten. Sie leisteten keinen Widerstand.

*

Charles Eastman und Arnold Berger haben jetzt eine lange Gefängnisstrafe in Schweden abzusitzen. Obwohl ihr ungewöhnlicher Plan recht geschickt ersonnen war, wurden sie — was auch als ungewöhnlich zu gelten hat — durch ein Fahndungsblatt mit grüner Ecke in die Enge getrieben.

Die Jagd über dreiundvierzigtausend Kilometer

Da die Autorität der Polizeibehörden notgedrungen durch geographische Grenzen eingeschränkt wird, ist jedes nationale Interpol-Büro verpflichtet, sich an der Fahndung nach einem international gesuchten Verbrecher zu beteiligen.

In seltenen Ausnahmefällen begeben sich die Beamten des Landes, das die Fahndung veranlaßt hat, ins Ausland, um hier als Berater des Nationalen Zentralbüros der Interpol zur Verfügung zu stehen. Dabei handelt es sich um vordringliche Fälle, bei denen vereinte Anstrengungen aller Wahrscheinlichkeit noch raschere Ergebnisse zeitigen werden. Ein weiterer bestimmender Faktor ist der Wert des gestohlenen Objekts. Ist er sehr hoch, so lassen sich die Reisekosten rechtfertigen. Einen solchen Grund glaubte man in Venezuela einmal zu haben.

*

Im Juli 1969, eine Woche nachdem Neil Armstrong zum Erstaunen der ganzen Welt als erster den Fuß auf den Mond gesetzt hatte, stiegen ein junges Ehepaar und seine dreijährige Tochter in Caracas aus einem Flugzeug. Sie sollten die Polizei zu einer neunzehntägigen Dreiundvierzigtausend-Kilometer-Jagd veranlassen.

Ralph und Mary Edwards betraten Venezuela mit britischen Pässen. Ralph war sechsundzwanzig Jahre alt, Mary vierundzwanzig. Sie sagten, sie seien gekommen, um sich ein neues Leben aufzubauen. Zu diesem Zweck hatten sie sich neue Namen zugelegt; aber davon sagten sie nichts.

Ihre Pässe und alle übrigen Ausweise lauteten auf den Namen Edwards. Wenn die Sachverständigen des britischen Innenministeriums die Pässe gesehen hätten, wären sie beeindruckt gewe-

sen. Die Fälschung war erstklassig, das Werk eines Könners — Edward's persönlich. Das war eines seiner vielen Talente.
Es bestanden gute Gründe für den neuen Namen. Der alte war Gegenstand einer Großfahndung in England und sollte bald im Brennpunkt einer internationalen Suche durch Interpol stehen. Auf dem Wege ins Ausland hatte Edwards in London haltgemacht und dort einen Bankraub ausgeübt. Mit vorgehaltener Pistole hatte er englische Pfund im Wert von 25 000 Dollar erbeutet.
In Caracas wollte das Ehepaar ein möglichst normales Leben führen. Das Geld sicherte ihnen einen guten Anfang, während Ralph Edwards Arbeit suchte. Sie brauchten sich keine Sorgen zu machen, Mary konnte zu Hause bleiben und sich ihrem Töchterchen Jill widmen.
In wenigen Tagen hatten sie eine Vierzimmerwohnung in einem mittelklassigen Wohnviertel gefunden. Nach dem Einzug begab sich Edwards auf Arbeitssuche.
Da sie ein gewöhnliches mittelklassiges Leben führen wollten, hatte Edwards beschlossen, in einer höheren Schule Englisch und Mathematik zu lehren. Die Tatsache, daß er selbst die höhere Schule nicht abgeschlossen hatte, hemmte ihn nicht. Er verfügte über vortreffliche Dokumente, die ihn als Hochschullehrer auswiesen. Er konnte auch, wenn nötig, Diplome vorzeigen, die bestätigten, daß er mehrere Sprachen beherrschte, unter anderm Spanisch.
Diese Bescheinigung legte er bei einer Besprechung in einer höheren Schule vor, die in der Nähe seines Wohnviertels lag.
Sie machten bei der Schulbehörde ebenso guten Eindruck wie sein Auftreten und sein Äußeres, so daß man ihm fürs kommende Wintersemester den Posten eines Englischlehrers anbot. Das Gehalt war nicht hoch, aber da Edwards den größten Teil seiner Diebesbeute in der Wohnung versteckt hatte, genügte es ihm für den Anfang. Er nahm die Stellung an.

Er machte sich sowohl bei den Schülern als auch bei den andern Lehrern rasch beliebt. Man fand, er sei ein guter Pädagoge, hilfsbereit, an sozialen Fragen interessiert, kurz von dem Schlag, der einmal einen guten Administrator abgeben würde.

Er und seine Frau führten ein ruhiges und geselliges Dasein. Am Nachtleben von Caracas nahmen sie nicht teil. Man sah sie stets beisammen. Sie galten als ein Musterehepaar.

Im Dezember hatten Edwards und Mary ihre Rolle als Vertreter der Mittelklasse satt. Im Grunde konnten beide ein ruhiges Leben nicht ausstehen. Sie liebten teure Nachtlokale, schöne Kleider, elegante Autos und alle Dinge, die man sich käuflich erwerben kann. Edwards hielt einen Berufswechsel für angebracht. Er wollte in die Nähe von Geld gelangen.

Er bewarb sich um eine Stellung in einer Bank, wobei er hervorragende Zeugnisse und Empfehlungsschreiben vorwies. Er konnte laut einem Schriftstück beweisen, daß er ein Jahr lang in einer Londoner Bank in der Darlehensabteilung gearbeitet hatte. Er erklärte, er habe sich in Caracas nur versuchsweise als Lehrer betätigt, um zu sehen, ob er sich dieser Laufbahn widmen wollte. Die Bankdirektoren sagten, es freue sie, daß er es vorzöge, zu seinem alten Beruf zurückzukehren. Er trat die neue Stellung am dritten Januar 1972 an.

Die Schule bedauerte es, Edwards zu verlieren. Man veranstaltete ihm zu Ehren eine Abschiedsfeier, und ein Redner sagte, es sei verständlich, daß er sich verbessern wollte.

Die Arbeit in der Bank viel Edwards leicht. Er zeigte eine rasche Auffassungsgabe für seine Pflichten. Seine Kollegen konnten es kaum glauben, daß er nur einjährige Erfahrung als Bankbeamter hatte.

Seine Vorgesetzten fanden ihn arbeitswillig — immer einer der ersten, die am Morgen antraten, und einer der letzten, die am Abend gingen. Sie beglückwünschten sich zu ihrem Entschluß, ihn anzustellen. Es fiel auch angenehm auf, daß Edwards stets, wenn er überflüssige Zeit hatte, andern bei der Arbeit half.

Anfang Januar traf man in Caracas Vorbereitungen für ein großes Fest. Es war ein so wichtiges Ereignis, daß Schulen, Banken und Geschäfte für eine Woche geschlossen wurden, kurz, jedermann hatte Ferien. Die Festwoche begann am zwölften Februar. Edwards stand mit zwei Leuten in der Bank auf besonders gutem Fuße: dem Hauptkassierer José Gomez und dem Präsiden-

ten Manuel Diaz. Eines Nachmittags fragten sie ihn, ob er die Festlichkeiten mitmachen wolle.
Edwards antwortete, er kenne zwar Europa recht gut und auch ein wenig die Vereinigten Staaten, habe aber mit Ausnahme von Caracas noch nichts von Südamerika gesehen. Deshalb wolle er die Ferien für eine Besichtigung von Bogotá, der Hauptstadt von Kolumbien, benutzen.
Am Freitag, dem elften, schloß die Bank wie üblich, aber sie sollte erst am Montag, dem einundzwanzigsten, wieder geöffnet werden.
Viele Angestellte machten schon mittags mit der Arbeit Schluß. Edwards und Gomez blieben am längsten. Edwards ging dann vor Gomez.
Zu Hause wurde Edwards von seiner Frau und einem Nachbarn empfangen. Mary sagte ihm, die Koffer seien gepackt, und der Nachbar habe sich gern bereit erklärt, sie zum Flughafen zu bringen. Die Nachbarn hatten sich sogar anerboten, Jill bei sich aufzunehmen, aber dieses Anerbieten war mit der Erklärung abgelehnt worden, sie nähmen ihre Tochter immer mit.

*

Mittlerweile lief die internationale Fahndung nach dem Bankräuber von London. Die Interpol hatte ihre Probleme. Nirgends, in keiner Akte, fand sich ein Hinweis auf den Gesuchten. Nach den Beschreibungen der Bankbeamten verfertigte ein Zeichner ein PIK-Bild, das dem Aussehen eines Mannes namens Miles Taylor entsprach. Das nützte jedoch nichts, denn Miles Taylor war verschwunden. Es hieß von ihm, er habe irgendwo eine Frau, aber keine Kinder.
Das venezolanische Interpol-Büro, der Cuerpo Tecnico de Policia Judicial in Caracas in der Avenida Universidad, war über Taylor unterrichtet. Man wußte hier, daß er eines Banküberfalls verdächtigt wurde. Aber man ahnte nicht, daß der Gesuchte oft frohgemut am Polizeigebäude vorbeiging.
Edwards wäre ebenso erstaunt gewesen, wenn er gewußt hätte, daß sein wirklicher Name ab und zu hinter diesen Mauern er-

wähnt wurde. Er war überzeugt, daß ihn nach all der Zeit kein Mensch mehr suchte. Das hatte er auch zu seiner Frau gesagt.

Am Montag, dem einundzwanzigsten Februar, öffnete die Bank wieder ihre Tore. Zu aller Überraschung saß Ralph Edwards nicht pünktlich an seinem Schreibtisch. Es gab sehr viel zu tun, und er wurde benötigt. Man rief bei ihm zu Hause an, aber dort meldete sich niemand. Man nahm an, er sei irgendwo abgehalten worden, beizeiten aus den Ferien zurückzukehren, und Stirnen wurden gerunzelt, weil er es versäumt hatte, die Bank zu benachrichtigen.

José Gomez, der Hauptkassierer, bemühte sich, für Edwards einzuspringen. Auf dem Schreibtisch herrschte tadellose Ordnung, wie es bei Edwards nicht anders zu erwarten war. Nachdem sich Gomez etwa eine Stunde lang durch die Eingänge durchgearbeitet hatte, stieß er auf etwas, das er rätselhaft fand. Es war ein Telex von einer New Yorker Bank, die eine Überweisung von 426 000 Dollar bestätigte.

Die beiden Banken arbeiteten viel zusammen, wobei es sich teilweise um die Überweisung großer Geldsummen handelte. Was Gomez stutzig machte, war die Tatsache, daß diese Überweisung dem Konto eines gewissen R. M. Donald gutgeschrieben worden war. Gomez wußte nicht, aus welchem Grunde R. M. Donald diese Summe erhalten hatte. Er kannte überhaupt keinen R. M. Donald. Da es zu Gomez' Aufgaben gehörte, sich um den Clearingverkehr zu kümmern, hielt er es für angebracht, der Sache nachzugehen.

Sein erster Gedanke war, die Bank in New York anzurufen, doch dann beschloß er, zuerst mit Diaz, dem Präsidenten, zu sprechen. Er hielt es ja für eine legitime Transaktion, und vielleicht hatte Diaz eine Erklärung dafür.

Diaz hatte keine Erklärung. Nach kurzer Besprechung rief Gomez in New York an und verlangte einen bestimmten Herrn der Bank. Er wollte nicht mit dem Erstbesten sprechen, um überflüssiges Gerede zu vermeiden, falls die Sache ihre Ordnung hatte. Er erhielt Bescheid, der Gewünschte sei nicht abkömmlich, er werde in einer halben Stunde zurückrufen.

Diaz schickte einen Boten zu Edwards' Wohnung, um zu ermitteln, warum sich dort niemand meldete — vielleicht war die Leitung gestört. Groteskerweise dachte Diaz, Edwards könnte ihm bei der Lösung des Rätsels behilflich sein.

Der Bote kehrte mit dem Bescheid zurück, in der Wohnung sei niemand. Er hatte mit Nachbarn gesprochen und erfahren, daß seit der Abreise der Familie Edwards niemand die Wohnung betreten habe.

Gomez versuchte es nochmals bei der New Yorker Bank. Diesmal ergab sich etwas. Er erfuhr, daß der auf R. M. Donalds Konto überwiesene Betrag bis auf sechstausend Dollar abgehoben worden war.

Gomez erbat nähere Auskünfte über R. M. Donald. Die New Yorker Bank versprach, nachzuprüfen und dann zurückzurufen. Mit zunehmendem Argwohn warteten Gomez und Diaz im Büro des Präsidenten. Immer wieder riefen sie bei Edwards an, obwohl sie fast sicher waren, daß sich niemand melden würde. Damit behielten sie recht.

Die New Yorker Bank rief endlich zurück. R. M. Donald war an der angegebenen Adresse nicht zu erreichen. Die Erklärung war einfach: Er wohnte dort gar nicht. In New York war man gründlich gewesen. Man hatte sich mit der Verwaltung des großen Wohnhauses in Verbindung gesetzt und sich nach R. M. Donald erkundigt. Der Makler hatte nie von ihm gehört. Wenn R. M. Donald in dem Haus eine Wohnung gemietet hatte, dann unter einem andern Namen. Noch ein merkwürdiger Punkt. R. M. Donald sei kein Mann, sagte die Bank, sondern eine Frau.

Ob man in der Bank wisse, wie diese Frau aussah, fragte Gomez. Er erhielt die Anweisung, am Apparat zu bleiben; man wollte die Schalterbeamten um Auskunft bitten.

Einige Minuten später kam die Antwort durch: R. M. Donald war eine gutgekleidete junge Frau mit schulterlangen blonden Haaren. Ja, noch etwas. Als sie das Geld abhob, hatte sie ein kleines Mädchen bei sich, wahrscheinlich ihre Tochter. Das Kind mochte höchstens sechs oder sieben Jahre alt sein, vielleicht jünger.

Gomez kannte Edwards' Frau gut. Sie hatte kurze dunkle Haare. Aber sie hatte ein Töchterchen. Es dauerte nicht lange, bis jemand von modernen Perücken sprach.
Eine größere Sitzung mit mehr Teilnehmern fand statt. Die andern Herren wurden informiert und um ihre Meinung gebeten. Eine Frage erhob sich schnell. Wie war es Edwards oder seiner Frau gelungen, in New York ein Konto zu eröffnen? Sie hatten das Land ja nie verlassen.
„Jedenfalls nicht, daß wir wüßten", sagte Gomez. „Sie hätte ja jederzeit verreisen können, und Edwards hätte davon bestimmt nichts verlauten lassen."
Die meisten nickten zustimmend. Die Sitzung nahm den Charakter des Endgültigen an. Aller Augen richteten sich auf Diaz.
Der Bankpräsident stand auf. „Ich glaube, wir sollten die Polizei benachrichtigen", sagte er.

„Dort werden wir wie die Könige leben“

Die Polizei von Caracas handelte schnell. Am Nachmittag wurde Edwards' Wohnung durchsucht. Man fand Kleider, Gebrauchsgegenstände, sogar Eßwaren in der Tiefkühltruhe. Alles wirkte so normal, daß man glauben mußte, die Wohnungsinhaber hätten zurückkehren wollen.
Aber Nachforschungen bei den Fluggesellschaften ergaben, daß Edwards eine große Summe für Übergewicht gezahlt hatte. Unwahrscheinlich, daß man für einen kurzen Ferienaufenthalt in Bogotá so viel Gepäck benötigte.
Von der Fremdenpolizei war zu erfahren, daß die Familie Edwards an keinem Grenzort wieder eingereist war. Die Nachforschungen ergaben aber auch, daß Mary Edwards sowohl im Januar als auch im Februar aus- und wieder eingereist war. Beide Male war sie nach New York geflogen.
Am folgenden Tage, dem zweiundzwanzigsten Februar, setzte die Großfahndung in ganz Venezuela ein, nur für den Fall, daß Edwards illegal über die Grenze zurückgekehrt wäre. Als nächstes setzte man sich mit dem Interpol-Büro in Caracas in Verbindung.
Die venezolanische Interpol alarmierte zehn Staaten und lieferte die verfügbaren Informationen über Edwards ans Generalsekretariat in St. Cloud. All das entsprach dem üblichen Vorgehen. Dann aber fiel man aus dem Rahmen der Routine. Man beschloß, mit den eigenen Leuten nach Edwards zu fahnden. Zwei Detektive der venezolanischen Interpol wurden damit beauftragt. Der eine, Vincente Ramos, amtierte seit zehn Jahren als Spezialist für Veruntreuung und Betrug; der andere, der dreißigjährige Carlos Vargas, war Spezialist für Fälschung und beherrschte mehrere Sprachen.
Ramos und Vargas flogen am Mittwoch, dem dreiundzwanzigsten, nach Bogotá. Sie sollten mit dem kolumbischen Interpol-Büro zusammenarbeiten.

In Bogotá erhielten sie von ihren kolumbischen Kollegen die Auskunft, daß die Familie Edwards tags zuvor, am Dienstag, mit der Avianca nach New York geflogen war. Die Fremdenkontrolle der Vereinigten Staaten bestätigte ihre Ankunft.
Die beiden Venezolaner meldeten diesen Tatbestand ihrem Büro in Caracas. Sie erhielten die Anweisung, der Spur zu folgen und bei der Fahndung nach Edwards mitzuwirken. Sie reisten am folgenden Morgen nach New York ab.
Ein Beamter der US-Interpol holte sie am Kennedy-Flughafen ab. Man war sich darüber klar, daß die Suche nach Edwards in New York ein mühsames und schwieriges Unterfangen war. Die New Yorker Stadtpolizei würde ihnen dabei helfen. Alle Fluggesellschaften wurden ersucht, Platzbestellungen zu beachten. Wenn Edwards oder seine Frau einen Flug buchten, sollte die Polizei sofort benachrichtigt werden.
Diese Maßnahmen waren jedoch zu spät getroffen worden. Am Freitagmorgen informierten die Japan Air Lines die Polizei, daß Ralph und Mary Edwards sowie ihre Tochter am Donnerstag mit einer JAL-Maschine nach Tokio geflogen waren, am selben Tag, an dem Ramos und Vargas in die Vereinigten Staaten gekommen waren. Die Detektive waren abends gelandet, die Gesuchten am frühen Nachmittag abgereist.
Die US-Interpol ersuchte die japanische Interpol in Tokio telefonisch um die Fahndung nach dem Ehepaar Edwards. Das Generalsekretariat ließ eine Fahndungsausschreibung an alle Mitgliedstaaten ergehen.
Ramos und Vargas, bei denen sich infolge der vielen Flüge Müdigkeit bemerkbar machte, landeten am siebenundzwanzigsten Februar um halb sieben Uhr morgens in Haneda, dem internationalen Flughafen von Tokio. Der fünfte Tag der Jagd begann. Die beiden Detektive hatten schon fünfzehntausend Kilometer zurückgelegt.

Die japanische Einreisekontrolle konnte die Ankunft der Familie Edwards bestätigen. Die Anfrage bei den Fluggesellschaften ergab, daß sie Japan nicht auf dem Luftweg verlassen hatte. Da die Ermittlungen bei den Schiffahrtslinien dasselbe Ergebnis zeitigten, mußte sie sich also noch in Japan aufhalten. Höchstwahr-

scheinlich in Tokio, meinte die japanische Polizei. Es dürfte einige Zeit dauern, aber früher oder später werde man sie finden. Als Weiße konnten sie ja schwerlich mit der Masse der Japaner verschmelzen.
Es wurde Anweisung gegeben, täglich alle Buchungen für Luftreisen zu überprüfen. Am späten Abend des neunundzwanzigsten tauchte auf einer der Buchungslisten ein bekannter Name auf: Miles Taylor. Mit ihm reisten Naomi und Ann Taylor, seine Frau und seine Tochter. Der Name löste bei den Interpol-Leuten Erinnerungen aus. Dieser Name konnte gut auf den Mann hinweisen, nach dem die Londoner Polizei 1969 wegen eines Bankraubs gefahndet hatte. Man hielt es nicht für unmöglich, daß Taylor und Edwards ein und dieselbe Person waren.
Das Generalsekretariat wurde benachrichtigt und gleichzeitig informiert, daß die Familie Taylor nach Hongkong geflogen war. Wenn es sich wirklich um die Familie Edwards handelte, war sie der Polizei abermals entschlüpft.
Vargas und Ramos setzten die Jagd fort. Sie landeten am Mittwochnachmittag, dem ersten März, auf dem Hongkonger Flughafen Kaitak.
Die Interpol in Hongkong begann sofort mit den Nachforschungen in den Hotels. Der Name Miles Taylor wurde den Fluggesellschaften, Reiseagenturen, Banken und Wechselstuben bekanntgegeben.

*

In einer Zimmerflucht im zwanzigsten Stock des Hotels Plaza in der Gloucester Road trafen Ralph Edwards und seine Frau Vorbereitungen für die Abreise. Die Ironie des Schicksals wollte es, daß sie in dem Hotel unter dem Namen Edwards eingetragen waren, während die Polizei nach Miles Taylor fahndete. Ralph und Mary Edwards ahnten nicht, wie nahe ihnen die Polizei auf den Fersen war. Aber sie hatten bei den Cathay-Pacific Airlines Plätze für den Morgenflug nach Manila gebucht.
Mary wäre gern geblieben. Sie sagte, sie sei erschöpft; außerdem wolle sie Hongkong besichtigen. Vielleicht ergäbe sich dazu nie mehr eine Gelegenheit.

Edwards erwiderte, auch er sei übermüdet. Sie müßten jedoch weiter. Es gehöre zu dem Plan, die Polizei zu verwirren. Es sei doch bis jetzt alles plangemäß verlaufen, nicht wahr? Bald würde die Herumreiserei ein Ende haben, aber vorläufig müßten sie sich damit abfinden.

Am folgenden Morgen bestiegen sie, ohne irgendwelchen Schwierigkeiten zu begegnen, das Flugzeug und flogen nach Manila. Das war am dritten März.

*

Ramos und Vargas kamen tags darauf dahinter. Der Name Edwards war der Hongkonger Fahndung hinzugefügt worden, doch auf diesen Gedanken war man zu spät gekommen. Die Venezolaner folgten den Gesuchten nach Manila, wo sie zwei Tage später eintrafen, an einem Sonntag. Es war der zwölfte Tag der Jagd, und die Detektive hatten fast zwanzigtausend Kilometer in der Luft zurückgelegt.

In Manila hatte die sofort benachrichtigte Interpol die Suche nach der Familie Edwards bereits aufgenommen. Man habe gründliche Arbeit geleistet, wurde Vargas und Ramos gesagt. Wenn die Gesuchten nicht aus dem Lande geschlüpft wären, müßten sie irgendwo anders sein, in Manila waren sie jedenfalls nicht. Dessen war man sicher.

„Wohin könnten sie denn gegangen sein?" fragte Vargas.

„Auf irgendeine andere Insel", lautete die Antwort.

Es kamen acht Hauptinseln der Philippinen in Frage, so daß die Suche Zeit erforderte. Aber die Interpol von Manila hatte vorgesorgt. „Hätten Sie etwas dagegen, einen Hubschrauber zu benutzen?" wurden die Venezolaner höflich gefragt.

Den ganzen Montag flogen die Venezolaner und ihre philippinischen Kollegen von einer Insel zur anderen. Sie entdeckten keine Spur von Edwards. Nach der Rückkehr erhielten sie den Wink, die Flüchtlinge könnten in Jloilo auf Panay sein. Jedenfalls sei dort eine englische oder amerikanische Familie mit dem Schiff angekommen.

Am folgenden Morgen flogen die Hubschrauber nach Panay. Mit Hilfe der Ortspolizei wurde festgestellt, daß sich eine sechsköpfige kanadische Familie in Iloilo aufhielt. Enttäuscht und entmutigt flogen die Detektive nach Manila zurück.
Noch entmutigter und verägerter waren sie, als sie abends hörten, daß ein Miles Taylor mit seinen Angehörigen mit einer Maschine der Malaysian Airlines nach Kuala Lumpur geflogen war, während sie Panay abgegrast hatten.
,,Warum hat die Fluggesellschaft der Polizei nicht mitgeteilt, daß die Taylors einen Flug nach Malaysia gebucht haben?" fragte Ramos unwillig.
,,Weil wir nach Edwards fahndeten. Der Name Taylor wurde erst später gemeldet."
Am achten März landeten Ramos und Vargas erschöpft im Flughafen von Kuala Lumpur. Es war ihnen unverständlich, wie Edwards mit Weib und Kind so weitermachen konnte. Wenn sie, zwei Polizeibeamte, schon am Ende ihrer Kräfte waren, in welchem Zustand mußten dann die Flüchtlinge sein?
Malaysia schien eine Sackgasse zu sein. Bei der Kontrolle der Einreisepapiere tauchte weder der Name Edwards noch der Name Taylor auf.
,,Da sie uns einen Schritt voraus sind, können sie gut einen anderen Namen angenommen haben", meinte Ramos. ,,Wir müssen nachsehen, ob eine dreiköpfige Familie mit dem Flug angekommen ist."
Die Überprüfung der Passagierliste ergab, daß keine dreiköpfige Familie die betreffende Maschine benutzt hatte. Offenbar handelte es sich um einen Irrtum.
Daraufhin rief Ramos in Manila an und verlangte eine Nachfrage bei der Auskunft, die angegeben hatte, Edwards habe einen Flug nach Manila gebucht. Die Antwort wurde mit zerknirschter Bitte um Entschuldigung vorgebracht. Man habe sich geirrt. Die Familie Edwards sei in Wirklichkeit nach Singapur geflogen.

Die Bestätigung aus Singapur ließ nicht lange auf sich warten. Überdies erfuhren Ramos und Vargas, daß Edwards von Singapur aus nach Bangkok geflogen war.
,,Ist das sicher?", fragte Ramos.

In Singapur bestand kein Zweifel. ,,Sie können sich ja überzeugen und bei der Fremdenpolizei von Thailand anfragen."
Das geschah denn auch, indem das Funknetz zwischen den Interpol-Büros von Malaysia und Thailand benutzt wurde. In Kuala Lumpur erhielt man den Bescheid, daß Ralph, Mary und Jill Edwards in Bangkok waren. Die Polizei wollte sie scharf beobachten, bis Ramos und Vargas kamen.
Nicht verwunderlich, daß die beiden Venezolaner keine überschwengliche Freude empfanden. Zu oft waren sie schon im letzten Augenblick enttäuscht worden.
Tags darauf flogen sie mit einer thailändischen Maschine nach Bangkok, wo sie im Flughafen von der thailändischen Interpol abgeholt wurden. Es war Freitag, der zehnte März.

Später sagte Vargas zu Ramos, er habe bei der Begrüßung im Flughafen erwartet, sie würden mit der Nachricht empfangen werden, daß die Familie Edwards abermals entschlüpft sei.
Statt dessen wurden sie von ihren thailändischen Kollegen gefragt, ob sie ihr Gepäck nicht im Flughafen lassen und sofort zum Hotel fahren wollten. Edwards sei immer noch dort.

*

In einem Luxushotel in der Patpong Road ruhten sich die Edwards aus. Jill, die die Anstrengungen der Reise am besten überstanden hatte, schlief nebenan. Ralph lag in den Kleidern auf dem Bett, nur die Schuhe hatte er ausgezogen. Er erlabte sich an einem Whisky; Mary begnügte sich mit reinem Fruchtsaft. Sie fragte Ralph, ob er es richtig finde, am Vormittag Alkohol zu sich zu nehmen.
Er antwortete, er brauche das zur Entspannung. Nun hätten sie nur noch eine lange Reise zu machen. In Argentinien sollte das Vagabundieren sein Ende haben. Seiner Überzeugung nach würde die Polizei, falls es ihr überhaupt gelungen war, ihren Spuren zu folgen, annehmen, daß sie sich irgendwo im Fernen Osten festgesetzt hatten. Mit einer Rückkehr nach Südamerika würde sie bestimmt nicht rechnen.
,,Dort werden wir wie die Könige leben", sagte er.

Mary sollte seine zufriedene, zuversichtliche Miene nie vergessen. Sie blieb ihr unvergesslich, weil gerade in diesem Augenblick etwas geschah. Es wurde laut an die Tür geklopft, und sie hörte das Wort „Polizei".
Edwards fuhr vom Bett auf. „Mach ja nicht auf", befahl er ihr.

*

Vor der Tür sahen Ramos und Vargas ihren thailändischen Kollegen Pone Saiyud an, der die Fahndung leitete und sie im Polizeiwagen hierher gebracht hatte.
„Wollen Sie die Tür aufbrechen?" fragte Vargas.
Saiyud erwiderte, das sei schwierig. Die Türen des Hotels bestanden aus feuersicherem Stahl.
„Wir dringen durchs Fenster ein", sagte er.
Die Zimmerflucht lag in der sechsten Etage des siebenstöckigen Gebäudes. Zwei Polizisten erhielten die Anweisung, sich vom Dach aus an einem Seil zu den Fenstern hinunterzulassen.

*

Drinnen hatte Edwards seine Schuhe angezogen. Mary hatte das immer noch schlafende Kind aus dem Bett geholt. Sie hielt Jill in den Armen und wartete ab, was für eine Entscheidung ihr Mann treffen würde. Das fortwährende Klopfen an der Tür beachteten sie nicht.
Edwards war unschlüssig. Das hatte Mary noch nie bei ihm erlebt. Sonst hatte er immer flink gehandelt. Sie schob es der Übermüdung zu.
Schließlich deutete er auf die beiden großen Fenster und sagte, sie solle nachsehen, ob draußen eine Feuertreppe oder irgendein Notausgang sei. Vielleicht könnten sie sich auf diesem Wege aus dem Staube machen.
Gerade als Mary auf das eine Fenster zuging, klirrten Scherben, und ein Paar Stiefel erschien in der zerbrochenen Scheibe. Den Stiefeln folgten unmittelbar die Beine und der Körper eines uniformierten Polizeibeamten. Hinter ihm kletterte ein zweiter herein.

Edwards und Mary standen wie versteinert, während der eine Polizist zur Tür ging und sie aufschloß.
Pone Saiyud wies auf Edwards. „Ist das Ihr Mann?"
Vargas und Ramos musterten Edwards und blickten dann einander an. „Das ist unser Mann", sagten sie wie aus einem Munde.

*

Es war nicht nötig, die bürokratischen Beschwerlichkeiten der Auslieferung durchzustehen. Edwards war durchaus willens, nach Venezuela mitzukommen. Er zog es vor, in Caracas wegen Betrugs angeklagt zu werden, als in England wegen bewaffneten Banküberfalls.
Am folgenden Tage bestiegen Ramos, Vargas und die Familie Edwards ein Flugzeug nach Caracas. Sie kamen am zwölften März in Venezuela an, genau neunzehn Tage nachdem Ramos und Vargas von Caracas aus nach Bogota geflogen waren. Im ganzen, der Rückflug mitgerechnet, hatten die beiden Interpol-Beamten ungefähr dreiundvierzigtausend Kilometer zurückgelegt.
Miles Taylor alias Ralph Edwards wurde in Caracas wegen Betrugs zu Gefängnisstrafe verurteilt. Seiner Frau wurde Bewährungsfrist eingeräumt, damit sie für ihr Kind sorgen konnte. Von dem gestohlenen Geld wurden 368 000 Dollar sichergestellt.
Im Dezember 1974 wurde Taylor freigelassen und nach England ausgeliefert. Dort sitzt er jetzt seine zehnjährige Gefängnisstrafe wegen des Bankraubs ab.

Das Signal aus der Dunkelheit

Der Drogenhandel bereitet den Gesetzeshütern aller Länder wohl die größte Mühe und Sorge. Interpol bildet in dieser Hinsicht keine Ausnahme. Bei ihr spiegeln sich die Probleme ihrer Mitgliedstaaten. Fast alle Fälle des Drogenhandels geraten früher oder später in den Sog einer Interpol-Fahndung. Das liegt daran, daß die Drogen oft viele Grenzen überqueren, um zur endgültigen Verkaufsstelle zu gelangen.
Die Interpol-Abteilung, die sich mit diesen Fällen befaßt, wird von einem Engländer geleitet, der bei der Kriminalpolizei den Rang eines Detektivinspektors bekleidet. Er arbeitet seit vier Jahren bei Interpol. Seine Abteilung ist die einzige, die Leute ins Feld entsendet. Diese Interpol-Beamten dienen der Ortspolizei als Berater. Häufig geben sie bei der Lösung eines Falles den Ausschlag.
Eine mächtige Waffe, die der Interpol bei ihrem Kampf gegen den Drogenhandel zur Verfügung steht, ist die rasche Verbreitung der Informationen über die Verbrecher, sofern man sie kennt. Ein gutes Beispiel für den Gebrauch dieser Waffe ist ein Fall, bei dem der Polizei ein Fang in Griechenland gelang.

*

Am fünfzehnten Juni 1974, einem Sonntag, legte der Dampfer „Mimika" im Hafen von Rhodos an, der größten Insel des Dodekanes. Die Insel Rhodos, die sich rühmt, das ganze Jahr hindurch ein Ferienparadies zu sein, war im Juni bereits überlaufen. Hotelzimmer waren knapp, in den Läden drängten sich Andenkenkäufer, und an den Stränden wimmelte es von sonnenhungrigen Touristen.
Die „Mimika" fuhr dreimal wöchentlich vom Festland nach Rhodos. Unterwegs hielt sie bei mehreren Inseln, um Passagiere

und Ladung aufzunehmen. Sie blieb ein paar Stunden und fuhr dann zum athenischen Hafen Piräus zurück.

Wie gewöhnlich spuckte der Dampfer Menschenscharen aus. Die meisten kamen vom Zwischendeck, wo sie die achtzehnstündige Fahrt mit Trinken, Unterhaltung und Kartenspiel verbracht hatten. Als sie von Bord gingen, waren sie aufgeregt, müde und schmutzig.

Das war bei den Passagieren der ersten Klasse nicht der Fall, die ein Bett mit sauberen Laken genossen hatten. Sie sahen erfrischt aus. Unter ihnen war eine Kanadierin namens Maria Papados. Dies war ihre erste Reise nach Griechenland, obwohl ihre Eltern gebürtige Griechen waren. Sie war in Toronto geboren und aufgewachsen und hatte die achtundzwanzig Jahre ihres Lebens nur dort verbracht. Aber sie sprach fließend Griechisch.

Maria wollte nicht in Rhodos bleiben. Im Gegensatz zu den anderen Ankömmlingen, die die engen Straßen und Läden der alten Stadt zu erforschen gedachten, war sie erpicht darauf, nach Lindos zu gelangen.

Das etwa fünfzig Kilometer entfernte Lindos ist ein malerisches, ruhiges Städtchen mit einem herrlichen Strand und einem Athena-Heiligtum, von dem aus die Ortschaft und das Meer zu überblicken sind.

Maria Papados hatte nicht die Sorge, in Lindos eine Unterkunft zu finden. Sie hatte dort eine Freundin, Judy Wright, ebenfalls Kanadierin, die dort seit einem Jahr mit ihrem griechischen Freund Takis Spyrou in einem gemieteten Haus lebte. Bevor Takis zu Judy gezogen war, hatte er sich in Rhodos in einer beliebten Diskothek als Vizeleiter betätigt.

Maria fuhr mit einem Taxi nach Lindos. Judy und Takis saßen gerade beim Essen vor dem Haus. Sie hatten Judy erwartet, und es war schon für sie gedeckt.

Gleich nach der Begrüßung wollte Maria wissen, wann sie den Mann treffen könne, um dessentwillen sie überhaupt hergekommen war. Sie hatte wichtige Geschäfte mit ihm zu erledigen — Drogenhandel.

Der Kontaktmann war ein griechischer Polizeiwachtmeister namens Alex Kontos. Judy und Takis hatten sich mit ihm angebiedert. Kontos brauchte Geld, wie Takis wußte, und es kümmerte ihn nicht sonderlich, woher es kam. Takis kannte ihn schon seit mehreren Jahren und konnte sich für seine Zuverlässigkeit verbürgen.

Am folgenden Tage erschien Kontos bei ihnen, um mit Maria Papados zu sprechen. Maria erklärte ihm, daß sie und ihre Leute einen Umschlagplatz suchten, um Drogen von Libanon nach Kanada zu befördern. Die direkte Linie wurde vom kanadischen Zoll mit Mißtrauen betrachtet. Ihrer Ansicht nach könnten Waren, die von Rhodos nach Kanada befördert wurden, leichter durch den Zoll kommen.

Wenn es möglich wäre, die Drogen von Libanon nach Lindos zu bringen und sie dann von Rhodos aus nach Kanada zu verschiffen, würden sie und ihre Freunde sich sehr freuen. Allerdings bedürfe es dabei der Hilfe des Wachtmeisters Kontos, damit man sicher sein könnte, daß bei der Ankunft in Lindos nichts schiefginge.

Kontos war davon nicht sehr erbaut. Er hatte gemeint, die Drogen würden in Rhodos verkauft werden. Er wollte genau wissen, warum man ihn überhaupt brauchte. Er wies darauf hin, daß seine Hilfe nicht nötig sei, wenn es sich bloß darum handelte, am Strand einen Handwechsel vorzunehmen.

Maria ließ sich zu keiner Antwort bewegen. Sie sagte, in zwei Tagen werde jemand kommen und ihm alles im einzelnen erklären. Ihre Aufgabe sei es, Kontos eine allgemeine Vorstellung zu geben, weiter nichts. Wenn er mehr wissen wolle, müsse er am Mittwochnachmittag wiederkommen.

Judy und Takos tappten ebenso im dunkeln wie Kontos. Als er gegangen war, um nach Rhodos zurückzukehren, versuchten sie, Maria auszufragen; aber sie sagte ihnen, sie müßten ebenfalls bis Mittwoch warten. Auch sie hatten gedacht, das Rauschgift sollte in Rhodos umgesetzt werden.

Am Mittwochnachmittag traf die Gruppe wieder zusammen. Diesmal war noch eine Person dabei, der vierzigjährige Kanadier Arthur Regan.

Regan verschwendete keine Zeit mit Konversation. Er teilte Kontos mit, daß am einundzwanzigsten Juni gegen Mitternacht eine Jacht bei Lindos vorbeifahren werde. In einem Ruderboot sollte die Ware an Land gebracht werden — vierhundert Pfund Heroin. Wie jedes andere Vergnügungsschiff werde die Jacht im Hafen von Rhodos anlegen. Die Ware sollte in große Käsebehälter umgepackt werden, und zwar hier im Haus. Später sollte der Käse zum Hafen von Rhodos gebracht und von dort mit einem Frachtdampfer nach Kanada befördert werden.

Kontos sollte zusammen mit einem Kollegen dafür sorgen, daß niemand das Ausladen am Strand von Lindos störte. Außerdem sollte er in Rhodos vier Behälter mit je zweihundert Pfund Käse kaufen und sie hier abliefern. Für all das werde er zweitausend amerikanische Dollar erhalten.

„Und was zahlen Sie meinem Gehilfen?" fragte Kontos.

Diesen Mann müsse er aus der eigenen Tasche bezahlen, sagte Regan, er sei in den zweitausend Dollar inbegriffen. Kontos erhob entrüsteten Widerspruch, und nach einigem Hin und Her willigte Regan ein, fünfhundert Dollar dazuzulegen. Kontos konnte seinem Gehilfen zahlen, was er wollte.

Kontos verlangte sein Geld im voraus, aber in diesem Punkt ließ sich Regan nicht erweichen. Kontos werde zwei Tage nach der Abfahrt des Frachtdampfers sein Geld bekommen, nicht früher. Er sagte Kontos auch, daß noch weitere Sendungen geplant seien.

Kontos ging nun auf alle Bedingungen ein, und die Besprechung wurde beendet. Kontos versprach, die Käsebehälter am nächsten Tage zu bringen. Da Regan abreisen wollte, sollte Maria ihn vertreten.

Am folgenden Morgen kam Kontos mit dem Käse. Er brachte auch seinen Gehilfen mit, einen Polizisten namens Gus Mathias. Judy, Maria und Takis machten sich an die Präparierung der Behälter, und die beiden Polizeibeamten kehrten nach Rhodos zurück.

Die Behälter wurden so präpariert, daß oben, unten und an den Seiten zwar Käselaiber lagen, in der Mitte aber ein Loch blieb. Um das Heroin zu finden, müßte man schon tief hineinbohren. Den übriggebliebenen Käse vergruben sie auf Marias Anweisung hinter dem Haus.

Am Freitag, dem einundzwanzigsten Juni, gingen alle, auch die beiden Polizisten, zum Strand. Maria hatte eine Taschenlampe mit. Die Männer in dem Ruderboot sollten ihre Lampe zweimal aufblitzen lassen und die gleiche Antwort erhalten, wenn die Küste klar war. Wenn aber irgendwelche Schwierigkeiten bestünden, würde Maria nicht antworten.

Nachdem sie bis zwei Uhr vergeblich gewartet hatten, meinten einige, aus irgendeinem Grunde klappe es mit der Lieferung nicht. Takis wollte schlafen gehen; Kontos und Mathias wollten nach Rhodos zurück. Aus der Auseinandersetzung ging Maria als Siegerin hervor, und man kam überein, die ganze Nacht am Strand zu wachen. Als der Tag anbrach, verließen sie müde und verärgert den Strand. Aber sie vereinbarten, sich in der nächsten Nacht wieder zu treffen und es nochmals zu versuchen. Maria versicherte den andern, die Jacht werde bestimmt kommen.

Auch in der zweiten Nacht warteten sie vergebens. Kein Boot wurde während der langen Nachtwache gesichtet. Diesmal murrten Marias Helfershelfer noch stärker. Kontos meinte, die Jacht wäre wegen der Drogenbeförderung konfisziert worden. Takis und Judy hatten die ganze Sache satt. Sie dachten, Regan wäre verhaftet worden. Maria zeigte als einzige noch Zuversicht. Sie konnte Takis und Judy zu einer weiteren Nachtwache überreden, aber Kontos und Mathias erklärten, sie würden erst wiederkommen, wenn sie mit Regan gesprochen hätten. Wenn er nicht erschiene, dann könnten sie nicht mehr glauben, daß das Heroin wirklich kommen würde. Es sei zu gewagt für sie, sagten sie, sich dauernd vom Dienst beurlauben zu lassen.

Am Spätnachmittag schliefen Maria, Judy und Takis gerade, als laut an die Tür geklopft wurde, so daß sie aufschraken. Es war Regan. Er war guten Mutes und erläuterte, die Jacht sei in Zypern beim Aufladen von Vorräten aufgehalten worden. Sie werde in dieser Nacht kommen.

„War es nicht äußerst riskant, in Zypern anzulegen?“ fragte Judy.

„Ganz und gar nicht“, antwortete Regan. Es sollte ja wie eine richtige Kreuzfahrt aussehen. Auf diese Weise wirkte das spätere Erscheinen der Jacht nur um so glaubwürdiger.

Takis begab sich nach Rhodos, um Kontos Bescheid zu sagen. Es dauerte drei Stunden, bis er den Wachtmeister gefunden hatte. Kontos sagte, es könnte für ihn schwierig sein, in dieser Nacht nach Lindos zu kommen; er habe Dienst auf dem Polizeirevier. Erst als er hörte, daß Regan das Erscheinen des Bootes fest zugesichert hatte, sagte er, er wolle es versuchen.

„Du mußt kommen", drang Takis in ihn.

„Ich will's versuchen", wiederholte Kontos. „Mehr kann ich nicht versprechen."

Um zwanzig Uhr war Takis wieder in Lindos. Er sagte den andern, daß Kontos vielleicht nicht kommen werde.

„Er wird es schon fertigbringen", beteuerte Regan. „Er braucht das Geld."

Um einundzwanzig Uhr erschienen Kontos und Mathias. Sie waren übelgelaunt. Sie setzten eine Disziplinarstrafe aufs Spiel, und wenn es auch in dieser Nacht nicht klappte, wäre alles umsonst.

Regan beschwichtigte die beiden, und gegen Mitternacht gingen alle zum Strand. Hier befanden sich zwei Pärchen, die Kontos sich vornahm. In wenigen Minuten hatten sie sich zusammengerafft und den Strand verlassen. Kontos war ungern eingeschritten. Er sagte zu Regan, wenn irgend etwas schiefginge, würden sich die Leute an ihn erinnern.

„Dafür werden Sie ja bezahlt", fuhr Regan ihn an.

Nachdem eine Stunde verstrichen war, machte Kontos spitze Bemerkungen. Er war entschlossen, höchstens noch eine Stunde zu warten. Er lief erregt hin und her.

Um zwanzig Minuten nach Mitternacht rief Maria, indem sie aufs Meer deutete: „Ich glaube, da kommt die Jacht!"

Die andern folgten ihrem ausgestreckten Zeigefinger mit den Augen. Sie sahen schaukelnde Lichter. Sie bewegten sich in Richtung der Stadt Rhodos, parallel zum Ufer.

„Ja, das ist sie", verkündete Regan.

„Könnte auch ein anderes Schiff sein", sagte Kontos, der nervöser denn je war.

Regan versicherte ihm, es sei die Jacht. Er kenne den Abstand der Lichter. Es wäre ja ein grotesker Zufall, wenn ein Schiff von

gleicher Größe gerade zu dieser Stunde vorbeiführe. Alle sollten jetzt nach dem Ruderboot Ausschau halten.
Kurz darauf rief Takis, er sehe etwas von rechts aufs Ufer zukommen. Die andern strengten ihre Augen an.
Kurz bevor das Boot wirklich Gestalt annahm, blitzte ein Licht zweimal hintereinander auf.
Regan gab das Signal mit Marias Taschenlampe zurück. Während Kontos und Mathias auf Regans Geheiß am oberen Ende des Strandes zurückblieben, liefen die übrigen zu der Stelle, auf die das Boot zusteuerte.
In dem Boot saßen drei Männer. Nachdem das Boot aufgefahren war, sprangen zwei hinaus; der dritte schob das Fahrzeug höher hinauf. Vier Kisten wurden an Land geschafft und auf den Sand gesetzt.
Folgendermaßen war es geplant: Die drei Männer sollten bei der Beförderung der Kisten helfen, dann zu ihrem Boot zurückkehren, zu einem verlassenen Fleck rudern und dort kampieren. Am Vormittag sollten sie dort von der zurückgekehrten Jacht abgeholt werden.
Jeder der drei Männer schulterte eine Kiste, Takis die vierte. Im Gänsemarsch gingen sie am Strand entlang.

Kontos und Mathias kamen ihnen entgegen. Regan wies sie an, vorauszugehen und aufzupassen, daß niemand in der Gegend war. Er hatte es eilig, das Heroin sicher ins Haus zu bringen.

Zehn Minuten später füllten die vier Kisten und die neun Menschen das kleine Haus. Takis schlug vor, sich mit einem Trunk zu erfrischen. Regan untersagte es. Er wollte das Heroin sofort in die Käsebehälter umladen. Danach sei immer noch Zeit zum Trinken.
Plötzlich befahl Kontos Ruhe. Er glaubte, draußen etwas gehört zu haben. Fast im selben Augenblick wurden die verhängten Fenster von außen angeleuchtet.
„Was zum Teufel soll das heißen?" schrie Regan.
Kontos fuhr ihm über den Mund. Er wollte mit Mathias zusammen hinausgehen und die Sache untersuchen. Es könnten junge Leute sein, die sich herumtrieben. Er werde sie im Nu verjagen.
Regan wollte die Kisten verstecken. Sie machten sich daran, sie

unter ein Bett zu schieben. Kontos riet davon ab. Sie müßten sich ganz leise verhalten. Es sei besser, wenn er und Mathias hinausgingen. Ob sie vergessen hätten, daß er und Mathias Polizisten waren?
„Was es auch sein mag, ich kann damit fertig werden", sagte er. Er öffnete die Haustür und ging hinaus.

Alarm auf der Insel

Im Februar 1974 wurde das Nationale Interpol-Büro in Ägypten vom Generalsekretariat benachrichtigt, daß zwischen Libanon und Syrien ein großangelegter Rauschgifthandel vor sich ginge, und daß die Drahtzieher in Kairo säßen. Ein Informant hatte zwei Namen genannt: Salah Ali und Mahmoud Ahmed.

Das ägyptische Dezernat für Rauschgifthandel stellte sofort Untersuchungen an und stellte fest, daß Heroin nach Ägypten geschmuggelt und in Ahmeds Andenkenladen gelagert wurde. Viele europäische und amerikanische Touristen kamen in das Geschäft, wo nicht nur Andenken sondern auch Süßigkeiten aus dem ganzen Mittleren Osten verkauft wurden.

Am zehnten März machte die Polizei eine Razzia und entdeckte in Holzkisten über hundertfünfzig Pfund Heroin. Die Kisten enthielten Süßigkeiten, das Heroin war in den doppelten Seitenwänden versteckt. Ahmed und Ali wurden prompt festgenommen, der Laden geschlossen.

Als das libanesische Interpol-Büro von den Verhaftungen in Kairo erfuhr, wurden in Beirut Ermittlungen unternommen, die zur Festnahme von fünf Personen führten. Unter den Verhafteten waren die Hersteller der Kisten.

Diese Männer sagten aus, das Heroin würde in Gemüsekisten nach Damaskus in Syrien verschifft, wo das Gemüse durch Süßigkeiten ersetzt wurde. Ein Frachter beförderte die Kisten dann über Alexandria nach Kairo. Alle diese ausgeklügelten Vorsichtsmaßnahmen dienten dazu, an mißtrauischen Zollbeamten vorbeizukommen.

Die Polizei wünschte den Ursprung des Heroins zu erfahren. Keiner der Verhafteten konnte oder wollte etwas sagen. Die einzige Information, die sie lieferten, war die, daß ein Kanadier namens Jack Ross in Libanon als Verbindungsmann tätig war.

Das kanadische Interpol-Büro bemühte sich, etwas über einen Jack Ross herauszufinden. Es trat bald klar zutage, daß es ein falscher Name war. Nirgends in Kanada war ein Paß auf diesen Namen ausgestellt worden, und er fand sich auch in keiner polizeilichen Akte. Man tat, was man konnte. Auf Grund der Beschreibung, die die Verhafteten gegeben hatten, begann man eine geheime Suche unter bekannten und verdächtigten Rauschgifthändlern, um zu sehen, ob die Personenbeschreibung auf irgendeinen paßte. Von allen Vorgängen wurde das Generalsekretariat in St. Cloud in Kenntnis gesetzt.

*

Während die Kanadier ihre Ermittlungen anstellten, verhaftete die Polizei in Athen an Bord einer gecharterten Jacht, die in der Türkei registriert war, zehn Personen. Das Schiff wurde im Hafen von Piräus beschlagnahmt. Die Personen an Bord wurden bezichtigt, die Absicht gehabt zu haben, Heroin nach Griechenland zu schmuggeln. Die Menge belief sich auf zweihundert Pfund.

Bei der nachfolgenden Untersuchung stellte sich heraus, daß der Verbindungsmann Jack Ross hieß,ein Kanadier nach den Aussagen der Schmuggler. Sie glaubten, er sei nicht nur Verbindungsmann, sondern sogar die Schlüsselfigur hinter allen Machenschaften.

Sie beschrieben ihn der griechischen Behörde, die die Personenbeschreibung nach Kanada übermittelte. Diese Beschreibung entsprach derjenigen, die die Kanadier schon früher erhalten hatten.

Das Generalsekretariat wurde ersucht, bei der Fahndung nach Ross zu helfen. Der Name Ross kam in keinem Dossier vor. Aber Interpol hat ein besonderes Album, das dazu dient, Personen nach der Art und Methode ihres Verbrechens zu identifizieren. Daraus ging hervor, daß ein Mann namens Arthur Regan zweimal wegen Drogenhandels verhaftet worden war; jedesmal hatte er ein angebliches Vergnügungsschiff für die Beförderung des Rauschgifts benutzt. Das erstemal hatte er zwei Jahre im Gefängnis gesessen, das zweitemal drei Jahre. Zuletzt war er im

September 1972 aus einem mexikanischen Gefängnis entlassen worden. Man schlug der kanadischen Polizei vor, Regan zu verhören. Die Beschreibung von Jack Ross schien auf ihn zu passen.

Die kanadische Interpol antwortete dem Generalsekretariat ein paar Tage später. Regan war nicht im Lande. Man glaubte, er sei in Damaskus oder in Beirut. Seine Fotografie ging nach Griechenland und Libanon, und es ergab sich, daß Ross und Regan ein und dieselbe Person waren.

Am fünften Juni wurde eine Fahndungsausschreibung mit roter Ecke erlassen. Am sechsten Juni teilte ein Informant der Polizei in Toronto zufällig mit, daß eine gewisse Maria Papados in einen großangelegten Drogenhandel verwickelt sei und irgendwo im Mittleren Osten mit Regan Kontakt aufnehmen werde.

Die Polizei stellte fest, daß Maria Papados einen Rundreiseflug nach Athen gebucht hatte. Man beschloß, Regan noch nicht zu verhaften, sondern abzuwarten, was er vorhatte. Die Polizei hoffte, daß man Regan nicht finden würde, bevor die Information über Maria Papados alle Interpol-Büros erreicht hatte, die nach Regan fahndeten.

Regan wurde zwar in Beirut gefunden, aber zum Glück hatte die Polizei die zweite Benachrichtigung schon erhalten. Er wurde beschattet, Maria Papados in Toronto ebenfalls.

Sie stand im Polizeiregister. Dreimal war sie als Rauschgiftsüchtige festgenommen, aber nie verurteilt worden. Ihre Fotografie und ihre Fingerabdrücke wurden dem Generalsekretariat übermittelt und von dort aus allen nationalen Interpol-Büros. Als sie in Athen eintraf, folgte die Polizei ihren Spuren und benachrichtigte Rhodos telegrafisch, als sie am vierzehnten Juni an Bord der „Mimika“ ging.

In Rhodos hatte Polizeiwachtmeister Alex Kontos seinem Vorgesetzten gemeldet, daß Takis Spyrou ihm einen leichten Gelddienst angeboten hatte. Eine Kanadierin, Judy Wright, sei dabei gewesen. Sie hätten ihm nicht genau gesagt, worum es sich handelte; aber er hege den Verdacht, daß es mit Drogen zu tun habe.

Kontos kannte Takis von dessen Tätigkeit in der Diskothek her, und er hatte sich mit ihm befreundet, weil er dahinterkommen wollte, ob Takis den Touristen Rauschgift verkaufte. Nie hatte er irgendeinen Hinweis oder gar einen Beweis finden können, aber er war ihm jahrelang auf den Fersen geblieben, indem er die Freundschaft aufrechterhalten hatte.

All dies berichtete er seinem Vorgesetzten, außerdem die Tatsache, daß er Mitte Juni eine Person kennenlernen sollte, mit der die Pläne besprochen würden. Sein Vorgesetzter trug ihm auf, das Spiel fortzusetzen.

Als nun die Polizei in Rhodos von Marias Ankunft in Kenntnis gesetzt wurde, vermutete man, daß sie die Person war, die Kontos kennenlernen sollte. Er wurde angewiesen, auf alle Vorschläge einzugehen und den willigen Teilhaber zu spielen.

An dem Samstag, an dem Maria Papados mit der ,,Mimika" von Athen abfuhr, forderte Takis den Wachtmeister auf, am Montag nach Lindos zu kommen, um dort den Vorschlag zu besprechen. Nach der Zusammenkunft mit Maria informierte Kontos seine Vorgesetzten über den Heroinschmuggel-Plan. Für die Polizei war es von größtem Interesse, daß noch eine Person erwartet wurde. Man war fast sicher, daß sie sich als Arthur Regan entpuppen würde.

Libanon meldete, daß sich Regan auf dem Wege nach Athen befand und einen Anschlußflug nach Rhodos gebucht hatte. Sämtliche Behörden erhielten Anweisung, Regan nicht anzutasten, sondern ihn hingehen zu lassen, wohin er wollte. Natürlich sollte er fortwährend beschattet werden.

Nach der Besprechung am Mittwochnachmittag, bei der Kontos mit Regan zusammentraf und ihn erkannte, erhob sich ein Problem. Regan hatte gesagt, er werde abreisen. Man mußte entscheiden, ob er vorher festgenommen werden sollte. Es fragte sich, ob man dann den weiteren Versand des Heroins in Lindos verhindern konnte. Es war wohl doch vernünftiger, Regan auf freiem Fuß zu lassen und ihn, wenn möglich, auf frischer Tat zu ertappen. Wohin er auch gehen mochte, überall stand er ja unter Beobachtung.

Kontos spielte also weiter mit, besorgte die Käsebehälter und begab sich tags darauf mit Gus Mathias nach Lindos. Soweit es die beiden Polizeibeamten beurteilen konnten, schenkte man ihnen Vertrauen (womit sie recht behielten).
Während Kontos und Mathias am Strand auf das Ruderboot warteten, standen bewaffnete Polizisten am Rande von Lindos Wache. Sie sollten erst eingreifen, wenn die Schmuggler mit dem Heroin im Hause wären.
So kam es, daß zehn Polizisten in der ersten Nacht ebenso vergeblich Wache hielten wie die Gruppe am Strand. Sie waren auch ebenso enttäuscht, als sich nichts ereignete.
Als auch die zweite Nacht fruchtlos verlief, bereute man es, Regan und seine Mitarbeiter nicht wegen versuchten Rauschgiftschmuggels verhaftet zu haben. Aber später am Tage lief die Meldung ein, daß Regan auf dem Rückweg sei.
Als Takis in die Stadt kam, um Kontos mitzuteilen, daß Regan wieder da sei und das Heroin wirklich erwartete, wußte Kontos längst Bescheid.
Kontos und Mathias kamen erst so spät abends nach Lindos, weil sie an einer langen Sitzung teilnehmen mußten, bei der die Frage erörtert wurde, was geschehen sollte, wenn das Boot wieder nicht auftauchte. Es wurde beschlossen, die Gruppe auf jeden Fall zu verhaften.
Wieder hielten zehn Polizisten Wache, während Kontos und Mathias auf Regans Befehl am oberen Ende des Strandes warteten. Auch sie sahen draußen das Licht aufblinken, das Signal des Ruderboots, und machten sich sogleich auf den Weg zu dem Haus.
Ohne es zu ahnen, hatte Regan mit seiner Anordnung Kontos und Mathias Gelegenheit gegeben, sich miteinander zu besprechen. Sie hegten zwar die Überzeugung, daß ihre Kollegen das Signal gesehen hatten und sich nun beim Haus aufstellten, waren aber doch beunruhigt. Mathias meinte, da sie unbewaffnet seien, könnten sie nicht viel tun, solange sie keine Unterstützung hatten. Er hielt es für angebracht, jetzt schnell zu den Polizisten zu laufen und zurückzukehren, bevor er vermißt wurde. Kontos war dagegen. Sie müßten damit rechnen, daß die Kollegen das

Signal gesehen hatten; etwas anderes bleibe ihnen nicht übrig. Sie gingen der Gruppe mehr oder minder zuversichtlich entgegen, als die Kisten ins Haus geschafft wurden.

*

Als Kontos zur Tür lief und hinaustrat, stellte sich Regan, getrieben von einer Vorahnung, daß etwas Unliebsames geschehen werde, an ein Fenster.

Sowie Kontos draußen in der Dunkelheit verschwunden war, stürmten Polizisten mit gezückter Pistole herein. Im selben Augenblick sprang Regan durchs Fenster, raffte sich auf die Füße und rannte zum Strand.

Einige Schüsse wurden ihm nachgefeuert, und zwei Polizisten nahmen die Verfolgung auf. Drinnen im Haus wurden allen Handschellen angelegt und Vorbereitungen getroffen, die Schmuggler mitsamt den Kisten in einem Lastwagen nach Rhodos zu bringen. Der Wagen fuhr vor, aber man beschloß, auf Regan zu warten, um ihn gleich mitnehmen zu können.

Regan sollte diese Fahrt nicht mitmachen. Er entwickelte eine schier unglaubliche Geschwindigkeit. Als die Polizisten, die ihn verfolgten, beim Ufer anlangten, sahen sie ihn mit aller Kraft davonrudern. Schon war er etwa fünfundzwanzig Meter vom Ufer entfernt. Das Boot gab auf dem Wasser ein schlechtes Ziel ab, und die Kugeln trafen es nicht. Schließlich kehrten die beiden Polizisten unverrichteterdinge zum Haus zurück. Die Nachricht von Regans Flucht wurde über Funk nach Rhodos übermittelt.

Mit einem Ruderboot konnte Regan nicht viel anfangen. Man vermutete, daß er irgendwo in der Nähe an Land gehen und versuchen würde, sich unbemerkt nach Rhodos durchzuschlagen. Vielleicht würde er auch versuchen, in einem Dorf Unterkunft zu finden und mit einem Fischer ins Geschäft zu kommen. Eine Fahndungspatrouille unter Kontos' Führung wurde organisiert. Sie machte sich sofort am Ufer entlang auf den Weg, in der Richtung, die Regan eingeschlagen hatte. Man hoffte sogar, ihn abzufangen, wenn er irgendwo anlegte. Man schätzte, daß man zu Fuß schneller vorwärtskommen würde als Regan mit dem Ruderboot. Das war ein Irrtum.

Während die Verfolger am Ufer entlang eilten, wurden Maria Papados, Takis Spyrou, Judy Wright und die drei Männer, die von der Jacht herübergerudert waren, nach Rhodos gebracht. Vier Polizisten fuhren mit ihnen. Die übrigen nahmen an der Jagd auf Regan teil.

In der Nähe von Pefki, einem kleinen Dorf auf der anderen Seite einer Landzunge, sahen Kontos und seine Leute das leere Ruderboot auf dem Wasser treiben. In der Luftlinie betrug die Entfernung nur ungefähr vier Kilometer vom Ausgangspunkt, am Ufer jedoch fast acht. Aber sie hatten das Wasser im Auge behalten wollen, falls Regan umkehrte und in die andere Richtung führe.

Von Pefki führte ein Feldweg zur drei Kilometer entfernten Straße nach Rhodos. Die Patrouille teilte sich in zwei Gruppen. Die eine folgte dem Feldweg zur Straße, die andere wollte die Umgebung von Pefki durchkämmen und allmählich in entgegengesetzter Richtung ausschwärmen.

Bei Tageslicht war Regan noch nicht gefunden worden. Inzwischen hatte man die Suchmannschaft durch Verstärkung aus Rhodos erheblich vergrößert.

Der Flughafen und der Hafen von Rhodos waren in der Nacht alarmiert worden. Am Morgen standen überall Polizeiposten. Regan konnte von der Insel nicht fort, jedenfalls nicht auf gewöhnlichem Wege.

Zwei Tage wurde die Suche ununterbrochen fortgesetzt, ohne daß man eine Spur von Regan fand. Das Touristengewimmel erschwerte die Suche. Es wurde beschlossen, auch die Wege, die in unbewohnte Gegenden führten, Tag und Nacht zu bewachen. Die strengste Beobachtung wurde dem Hafen zuteil. Es herrschte die Zuversicht, daß Regan rasch gefangen werden würde, sobald er auftauchte.

Durch das Interpol-Funknetz wurden sämtliche nationalen Büros in Bereitschaft versetzt, nur für den Fall, daß es Regan wider

Erwarten gelänge, sich von der Insel abzusetzen. Es gab keinen sicheren Ort für ihn. In allen hundertzwanzig Interpol-Büros hatte man seine Fotografie und seine Fingerabdrücke.

Am Freitag, dem achtundzwanzigsten Juni, ging bei der Stadtpolizei von Rhodos eine telefonische Beschwerde ein. Ein Lokalbesitzer beschwerte sich, ein Mann habe bei ihm eine üppige Mahlzeit zu sich genommen und sei gegangen, ohne zu bezahlen — ein Zechpreller also. Die Beschreibung paßte auf Regan. Die Polizei konnte es kaum glauben. Man hatte es für unmöglich gehalten, daß Regan unbemerkt in die Stadt gelangen würde.

Das Restaurant lag in der ummauerten Altstadt. An allen Durchgängen wurden Posten aufgestellt, und Viererpatrouillen begaben sich in die Altstadt.

Zwei Stunden später sah ein Posten, der gerade einigen Touristen Auskunft erteilte, einen Mann durch den Torbogen gehen. Der Mann fiel ihm wegen seiner schmutzigen und zerrissenen Kleidung auf. Der Polizist, Petros Fontinis, rief dem Mann auf griechisch zu, er solle stehenbleiben. Da der Befehl nicht befolgt wurde, wiederholte er ihn auf englisch. Da begann der Mann zu rennen.

Fontinis rannte ihm nach. Der Mann lief schwerfällig, und Fontinis, noch jung und ein athletischer Typ, konnte ihn mühelos einholen. Er hielt ihn an, indem er ihm die Hand auf die Schulter legte, und drehte ihn um. Ein Blick auf das Gesicht des Mannes genügte Fontinis. Er wußte, daß er Arthur Regan gefaßt hatte.

*

Mit Regans Verhaftung flog ein großer Rauschgifthandelsring auf, der von Burma bis Kanada reichte. Nach Regans Vernehmung wurden vierundzwanzig Verhaftungen in Asien, Europa, im Mittleren Osten und in Kanada vorgenommen.

Arthur Regan, Maria Papados, Takis Spyrou, Judy Wright und die drei Männer von dem Ruderboot wurden unter der Anklage, Heroin nach Griechenland geschmuggelt zu haben, verurteilt. Sie verbüßen jetzt ihre Strafe in einem griechischen Gefängnis.

Die Besatzung der Jacht wurde ebenfalls angeklagt und zu Gefängnis verurteilt, die Jacht selbst von der griechischen Regierung beschlagnahmt.
Weil Interpol Regan dank einem ihrer besonderen Verbrecheralben zu identifizieren vermochte, konnte die Polizei einen Drogenring sprengen, bevor er in voller Aktion war.

Es begann in Paris

Es ist eine bekannte Tatsache, daß die Arbeit der Polizei zu einem Teil von Informanten abhängt, die ihr als Zuträger dienen. Informanten werden gemacht, selten zufällig gefunden. Die Polizei wirbt sie an, wenn sie besonders zugänglich sind. Einfach ausgedrückt, wenn die Polizei genügend Material hat, einen Gauner ins Gefängnis zu bringen, schlägt sie ihm unter Umständen ein Geschäft vor. Übernimmt er die Rolle eines Polizeispitzels, so bleibt er auf freiem Fuße. Wenn er nicht einwilligt, kommt er hinter schwedische Gardinen.

Der Informant ist in einer heiklen Lage. Er ist eingeklemmt zwischen dem bildlichen Beil, das die Polizei über seinen Kopf hält, und dem realeren Beil, das seine Freunde vielleicht auf seinen Kopf niedersausen lassen, wenn sie herausfinden, daß er sich als Spitzel betätigt.

Die Behörden verteidigen dieses System mit dem Hinweis auf die Statistik. Die Zahl der Verbrechen nimmt in beunruhigender Weise zu. Bei der Bekämpfung des Verbrecherwesens verliert die Polizei an Boden. Sie braucht jedwede Hilfe, die sie bekommen kann.

Nicht alle Informanten werden angeworben. Mitunter meldet sich jemand von selbst, in der Hoffnung, eine Auskunft gegen Schutz oder sonst eine Begünstigung einhandeln zu können. In solchen Fällen läßt sich unter Umständen eine Goldmine ausschürfen. Das geschah einmal, als die Polizei in Savannah im amerikanischen Staat Georgia eine — wie es schien — routinemäßige Verhaftung wegen Drogenmißbrauchs vornahm. Die Geschichte nahm jedoch nicht in Savannah ihren Anfang, sondern in Frankreich.

Seit seiner Kindheit war Bertrand Lefebvre fasziniert von Flugzeugen und Luftverkehr. Während er in dem Pariser Vorort Suresnes aufwuchs, träumte er davon, Pilot zu werden. Er schaffte es nicht ganz; immerhin konnte er seinen Traum so weit verwirklichen, wie es seiner Begabung entsprach. Er wurde bei der Air France commissaire de bord, das heißt Proviantmeister.

Alle außer ihm selbst fanden, er habe einen gutbezahlten und interessanten Posten. Er flog regelmäßig von Paris nach Buenos Aires. Er vertrieb sich die Langeweile, die ihn ergrimmte, mit einem Dienst, der nicht unbedingt zu seiner Arbeit gehörte. Er beförderte bei jedem Flug Rauschgift — Heroin, um genau zu sein. Er versteckte es im doppelten Boden seines Koffers.

Nach zwei Jahren glaubte er unabhängig von dem Ring der Drogenhändler zu sein. Er irrte sich gewaltig. In Wirklichkeit betrachtete man ihn in der umfassenden Organisation nur als ein Rädchen, und wenn er gewußt hätte, wie entbehrlich er war, wäre er beim Antritt eines bestimmten Nachtfluges nicht halb so ruhig gewesen.

Bevor er zur Arbeit antrat, mußte er einen Mann namens José Lapora treffen. Sie trafen sich im unterirdischen Parkhaus in der Nähe der Aufzüge. Lapora hatte ihn vor zwei Jahren als Rauschgiftschmuggler angeworben. Seither hatten sie sich nur zweimal gesehen, so daß Lefebvre überzeugt war, es müsse sich um etwas Wichtiges handeln.

Er hatte Zeit, eine Zigarette zu rauchen, bevor er Lapora kommen sah. Lapora war ein großer Mann mit grauem Haar und imponierendem Auftreten. Wie gewöhnlich war er tadellos gekleidet; er trug einen kostspieligen Straßenanzug. Er hatte Lefebvre nur ein paar Worte zu sagen.

„Das ist der letzte Flug, den Sie für uns machen müssen. Von jetzt an benutzen wir eine andere Methode. Versuchen Sie ja nicht, mit uns wieder Kontakt aufzunehmen."

Lefebvre war wie vor den Kopf geschlagen. Er verlangte eine Erklärung, aber Lapora sagte, das sei überflüssig. Lefebvre solle vergessen, daß er jemals mit ihm gearbeitet habe. Dann wandte er sich brüsk ab und ließ Lefebvre verwirrt und unglücklich stehen.

Lefebvre wußte nicht, daß er nicht als einziger entlassen worden war. Drei andere Proviantmeister, die denselben Dienst geleistet hatten, waren ebenfalls vor die Tür gesetzt worden. Lefebvre nahm an, nur er befördere Rauschgift. Hingegen wußte er, daß sein Einkommen geschmälert sein würde.
Es blieb ihm keine Zeit, Lapora nachzulaufen. Er mußte sich für seinen Flug bereitmachen. Doch im stillen beschloß er, die erhaltene Anweisung nicht zu befolgen, sondern sich nach der Rückkehr aus Argentinien mit Lapora in Verbindung zu setzen. Er wollte auf die Gelegenheit, zusätzlich Geld zu verdienen, nicht kampflos verzichten.

*

Es war eine große Organisation, für die Lapora arbeitete. Um genau zu sein: Er war der Leiter. Sie umfaßte eine Kette von Kontaktleuten, die ihren Anfang im „Goldenen Dreieck" nahm, jenem Teil der Welt, das sich aus Burma, Laos und Thailand zusammensetzt, dem der Rohstoff, das Opium, entstammte. Einer von Laporas Assistenten war in Marseille stationiert, wo das Opium aufgearbeitet wurde, bevor es zur Verteilung nach Paris gelangte. Von Buenos Aires aus wurde das Rauschgift in ganz Südamerika verteilt; auch dort arbeitete eine Gruppe unter Laporas Leitung.
Da Lapora über ein brillantes Organisationstalent verfügte, war während der zweijährigen Arbeitsperiode keinem seiner Leute jemals ein Haar gekrümmt worden. Die Kontrolle war so gut, daß keiner von den vier Proviantmeistern, die für Lapora tätig waren, etwas von den anderen wußte, obwohl sie einander kannten. Jeder von ihnen hielt sich für den einzigen Kurier.
Obwohl das Geschäft viel einbrachte, war Lapora nicht der Mann, der an einer Methode festhielt, wenn sich eine noch bessere und billigere für den Rauschgifthandel fand. Seit einigen Monaten befaßte er sich mit einer neuen Idee, und endlich hatte er die Kontaktleute gefunden, die er benötigte, um seinen neuen Plan erfolgreich zu verwirklichen.
Da er sehr gründlich war, wickelte er erst das alte Verfahren ab, bevor er sich mit dem neuen ans Werk machte. Die Kuriere wa-

ren kostspielig geworden, und als Mitglieder der ursprünglichen Gruppe wußten sie zuviel. Am leichtesten war es, sie umzubringen, um sie aus dem Wege zu schaffen. Als Lefebvre in dem unterirdischen Parkhaus mit Lapora sprach, war der Befehl bereits ergangen, die anderen drei mundtot zu machen. Lefebvre sollte in Buenos Aires in sein Unglück rennen.

Die neue Methode der Drogenbeförderung war einfach. Lapora hatte einen Mechaniker angeworben, der mit den großen Jets zu tun hatte. Der Mechaniker sollte am Flugzeugrumpf eine Platte lösen und das Rauschgift dahinter verbergen. In Buenos Aires sollte ein anderer Mechaniker es herausholen. Um die Drogen in den Flughafen zu schaffen und von dort aus weiterzubefördern, wollte sich Lapora der Männer bedienen, die für die Restaurationsbetriebe der Fluggesellschaften arbeiteten.

An dem neuen System fand Lapora besonderen Gefallen, weil es nur halb soviel kostete wie die Methode mit den Kurieren und gleichzeitig die Möglichkeit bot, doppelt soviel Rauschgift zu schmuggeln.

*

Die Maschine des Air France-Flugs 095 hob pünktlich um 18 Uhr 55 ab. Sie sollte in Nizza und Dakar eine Zwischenlandung vornehmen, bevor sie über den Atlantischen Ozean nach Argentinien flog, und um 8 Uhr in Ezeiza, dem internationalen Flughafen von Buenos Aires, landen.

Es war ein ungetrübter Flug, ein Vergnügen für alle außer für Bertrand Lefebvre. Er war keineswegs dumm und dachte über Laporas Worte nach. Es kam ihm in den Sinn, daß er in Frankreich gefährdet sein könnte. Er war sich über Laporas Gewissenlosigkeit im klaren. Man hatte einmal einen Mann mit einem Kopfschuß tot aufgefunden, der nach Lefebvres Überzeugung für Lapra gearbeitet hatte. Der Mord war nie aufgeklärt worden.

Als die Maschine zur Landung ansetzte, war sich Lefebvre schlüssig geworden: Er mußte Frankreich aufgeben und sich einen neuen Aufenthaltsort suchen. Lapora würde sonst leichtes Spiel haben, ihn umzubringen, wenn er den Mitwisser aus dem Wege räumen wollte.

Im Flughafen wurde Lefebvre von seinem argentinischen Kontaktmann, Ramon Estes, abgeholt.

Estes holte die Kuriere gewöhnlich ab, weil die Entfernung zur Stadt fast vierzig Kilometer betrug. Lefebvre und Estes hatten sich im Verlauf der Zeit miteinander angefreundet. Während des Aufenthalts in Buenos Aires waren sie oft zusammen ausgegangen.

Estes begrüßte seinen Komplizen herzlich, nachdem Lefebvre bei ihm eingestiegen war. Offensichtlich wußte er noch nicht, daß es sich diesmal um die letzte Ablieferung handelte. Wenigstens dachte Lefebvre das. Hätte er die leiseste Ahnung gehabt, daß der Mann, der ihn so liebenswürdig anlächelte, zu seinem Scharfrichter bestimmt worden war, so wäre er noch viel nervöser gewesen.

Nachdem Estes seinen Wagen in den Verkehrsstrom zur Stadt eingelenkt hatte, sagte er, er wolle Lefebvre mit einigen guten Freunden bekannt machen. Diese Freunde schmiedeten mittlerweile Pläne, wie sie sich Lefebvres Leichnam entledigen könnten. Estes hatte Anweisung, Lefebvre in eine Wohnung zu bringen, wo zwei Mitglieder von Laporas argentinischer Zweigstelle das Urteil vollstrecken und ihn erschießen sollten.

Sie gelangten nie dorthin. Zehn Minuten nach Antritt der Fahrt platzte der rechte Vorderreifen des Autos. Der Wagen geriet ins Schleudern, kippte und überschlug sich.

Lefebvre blieb unverletzt, aber Ramon Estes war hinausgeschleudert worden. Während andere Autos hielten und Leute herbeieilten, ging Lefebvre zu Estes hinüber. Estes hatte einen offenen Schädelbruch erlitten, lag in grotesk verkrümmter Stellung, und seine blicklosen Augen starrten in die Sonne.

Es dauerte nicht lange, bis Polizei und Ambulanz zur Stelle waren. Der tote Estes wurde auf einer Bahre in den Krankenwagen verladen und Lefebvre mitsamt seinem kostbaren Koffer in die Stadt zu einem Hotel gebracht.

Lefebvre wußte nicht, wo er das Rauschgift hätte abliefern können. Er hatte in Buenos Aires keinen anderen Kontakt gehabt. Während er in seinem Hotelzimmer saß, beschloß er, den Koffer mit den Drogen in Buenos Aires aufzubewahren. Er wollte nach Paris zurückkehren, sein Geld von der Bank abheben, einen Monat Urlaub nehmen und in dieser Zeit ein neues Land und eine neue Identität suchen. Später wollte er dann seinen Koffer in Buenos Aires abholen. Fest stand für ihn nur, daß er keine Verbindung mit Lapora oder sonst einem Mitglied der Organisation aufnehmen würde.

*

In Paris erfuhr José Lapora drei Tage nach Lefebvres Rückkehr von Estes' Tod. Gleichzeitig hörte er auch, daß Lefebvre noch am Leben war. Das machte ihm Sorgen. Seine neue Operation hatte gerade den ersten Anlauf genommen und sich als genauso gut erwiesen, wie er gehofft hatte. Um so mehr Grund, Lefebvre aufzuspüren und ihn umzulegen. Das sagte er zu seinem Hauptgehilfen Antonio Gaspera. Sofort begann man mit der Suche, und die Organisation setzte für denjenigen, der die Beute erlegte, eine Belohnung von zehntausend Dollar aus. Lapora wartete ruhig ab. Er war überzeugt, daß die Angelegenheit in ein paar Tagen erledigt sein würde.

*

Hätte Lefebvre irgend etwas davon gewußt, so hätte er seine Pläne wahrscheinlich nicht geändert. Jedenfalls hob er sein Geld ab, regelte die Urlaubsfrage und reiste nach Amsterdam. Hier traf er Vorkehrungen zur Beschaffung eines neuen Passes und falscher Ausweispapiere. Während der Wartezeit vergrub er sich in einem billigen Hotelzimmer.

In den zwei Wochen, die es dauerte, sich die neuen Papiere zu beschaffen, blieb ihm genügend Zeit zum Pläneschmieden. Er beschloß, nach Argentinien zu fliegen und sich das Rauschgift zu holen. Er wollte es dort verkaufen. Danach verfügte er über genug Geld, um nach New York zu gehen und dort ins Rauschgiftgeschäft einzusteigen. Seine englischen Sprachkenntnisse genügten dafür. Außerdem konnte man in einer so großen Stadt leicht untertauchen. Er hatte immer noch Angst vor Lapora, aber er dachte, Lapora mache in den Vereinigten Staaten keine Geschäfte, so daß er selbst dort sicher vor ihm sein würde. Lefebvre gestand später, er sei zu diesem Zeitpunkt so verwirrt gewesen, daß er sich überhaupt nicht fragte, ob es leicht oder schwer sein würde, in einem fremden Land am Verbrecherwesen teilzunehmen.

Die schlimmsten Augenblicke erlebte er nach seiner Ankunft in Buenos Aires. Er befürchtete, im Flughafen erkannt zu werden. Er dachte sogar, vielleicht laure hier einer von Laporas Leuten wegen des unterschlagenen Rauschgiftes auf ihn.

Er hatte jedoch Glück, und es ergaben sich keine Probleme. Anstandslos bekam er seinen Koffer ausgehändigt, und binnen einer Woche hatte er einen Kontaktmann gefunden und das Rauschgift verkauft.

Mit seinem neuen Paß stieß er bei der Ankunft in New York auf keinerlei Schwierigkeiten. Es war ihm zwar zumute, als ob er mißtrauisch betrachtet würde, aber in Wirklichkeit kümmerte sich niemand um ihn. Lefebvre stand nicht in dem Fahndungsbuch, in dem der Beamte bei der Paßkontrolle nachschlug.

Kurz danach lernte er einen kleinkarierten Rauschgifthändler namens Eric Rouse kennen. Sie beschlossen, gemeinsame Sache zu machen. Rouse behauptete, über viele gute Kontakte zu verfügen, und Lefebvre sagte ihm, er könne, wenn nötig, etwas Kapital aufbringen. Er wäre von Rouse vielleicht nicht so eingenommen gewesen, wenn er gewußt hätte, daß Rouse von der New Yorker Polizei beobachtet wurde.

*

Inzwischen scheffelte Lapora Geld. Seine Organisation hatte sich gewaltig ausgedehnt. Fünfundvierzig Leute standen in seinem Sold. In einem Monat hatte er achthundert Pfund Heroin als Luftfracht befördert, und er schmiedete Pläne, sein Unternehmen zu vergrößern.

Er dachte im Ernst daran, sich einen neuen Absatzmarkt zu erschließen. Dafür kamen die Vereinigten Staaten entschieden in Frage. Der Gedanke gefiel ihm so gut, daß er mit Gaspera eine Reise nach New York machte.

In New York setzte er sich mit drei wohletablierten Händlern in Verbindung. Sie sagten ihm, sie würden sich gern der Ware annehmen, die er ihnen zukommen lassen könnte. Sie verlangten von ihm, sofort mit dem Versand zu beginnen. Darauf ließ sich Lapora nicht ein. Er wünschte die gleiche Operation wie zwischen Paris und Buenos Aires. Vor seiner Rückkehr nach Paris beauftragte er Gaspera, entweder in New York oder in Miami Flughafen-Kontakt ausfindig zu machen.

In Paris erhöhte Lapora die Belohnung für Lefebvres Kopf auf zwanzigtausend Dollar. Das war seiner Ansicht nach gute Geschäftspraxis. Ein Glied in der Kette, das nicht in Ordnung war, konnte er sich nicht leisten; er mußte sich gegen die Möglichkeit des Zerreißens abschirmen.

*

Genau zu dieser Zeit erfuhr Lefebvre von Rouse etwas Interessantes: Rouse hatte gehört, daß in Tampa ein Schiff erwartet wurde, das Opium mitbrachte. Was Lefebvre davon halte, nach Florida zu reisen und der Sache nachzugehen?

Lefebvre fand das einen guten Gedanken. Er verabredete mit Rouse, zwei Tage vor der Ankunft des Frachters in Tampa zu sein.

Sie begingen einen Fehler. Sie besprachen die endgültigen Pläne für die Reise nach Florida in einer überfüllten Bar. Einige Leute konnten sie hören. Unter diesen Leuten war ein Polizeispitzel. Er wußte nicht, ob es sich um eine gute Information handelte, aber er gab der Polizei auf jeden Fall den Namen des Schiffes an, zusammen mit allem übrigen, das er aufgeschnappt hatte. Da er weder Rouse noch Lefebvre kannte, konnte er der Polizei keinen Personennamen nennen.

Rouse und Lefebvre reisten am festgesetzten Tage ab, und das Glück wollte es, daß Rouse gerade an diesem Tage nicht beschattet wurde. Hätte die Polizei über seinen Flug nach Florida Bescheid gewußt, so wäre er in Tampa hochgenommen worden, und das folgende wäre nicht geschehen. So aber kamen die beiden ungeschoren in Tampa an, wo sie bald einen Kontaktmann fanden, einen chinesischen Matrosen, und Verhandlungen wegen des Opiums begannen.

Die Falle

Die Polizei in Tampa war von New York gewarnt worden, auf den unter liberianischer Flagge segelnden Frachter „Markus“ ein Auge zu haben. Es sei damit zu rechnen, daß er eine Drogenroute führe. Es könnte sich um Opium handeln. Für die Gültigkeit der Information könnte sich die New Yorker Polizei nicht verbürgen. Man habe sie von einem nicht allzu zuverlässigen Zuträger erhalten.

In Tampa beschloß man, die Warnung auf jeden Fall ernst zu nehmen, und man traf die notwendigen Vorbereitungen, um das Schiff und seine Besatzung beim Einlaufen zu kontrollieren. Gleichzeitig sollten zwei staatliche Narkotika-Agenten versuchen, sich in den Drogenhandel einzuschalten.

Die beiden Detektive, die eventuelle Käufer mimten, knüpften Gespräche mit der Besatzung an und ließen durchblicken, sie wüßten, daß Opium an Bord sei, und hätten Interesse am Kauf. Die Mannschaft, die größtenteils aus Chinesen bestand, zeigte sich diesem Annäherungsversuch gegenüber zurückzuhaltend. Drei Chinesen gaben allerdings zu, sie könnten dreißig Pfund Opium beschaffen, wenn ihnen dafür ein guter Preis geboten würde.

Um den Eindruck der Echtheit zu erwecken, feilschten die Detektive so umständlich, daß das Schiff nach Savannah weiterfuhr, bevor der Handel abgeschlossen wurde.

Die Polizei kannte zwar die Abfahrtszeit des Frachters, aber es stand ihr kein Spezialist zur Verfügung, der eine Durchsuchung hätte vornehmen können. Man befürchtete einen Mißerfolg, wenn sich ein anderer daran machte; entweder war die verbotene Ware viel zu gut versteckt, oder sie wurde über Bord geworfen, bevor man sie fand. Man hielt es für einen besseren Schachzug, die Polizei von Savannah zu benachrichtigen und sie zugreifen zu lassen.

Einen der Gründe, warum die Detektive es bei dem Handel so schwer hatten, verkörperten Lefebvre und Rouse. Die beiden hatten durch ihren Kontaktmann erfahren, daß noch andere Leute verhandelten. Rouse, von Natur ein argwöhnischer Mensch, meinte, ihre Konkurrenten könnten von der Polizei sein. Diese Möglichkeit machte die Runde unter der Besatzung, so daß die Ansprüche immer höher geschraubt wurden und schwer mit den Matrosen zu verhandeln war.

Lefebvre und Rouse erhielten den Rat, nach Savannah zu gehen und dort den Kauf zu tätigen. Man gab ihnen einen anderen Kontaktmann an, ebenfalls einen Chinesen, der sie dort abholen sollte.

Als der Frachter in Savannah anlegte, war die Polizei bereit. Der Hafen stand schon vor der Ankunft des Schiffes um vier Uhr unter Beobachtung. Um zehn Uhr vormittags hielt ein Taxi am Kai; ein Chinese stieg aus und begab sich an Bord. Ungefähr eine Stunde später fuhr er mit einem der Matrosen im Taxi zu einem Hotel in der Stadt. Die Polizei folgte ihnen und ließ dort einen Detektiv als Wache zurück.

Gegen fünfzehn Uhr sahen Polizeibeamte, die das Schiff beobachteten, fünf Mann der Besatzung, lauter Chinesen, an Land gehen. Mit einem Taxi fuhren sie zu demselben Hotel. Die Beamten forderten Verstärkung an, und als sie eingetroffen war, unternahmen sie eine Razzia auf das betreffende Hotelzimmer.

Zweiundfünfzig Säcke Opium fielen der Polizei in die Hände. Neun Personen wurden verhaftet, die sieben Chinesen, außerdem Lefebvre und Rouse. Die beiden letztgenannten hatten sechzehntausend Dollar für den Kauf des Narkotikums bei sich.

Auf dem Revier wurden alle von der Lokalpolizei und auch von staatlichen Agenten verhört. Die Chinesen weigerten sich, Rede und Antwort zu stehen. Sie blieben stumm und ließen die Polizei beweisen, was ihr eben möglich war. Lefebvre und Rouse verhielten sich anders.

Rouse konnte der Polizei natürlich nicht sehr viel berichten, aus dem einfachen Grunde, weil er nicht viel wußte. Er wollte nur seine Bereitwilligkeit zeigen, weil er schon so viele Vorstrafen zu

verzeichnen hatte, daß er nicht ohne ein gutes Wort seitens der Polizei vor dem Richter erscheinen mochte.
Lefebvre begann mit der Erklärung, daß der Name Jean Lajoie, den er in den Vereinigten Staaten benutzt hatte, nicht sein eigener war. Dann sprach er von seiner Zusammenarbeit mit Rouse. Die Polizei wurde erst aufmerksam, als er seine Nebenbeschäftigung in Frankreich erwähnte. Er hütete sich, allzu viele Einzelheiten kundzutun, bevor die Polizei darauf aus war, Näheres zu erfahren. Hierauf erbot er sich, alles zu sagen, was er wußte, wenn man ihn vom Haken ließe. Er wies darauf hin, daß man ihn vor verübter Tat geschnappt hatte — das heißt, ehe er Opium gekauft und bezahlt hatte —, und daß man ihm mangels triftiger Beweise keinen großen Prozeß machen könnte. Freilich, man könnte ihn wegen seiner Einreise mit einem falschen Paß und wegen Beihilfe zu ungesetzlichem Handel belangen; doch immerhin sei er in der Lage, als Entgelt für seine Freiheit wertvolle Informationen zu liefern.
Die Polizei von Savannah übergab ihn den staatlichen Agenten. Als Lokalbehörde hatte sie nur beschränkte Befugnis, und die Staatsbeamten konnten von Lefebvre besseren Gebrauch machen. Die Agenten setzten sich mit der Interpol in Washington telefonisch in Verbindung. Bevor sie sich schlüssig wurden, was weiter geschehen sollte, wollten sie sich vergewissern, daß Lefebvre über sich selbst die Wahrheit gesagt hatte.

Die US-Interpol wandte sich an die französische Interpol und erbat alle verfügbaren Auskünfte über Lefebvre. Die Bestätigung kam zwei Tage später, während Lefebvre in Washington in Gewahrsam war. Sobald die Agenten sicher waren, daß Lefebvre ihnen tatsächlich wichtige Informationen liefern konnte, erörterten sie mit der französischen Interpol die Frage, wie sich dieser Fang am besten ausschlachten ließe.
Am Ende der Woche war man zu einem Geschäft mit Lefebvre bereit. Er hatte ganz andere Bedingungen erwartet. Es wurde von ihm verlangt, sich mit den Leitern der Organisation in Frankreich in Verbindung zu setzen und ihnen eine Falle zu stellen. Wenn er das täte, sei man in den Vereinigten Staaten bereit, die Anklage gegen ihn fallen zu lassen. Die Franzosen behielten

sich ihre Entscheidung vor, bis der Rauschgiftring gesprengt war. Sie versprachen Lefebvre nichts im voraus. Ihre einzige Zusicherung war die, daß er, wenn er nicht mitarbeitete, in Frankreich ins Gefängnis käme, nachdem er seine Zeit im amerikanischen Gefängnis abgesessen hätte.
Lefebvre bekam es mit der Angst. Er beteuerte, er habe nur einen einzigen Kontakt. Es sei eine Telefonnummer in Paris, die er hätte anrufen sollen, wenn er in irgendwelche Schwierigkeiten geriete. Sein einziger Kontaktmann in Argentinien, Ramon Estes, sei tot. Ob man denn nicht wüßte, was ihm drohte, weil er damals das nichtabgelieferte Heroin nicht zurückgegeben hatte? Ob man denn gar kein Verständnis für seine Lage hätte?
Doch, die Polizei verstand alles. Die französische Polizei hielt nicht einmal mit der Auskunft hinter dem Berge, daß drei ehemalige Kollegen von ihm tot aufgefunden worden waren. Wenn die von ihm genannte Drogenroute stimmte, waren die drei Proviantmeister wahrscheinlich ebenso wie er entlassen worden. Er konnte von Glück sagen, daß er noch am Leben war. Das sei jedoch belanglos. Man wünsche nur zu wissen, ob er für die Polizei arbeiten wolle oder nicht.
Lefebvre willigte ein. Er wurde sogleich nach Frankreich gebracht und dem Manne vorgestellt, von dem er seine Anordnungen erhalten sollte. Das war Inspektor Roul Beauchamp, Mitglied eines Überfallkommandos, dessen Aufgabe es war, in wichtigen Narkotikafällen zu ermitteln.
Beauchamp erklärte ihm, daß er ihm soviel Schutz wie möglich angedeihen lassen würde. Als erstes sollte er ein Treffen mit den Leuten vereinbaren, die die Telefonnummer hatten, die Lefebvre im Notfall hätte anrufen sollen. Diese Nummer wurde nachgeprüft; sie gehörte einer jungen Argentinierin namens Maria Sanchez. Nach Beauchamps Überzeugung würde sie sich mit einem von der Bande in Verbindung setzen, wenn ein guter Grund vorlag. Wie er die Sache ansah, würde sich Lefebvres Auftauchen als triftiger Grund erweisen.
Die argentinische Interpol wurde mit den Nachforschungen nach Maria Sanchez betraut. Sie erhielt natürlich auch Bescheid über Lefebvre und seine Beziehung zu Ramon Este. Sowohl in

Argentinien als auch in Frankreich befaßte man sich jetzt mit dem Fall.
Lefebvre rief von einem angezapften Telefon aus die Nummer an. Sobald sich Maria Sanchez gemeldet hatte, nannte er ein Kodewort, um sich zu erkennen zu geben. Sie antwortete, er solle sich in drei Stunden wieder melden. Wieder lief das Tonband, als er zum zweitenmal anrief. Maria Sanchez ersuchte ihn, am nächsten Tage um vierzehn Uhr zu ihr in die Wohnung zu kommen, und gab ihm die Adresse an.

Lefebvre hatte Hemmungen, dorthin zu gehen. Er war sicher, umgebracht zu werden. „Ich soll nur in einen Hinterhalt gelockt werden", sagte er zu Beauchamp. „Darum haben sie mich dorthin bestellt."
Beauchamp beschwichtigte ihn, er solle sich keine Sorgen machen. Die Polizei werde es nicht darauf ankommen lassen, ihn zu verlieren. Die Wohnung würde sogleich umstellt werden und die Wache unablässig beibehalten werden. Wenn sich irgendwelche dunkle Gestalten zeigten, würde man sie festnehmen. Wenn er selbst dort wäre, würden zwei Polizisten vor der Wohnung Wache stehen. Sie würden ihm zu Hilfe kommen, wenn drinnen irgend etwas schiefginge.
Als sich Lefebvre in der Wohnung einfand, sah er sich Maria Sanchez allein gegenüber. Sie sagte ihm ohne Umschweife, daß die Leute, die sie vertrat, das Rauschgift zurückhaben wollten, wenn er es noch hätte, andernfalls den Gegenwert in bar.
Darauf war Lefebvre von Beauchamp vorbereitet worden. Er antwortete, er habe das Rauschgift noch und würde es zurückgeben, wenn er eine Garantie hätte, daß ihm nichts geschehen würde.
Maria Sanchez sagte, sie wolle mit ihren Leuten sprechen, er solle sie später am Tage anrufen, um Bescheid zu erhalten. Nun fragte Lefebvre gemäß seinen Anweisungen, ob sie ein Treffen zwischen ihm und Lapora in die Wege leiten könne. Sie sagte, sie kenne niemand dieses Namens. Er versprach ihr, sie später anzurufen, um zu hören, was er zu tun hätte. Darauf ging er.
Von Beauchamp erfuhr er, daß die Polizei zwei Männer erspäht hatte, die ihn offenbar beschatten sollten. Sie waren ihm gefolgt,

aber die Polizei hatte sie abgefangen und ins Gebet genommen. Man hatte sie absichtlich wegen einer ganz anderen Angelegenheit verhört und dann laufen lassen. Aber infolge der Verzögerung hatten sie Lefebvre aus den Augen verloren.

Als Lefebvre verabredungsgemäß Maria Sanchez anrief, erhielt er die Anweisung, einen Koffer mit dem Rauschgift in einem Schließfach am Gare du Nord zu deponieren. Den Schlüssel sollte er einem Mann geben, der ihn im Bahnhof ansprechen würde, sobald er dem Schließfach den Rücken gekehrt hätte. Der Mann werde ihn fragen, wo der Zug nach Lille abging. Um die Zeit genau einzuhalten, sollte Lefebvre den Bahnhof nach der dortigen Uhr Punkt 20 Uhr betreten.

„Und wird mir Sicherheit garantiert?" fragte Lefebvre.

Die Antwort lautete, er brauche sich keine Sorgen zu machen, wenn er die Anweisungen befolgte. Man wünsche nichts weiter als das Heroin zurückzubekommen.

Es wurde ein Koffer für Lefebvre beschafft und wieder eine Wache beordert. Die Detektive wollten dem Mann folgen, der den Schlüssel von Lefebvre entgegennahm. Es sah aus, als wären Ergebnisse zu erwarten.

Um acht Uhr abends betrat Lefebvre die Bahnhofshalle, wo sich die Schließfächer befanden. Er fand ein freies Schließfach, stellte den Koffer hinein und ging langsam auf den Ausgang zu. Ein Mann mit Zipfelmütze kam auf ihn zu und erkundigte sich leise nach dem Zug nach Lille. Lefebvre hielt ihm den Schlüssel hin, der Mann machte auf dem Absatz kehrt und schlenderte auf die Straße hinaus. Lefebvre begab sich laut Beauchamps Anweisung zur Treppe der Untergrundbahn und ging hinunter.

Die Detektive, die dem Mann mit der Zipfelmütze folgten, sahen ihn in den Autobus 49 steigen. Einer von ihnen stieg ebenfalls ein und folgte dem Mann, nachdem er am Bahnhof St. Lazare ausgestiegen war.

Von hier aus fuhr der Mann mit einem Lokalzug nach La Défense, immer beschattet von dem Detektiv. Der Mann ging zu einem der neuen hohen Miethäuser und warf den Schlüssel in einen Briefkasten. Der Detektiv konnte nicht sehen, in welchen; er hätte sonst zu nahe herankommen müssen.

Der Detektiv tat das Nächstbeste. Er hielt den Mann beim Verlassen des Hauses an und erklärte ihn für verhaftet.
Beim Verhör nannte der Mann mit der Zipfelmütze Inspektor Beauchamp einen Namen. Es war ein wichtiger Name, nämlich der des Mannes, dem er den Schlüssel abgeliefert hatte: Antonio Gaspera.
Die sofortige Nachprüfung ergab, daß Gaspera in den Akten der Pariser Polizei nicht vorkam. Es wurde nur ermittelt, daß ein Argentinier dieses Namens eine einjährige Aufenthaltserlaubnis in Frankreich hatte. Sie war von der Präfektur in Nanterre ausgestellt worden. Sein Beruf war mit Geschäftsberater angegeben. Die französische Interpol ersuchte Buenos Aires dringlichst um Informationen über Antonio Gaspera.
Für Beauchamp wurde es brenzlig. Seines Erachtens würde jemand in den nächsten vierundzwanzig Stunden den Koffer in der Gare du Nord abholen wollen. Sobald man entdeckte, daß der Koffer leer war, wußte man, daß die Polizei eingeschaltet war. Beauchamp beschloß, den Mann, der den Koffer holen wollte, festzunehmen. Möglich, daß die Organisation dann glaubte, er hätte sich mit dem Heroin davongemacht. Auf diese Weise gewann die Polizei Zeit für ihre Ermittlungen.
Am folgenden Tage um elf Uhr geschahen zwei Dinge fast gleichzeitig. Der Mann, der den Koffer holen wollte, wurde in Gewahrsam genommen, und von der argentinischen Interpol kam die Auskunft, daß die dortige Kriminalpolizei Antonio Gaspera gut kannte: Er hatte mehrmals wegen Rauschgifthandels vor Gericht gestanden. Außerdem wurde er als unentbehrlicher Zeuge in einem ungelösten Mordfall gesucht, hatte aber Argentinien vor drei Jahren verlassen.
Buenos Aires konnte noch mehr berichten. Man hatte dort einen Flugzeugmechaniker in Gewahrsam, der gestanden hatte, regelmäßig aus einem Versteck in Jet-Maschinen Heroinsendungen hervorgeholt zu haben. Der Helfershelfer, dem er das Rauschgift ausgehändigt hatte, war ebenfalls verhaftet worden. Dieser Mann war bei dem Restaurantbetrieb angestellt, der die Fluggesellschaft belieferte. Da die betreffenden Maschinen aus Frankreich kamen, wurde die französische Interpol ersucht, der Sache

nachzugehen. Laporas Geschäft begann in den Fundamenten abzubröckeln.
Gaspera wurde innerhalb einer Stunde in seiner Wohnung verhaftet und Lefebvre gegenübergestellt. Lefebvre kannte ihn nicht dem Namen nach, aber vom Sehen. Er war ihm dreimal begegnet, einmal hatte Gaspera ihm das Heroin überbracht.

Gaspera erwies sich als widerspenstig. Er verweigerte die Aussage; weder bestätigte er Lefebvres Aussage, noch stritt er sie ab. Er kam in Untersuchungshaft.
Währenddessen folgten andere Beamte dem Fingerzeig aus Argentinien. Drei Leute wurden festgenommen. Zwei Männer, die bei einem Restaurationsbetrieb angestellt waren, wurden in flagranti ertappt, als sie im Flughafen dem Mechaniker Francois Durant Heroin überbrachten, dessen Aufgabe es war, das Rauschgift in Flugzeugen zu verstecken, die die Route nach Buenos Aires bedienten.
Durant enthüllte Beauchamp die Tatsache, daß er für den Abend eine Verabredung mit einem hochgestellten Mitglied des Schmuggelringes hatte. Er kannte dessen Namen nicht, doch als er ihn beschrieb, war Lefebvre sicher, daß es sich um Lapora handelte.
Nach Beauchamps Vermutung wollte Lapora mit Durant zusammenkommen, weil er gehört hatte, was in Argentinien geschehen war. Vielleicht wollte er seine Arbeitsmethode ändern oder das ganze Unternehmen eine Zeitlang ruhen lassen und Durant davon unterrichten.
Man beschloß, Durant die Verabredung einhalten zu lassen, die für einundzwanzig Uhr im Parkhaus des Flughafens Orly in der Nähe der Aufzüge abgemacht worden war. Lefebvre sollte die Polizei dorthin begleiten, um Lapora gegebenenfalls zu identifizieren.
Zur vereinbarten Zeit war die Polizei bereit. Durant stand mit dem Rücken zu den Aufzügen und wartete. Fünf Minuten später flüsterte Lefebvre, der hinter einem Auto kauerte, Beauchamp zu, daß der Mann, der auf Durant zuging, Lapora sei.
Beauchamp gab das verabredete Zeichen, und Lapora wurde von Polizisten gestellt. Lapora versuchte es mit Bluff, indem er

behauptete, als Geschäftsmann auf dem Wege zu seinem Flugzeug zu sein. Die Polizei mache einen großen Fehler, erklärte er. Die Worte blieben ihm in der Kehle stecken, als er Lefebvre gewahrte.

Lapora verweigerte die Aussage, bis er Gaspera gegenübergestellt wurde. Inzwischen hatte Gaspera beschlossen, mit der Polizei zusammenzuarbeiten. Diese Sinnesänderung bewirkte man, als man ihm sagte, er habe eine Mordanklage zu gewärtigen, und zwar wegen der drei umgebrachten Proviantmeister. Damit habe er nichts zu tun, sagte Gaspera, er wisse jedoch, wer dahinterstecke, und sei zur Aussage bereit.

Als er nun seinem Arbeitgeber gegenüberstand, erklärte er, Lapora habe die Ermordungen veranlaßt. Lapora bestritt die Anschuldigung und kehrte den Spieß um: Gaspera sei der Verantwortliche. Bevor die Auseinandersetzung allzu turbulent wurde, führte man die beiden ab und brachte sie in verschiedenen Zellen unter. Soweit es die Polizei betraf, hatte man genügend Zeit, die Untersuchung des Falles zu Ende zu bringen.

Das Endergebnis war eindrucksvoll. In Argentinien wurden noch sechs weitere Personen verhaftet. Alle sechs wurden wegen Rauschgiftschmuggels zu Gefängnisstrafen verurteilt.

In Marseille kamen vier Personen, die in den Fall verwickelt waren, ins Gefängnis. Das Laboratorium, in dem sie das Opium verarbeitet hatten, wurde geschlossen. Bei den Ermittlungen fand man dort dreihundert Pfund Opium.

Elf weitere Personen wurden in Burma, Laos und Thailand festgenommen. Diese Leute spürte man durch die Informationen auf, die das Netzwerk der Interpol möglich machte. Auch sie kamen wegen ihrer Beteiligung an dem Drogenschmuggel hinter Gitter.

In Paris waren es sieben Personen, deren Namen der Untersuchungsbehörde von Lapora und Gaspera angegeben wurden. Sie erlitten das gleiche Schicksal.

José Lapora, Antonio Gaspera und ein dritter namens Francisco Provato kamen unter Mordanklage. Sie mußten jedoch wegen Mangels an Beweisen freigesprochen werden. Hingegen entgin-

gen sie nicht dem Schuldspruch wegen Rauschgifthandels; sie wurden zu einer langen Gefängnisstrafe verurteilt.
Maria Sanchez wurde nach Argentinien ausgeliefert, wo man ältere Rechte auf sie hatte, und dort ins Gefängnis gesteckt.
Auch François Durant und seine beiden Helfershelfer mußten auf ihre Freiheit verzichten.
Bertrand Lefebvre wurde bedingt zu sechs Monaten Gefängnis verurteilt; er erhielt fünfjährige Bewährungsfrist. Den milden Schiedsspruch hatte er seiner Mitarbeit bei der Polizei zu verdanken.
Im ganzen waren es sechsunddreißig verurteilte Personen. Bei der Sprengung des Ringes hatte dessen Narkotikaumsatz die Höhe von ungefähr 400 Kilo im Monat erreicht.

Geschäftspartner

Vor nicht allzu langer Zeit konnte ein Verbrecher, der über Schlauheit, Phantasie und Bewegungsfreiheit verfügte, dem Gefängnis entgehen. Wenn er von einem Land ins andere reiste, ließ er die aufgebrachte Polizei oft hilflos in seinem Kielwasser hinter der Grenze zurück.

Wirksame Verfolgung und endgültige Festnahme des internationalen Verbrechers sind das Ergebnis guter internationaler polizeilicher Zusammenarbeit. Das ist der Grund für die Existenzberechtigung der Interpol. Der folgende Fall unterstreicht den Wert dieser Zusammenarbeit, wenn es gilt, einer besonders geschickten Verbrecherbande das Handwerk zu legen.

*

Der Mann, der in Paris am Gare du Nord aus einem Taxi stieg, um mit dem Nachmittagszug nach Brüssel zu fahren, sah aus wie ein hochbezahlter Chefmanager, was er in gewisser Weise auch war. Es blieben ihm noch zwanzig Minuten Zeit bis zur Abfahrt des Zuges.

Er betrat die kleine Wechselstube in der Bahnhofshalle neben dem Eingang, stellte seinen kostspieligen Koffer ab und überreichte dem Schalterbeamten einen Hundertdollar-Reisescheck von einer Filiale der Bank of America in San Francisco.

Sein Paß wies ihn als amerikanischen Staatsangehörigen namens Frank Miller aus. Er erbat französische Francs und machte eine Bemerkung darüber, daß der Dollar, wenn er so weiterfiele, bald den gleichen Wert wie ein Franc haben würde. Sein Französisch hatte einen Tonfall, der seinen amerikanischen Ursprung verriet.

Der Schalterbeamte verglich die Unterschriften auf dem Scheck und im Paß und zahlte Frank Miller vierhundertzehn Francs aus. Miller bedankte sich, steckte das Geld ein, ergriff seinen Koffer und begab sich zum Bahnsteig.

Da er eine Fahrkarte erster Klasse hatte, brauchte er sich nicht an dem Wettlauf zu beteiligen, den die Menge der frühsommerlichen Touristen bei Einfahrt des Zuges veranstaltete. Er wußte, daß die meisten Leute zweiter Klasse fuhren.

In seinem Abteil hielten zwei Herren die Fensterplätze besetzt. Er schwang seinen Koffer ins Gepäcknetz hinauf, ließ sich auf einem Ecksitz bei der Tür nieder und zündete sich eine Zigarette an. Er wollte die dreistündige Fahrt nach Brüssel zum Ausruhen benutzen.

Miller fuhr zu einer geschäftlichen Besprechung mit zwei Geschäftspartnern nach Brüssel. Es war die erste Zusammenkunft seit mehr als drei Monaten. Sie hatten viel zu besprechen. Die drei befaßten sich mit dem Aufbau eines lukrativen, aber gewagten Geschäftes. Fünf Monate lang hatten sie erfolgreich gearbeitet, und bei der Zusammenkunft wollten sie einige wichtige Veränderungen erörtern.

*

Zu der Zeit, als Millers Zug abfuhr, stand ein anderer Amerikaner in einem römischen Polizeirevier vor einem Wachtmeister. Diesem Amerikaner war nicht nach Ausruhen zumute. Er deutete fuchtelnd auf den Kalender hinter dem Schreibtisch des Wachtmeisters und fragte wütend, ob er denn nicht wisse, daß heute der achtundzwanzigste Juni sei.

Vor über einer Woche, sagte er, habe er den Verlust seiner Brieftasche und seiner Papiere gemeldet. Wie lange solle er noch warten?

Der Beamte zuckte die Schultern. Er konnte nicht genügend Englisch, um dem Herrn zu sagen, daß er die verlorenen Sachen wahrscheinlich nie wiedersehen würde. Täglich gingen bei der Polizei ähnliche Meldungen ein. Mit Mühe und Not erklärte er dem Amerikaner, er täte besser daran, zur amerikanischen Botschaft zu gehen.

Der Amerikaner, dessen Italienisch ebenso mangelhaft war wie das Englisch des Wachtmeisters, legte eine Visitenkarte auf das Pult. Darauf war die Adresse seines Hotels gekritzelt. „Wenn Sie etwas erfahren, rufen Sie mich bitte hier an", sagte er.

Der Beamte heftete die Visitenkarte an das in der vorigen Woche ausgefüllte Formular. Der Name auf dem Formular und auf der Visitenkarte lautete Mark Burke. Der Amerikaner tat ihm leid. Nicht nur war er seinen Paß los, sondern auch seinen Personalausweis als Reserveoffizier. Burke war Korvettenkapitän a. D. Der Wachtmeister versicherte Burke, er werde ihn sofort benachrichtigen, wenn sich etwas ergäbe.

*

Kurz nach achtzehn Uhr fuhr Frank Millers Zug in Brüssel in den Gare du Midi ein. Miller trat in den Abendsonnenschein hinaus und ließ sich von einem Taxi zum Hotel MacDonald befördern. Nachdem er sich eingeschrieben und sein Zimmer besichtigt hatte, ging er in die Bar des Hotels hinunter, wo er sofort von einem der Herren begrüßt wurde, die zu treffen er gekommen war, von einem Italiener namens Angelo Ori.

Die beiden Herren bildeten einen auffallenden Gegensatz, obwohl beide einen kostspieligen maßgeschneiderten Anzug trugen. Miller war groß und schlank und hatte gepflegtes graues Haar. Er wirkte beinahe elegant. Dem Italiener stand sein Anzug schlecht. Er sah aus, als hätte er darin geschlafen. Er war klein und vierschrötig, hatte schwere, eckige Züge und schütteres schwarzes Haar. Er hatte ein ungehobeltes Benehmen, wenn er redete, das von Millers kultivierter Sprechweise abstach.

Ori übte in der Drei-Männer-Körperschaft eine wichtige und notwendige Funktion aus. Er deutete jetzt auf eine Aktenmappe zu seinen Füßen und sagte zu Miller, sie enthalte zehn Pässe und sechs Personalausweise, darunter den eines amerikanischen Marineoffiziers.

Sie bestellten etwas zu trinken, und gerade als sie bedient wurden, kreuzte das dritte Mitglied der Gruppe auf. Es war ein Deutscher, Otto Frenkel, der ebenfalls ein wichtiges Amt inne hatte. Er war von Beruf Drucker, und er verstand sich auf sein Gewerbe. Seine Spezialität war die Herstellung falscher Reiseschecks. Nebenbei änderte er auch nach Millers Bedürfnissen gestohlene Ausweise ab.

Von seiner helleren Haut und dem blonden Haar abgesehen, hätte er Oris Zwillingsbruder sein können. Die Ähnlichkeit war geradezu unheimlich. Er benahm sich auch ebenso ungehobelt.

Die drei sprachen miteinander Englisch. Frenkel sagte den beiden andern, er sei nicht mit leeren Händen zu der Sitzung gekommen. Er hatte Miller zehn neue Pässe und eine Viertelmillion Dollar in gefälschten Reiseschecks mitgebracht. Nicht ohne Stolz fügte er hinzu, die Schecks stammten von verschiedenen Banken. Für Miller sei es viel ungefährlicher, wenn er die Schecks abwechselnd zu Bargeld machte.

Ori brachte die Rede darauf, daß er den Ausweis eines Marineoffiziers mitgebracht hatte. Er wollte wissen, ob er rasch abgeändert werden sollte, damit er auf Miller paßte. Normalerweise lieferte er die gestohlenen Personalausweise Frenkel ab, der sie zu Hause in München umfrisierte.

Frenkel sagte, er müsse den Ausweis zuerst sehen. Wenn die Fotografie mit Millers Äußerem einigermaßen übereinstimmte, könnte er die Unterschiede nach der Rückkehr in sein Hotel im Zimmer bereinigen. Sonst müßte er den Ausweis nach Hause mitnehmen.

Sie beschlossen, die Besprechung beim Essen fortzusetzen. Sie begaben sich zum Brüsseler Hilton und ließen sich im Restaurant Maison de Boeuf nieder.

Beim Essen sagte Miller, er halte einen Tapetenwechsel für angebracht. Europa war so gründlich abgegrast worden, daß dieser Erdteil eine Zeitlang in Ruhe gelassen werden sollte. Er hatte in den vergangenen fünf Monaten in fast jeder europäischen Großstadt Schecks eingewechselt und war überzeugt, daß die Polizei nach ihm Ausschau hielt. Er schlug den Fernen Osten vor. Das war jungfräulicher Boden.

Ori widersprach. Er fand es sinnlos, ein neues Tätigkeitsfeld zu suchen, wenn doch das alte so gute Erträge lieferte. Er erkundigte sich, warum Miller besorgt sei. Wurde er nicht fortwährend mit anderen Ausweispapieren beliefert? Wie konnten sie zusammenarbeiten, wenn Miller nach Japan ging? Seiner Meinung nach würde die Polizei ihn in Europa niemals schnappen.

Otto Frenkel ergriff Millers Partei. Er war dafür, den europäischen Städten Gelegenheit zum Abkühlen zu geben. Nach einer Rundreise im Fernen Osten sollte Miller einen wohlverdienten Urlaub genießen, danach könnte man in Europa von neuem beginnen. Er fand Millers Vorschlag vortrefflich.

Nach beendigtem Mahl waren die drei übereingekommen, daß Miller als nächstes nach Japan gehen sollte. Sie begaben sich in Millers Zimmer, wo er jedem der beiden andern einen Schweizerscheck überreichte, dessen Gegenwert fünfundsiebzigtausend Dollar betrug. Wie viele legal arbeitende Geschäftsleute hatte er bei einer Zürcher Bank ein Nummernkonto, mit dem er sorgsam umging.

Bevor sie sich trennten, vereinbarten sie, sich nach Millers Rückkehr aus dem Fernen Osten wieder in Brüssel zu treffen.

Brüssel war für sie ein sicherer Ort. Sie ließen es sich angelegen sein, hier nie ihre Geschäfte zu tätigen, übrigens nirgends in Belgien. Der Zeitpunkt der nächsten Zusammenkunft sollte auf die übliche Weise festgelegt werden. Miller pflegte den andern ein verschlüsseltes Telegramm zu schicken. Der Text enthielt das Datum und die Zeit. Der Ort blieb sich ja gleich.

Miller hielt sich übers Wochenende in Brüssel auf und kehrte dann nach Paris zurück, wo er den Flug nach Japan bereits gebucht hatte. Natürlich für die erste Klasse.

Otto Frenkel reiste sogleich nach München zurück und machte sich ohne Verzug an die Arbeit mit den von Ori gelieferten Pässen und Personalausweisen. Den Personalausweis und den Paß des amerikanischen Marineoffiziers hatte er schon in Brüssel für Miller umändern können.

Ori, der in Rom zu Hause war, machte vor seiner Rückkehr nach Italien Ferien in Amsterdam. Er hatte nichts zu tun. Vorläufig verfügte man über genügend Reserven. Überhaupt brauchte er sich nicht anzustrengen. In Rom beschäftigte er drei Männer, die sich mit den Diebstählen befaßten. Er durfte überzeugt sein, daß sie nach seiner Rückkehr wieder einiges für ihn auf Lager haben würden.

Miller flog mit der Jal Flug 672 unter dem Namen Stewart Jackson nach Tokio. Er benutzte einen britischen Paß. Mark Burkes Ausweispapiere sparte er fürs Einwechseln der Reiseschecks. Das gehörte zu seinen Vorsichtsmaßnahmen: Er benutzte beim Wechseln nie denselben Ausweis wie für die Reise. Es bestand immerhin eine schwache Möglichkeit, daß die Polizei informiert war, bevor er das Land, in dem er gerade arbeitete, verlassen hatte. Er hätte sich geschämt, wegen einer Nachlässigkeit geschnappt zu werden.

In Tokio bezog er sein vorbestelltes Zimmer im Hotel Hilton. Die beiden ersten Tage verbrachte er mit der Besichtigung der Stadt. Er war noch nie in Japan gewesen, und die Sehenswürdigkeiten begeisterten ihn. So begeistert war er, daß er noch einen Tag zugab. Dann aber schüttelte er die Verzauberung ab und machte sich um so energischer an die Arbeit.

Unter drei verschiedenen Namen wechselte er in fünf Tagen sowohl in Tokio als auch in Yokohama Reiseschecks im Wert von sechsundzwanzigtausend Dollar ein. Die Rundreise durch Japan mit Aufenthalten in Osaka, Kobe, Kioto und Nagoya brachte ihm noch weitere siebzehntausend Dollar ein.

Danach kehrte er nach Tokio zurück, wo er die Einnahmen von drei verschiedenen Banken auf sein Zürcher Nummernkonto überweisen ließ. Dabei benutzte er den Namen Alan Jason, auf den das Konto in der Schweiz lautete.

Von Tokio aus flog er mit der JAL unter dem Namen Stewart Jackson nach Hongkong. Er kam nachmittags an und bezog sofort sein Zimmer im Hotel Mandarin. Er war müde von seiner Tätigkeit in Japan und schlief fünfzehn Stunden durch. Wie in Japan nahm er zuerst eine zweitägige Stadtbesichtigung vor, ehe er sich an die Arbeit machte. Als er von Hongkong aus nach Singapur flog, hatte er sich um elftausend Dollar bereichert.

Während seines fünftägigen Aufenthalts in Singapur wechselte er achttausend Dollar ein, dann machte er einen Abstecher nach Malaysia, wo er fünftausend Dollar einsackte, kehrte beizeiten

nach Singapur zurück, um einen Flug nach Bangkok zu erwischen, und gönnte sich eine Woche Erholung.
Es wurde nun Zeit, die Zusammenkunft in Brüssel zu arrangieren. Am fünften August schickte er das verschlüsselte Telegramm an Ori und Frenkel ab und bestellte die beiden für den neunten August um neunzehn Uhr nach Brüssel. In Bangkok strich er noch achttausend Dollar ein. Im ganzen hatte die Rundreise in Asien an die fünfundsiebzigtausend Dollar eingebracht.

*

Als Otto Frenkel das Telegramm erhielt, fiel ihm ein Stein vom Herzen. Er hatte angenommen, er würde viel früher von Miller hören.
Eiligst traf er Vorbereitungen für seine Abreise. Im Keller seines Hauses in München hatte er seine Druckerei untergebracht. Mittels einer hydraulischen Winde konnte er die Presse und alles, was dazugehörte, in einer Versenkung verschwinden lassen. Diese Anlage hatte viel Zeit und Geld gekostet, aber er war nicht der Mann, der an Ausgaben sparte, wenn es um die Sicherheit ging.
Fast einen halben Tag dauerte es, bis nichts mehr zu sehen war außer einer harmlosen Werkbank, die mit einem bis zum Boden reichenden Tuch zugedeckt wurde. Nun war er für die Zusammenkunft bereit.
In Rom wurde das Telegramm nicht von Ori in Empfang genommen. Er war gar nicht zu Hause, war während Millers Rundreise überhaupt nicht daheim gewesen. Er hielt sich immer noch in Amsterdam auf. Hier hatte er eine italienisch sprechende Dänin namens Karen Jensen kennengelernt.
Ori machte auf sie großen Eindruck. Er gab Geld aus, als ob er Millionär wäre, und führte sie groß aus. Sie war Bankangestellte in Kopenhagen und sparte das ganze Jahr hindurch für ihre Ferien. Nach dem, was er ihr erzählt hatte, war er ein erfolgreicher Rennpferdezüchter.
An dem Tage, wo Angelo Ori in Brüssel hätte sein sollen, dachte er daran, Karen nach Kopenhagen zu begleiten. Sie hatte nur

noch drei Tage Ferien. Ori beging eine Dummheit. Er vertraute sich Karen an und erklärte ihr, warum er nach Rom zurück mußte. Dort könnte schon eine Nachricht für ihn eingetroffen sein. Das Zusammensein mit ihr sei so schön gewesen, daß er das Vergehen der Zeit gar nicht gemerkt habe.

Er kannte Karen nicht gut genug. Sie war entsetzt. Sie sagte zu ihm, es sei eigentlich ihre Pflicht, ihn anzuzeigen. Das war von ihr eine Dummheit.

Ori stand in ihrem Hotelzimmer. Er packte sie am Hals und würgte sie. Sie war nicht kräftig und verlor bald das Bewußtsein. Er nahm eine Bronzefigur vom Tisch und versetzte ihr damit zwei Schläge auf den Kopf. Er ließ Karen liegen und rannte aus dem Hotel. Er dachte, er habe sie getötet, und wollte nur noch nach Italien zurückkehren.

Ein Fingerzeig aus Amsterdam

Seit mehreren Monaten war das Generalsekretariat der Interpol aus verschiedenen europäischen Ländern davon in Kenntnis gesetzt worden, daß eine gutorganisierte Verbrecherbande falsche Reiseschecks einlöste. Außer Belgien und der Schweiz hatte jeder Staat in Europa mindestens eine Meldung erstattet.

Die falschen Schecks waren nicht nur auf eine Bank ausgestellt, sondern auf viele. Die Fälschung war hervorragend; nicht einmal die erfahrensten Bankbeamten erkannten sie.

Anfangs schien es sich um eine sehr große Verbrecherbande zu handeln. Die Unterschriften lauteten auf so viele verschiedene Namen, daß die Behörden meinten, mindestens sechs Personen müßten dahinterstecken. Mit der Zeit aber ergaben die Ermittlungen, daß es sich bei den Namen immer um Leute handelte, denen ihre Ausweise abhanden gekommen waren, und man hielt es für möglich, daß die Schecks nur von einer oder zwei Personen eingelöst wurden.

Nach den Beschreibungen der Banken und Wechselstuben, wo die Reiseschecks eingelöst worden waren, konnte man schließlich folgern, daß nur ein Mann in Frage kam. Aber welche Leistung! Im Verlauf von fünf Tagen waren 283 gefälschte Schecks in Wien, München und Stuttgart eingelöst worden, in sechs Tagen hintereinander 347 in Lyon, Avignon und Marseille. Jeder Scheck war hundert Dollar wert. Spanien erging es nicht besser. Barcelona, Valencia, Malaga, Cordoba und Madrid nahmen 257 falsche Reiseschecks entgegen.

Auf Grund der Personenbeschreibung des Mannes überprüfte das Generalsekretariat die Sonderregister auf der Suche nach einem Hinweis. Die Verbrecheralben, die nur Fotografien enthielten, wurden gründlich durchkämmt, und Abzüge der Fotos, die der Beschreibung einigermaßen entsprachen, den betreffenden Schalterbeamten vorgelegt.

Auch die Register, die sich auf das Verbrechen selbst, auf Zeit und Ort bezogen, überprüfte man, weil man es für möglich hielt, daß der Gesuchte schon früher einmal von sich reden gemacht hatte.
Aber alles war zwecklos.
Da die Schweiz und Belgien verschont geblieben waren, vermutete man, daß die Fälscherbande in einem dieser beiden Länder ihr Hauptquartier habe. Die dortigen Interpol-Büros wurden ersucht, in ihren Akten nachzusehen, ob sich ein Hinweis finden ließe. Weder die Schweiz noch Belgien förderten etwas Nützliches zutage.
Natürlich war es nicht möglich, Ein- oder Ausreisedaten zu ermitteln, weil Miller ja stets verschiedene Namen benutzte, so daß sich keinerlei Übereinstimmungen ergaben. Alle Nachforschungen führten in eine Sackgasse. Währenddessen wurden die Reiseschecks mit unglaublicher Geschwindigkeit weiter eingelöst.
Noch eine Möglichkeit wurde erforscht. Offensichtlich waren die Pässe und sonstigen Ausweise immer in Italien gestohlen worden. Mit zwei Ausnahmen waren die Opfer Touristen, die sich in Italien, namentlich in Rom, aufgehalten hatten. Wenn man einen der Diebe fand, konnte man vielleicht nützliche Hinweise erhalten.
Das Nationale Interpol-Zentralbüro in Italien wurde beauftragt, sich alle Taschendiebe, Einbrecher und Gauner, die mit gefälschten Ausweisen handelten, im Hinblick darauf vorzunehmen, sobald sie ertappt wurden, oder soweit sie bekannt waren. Kein einziges Verhör führte zu einem Ergebnis.
Dann brach die Tätigkeit der geheimnisvollen Scheckfälscherbande plötzlich ab. Die Polizei stand vor einem Rätsel, freute sich jedoch. Wenigstens hörten die Geldverluste auf.
Natürlich legte Interpol den Fall trotzdem nicht zu den Akten. Man lieferte den nationalen Büros weiterhin Informationen und vergrößerte das Register des unbekannten Scheckeinlösers.
Mitte Juli liefen erneut Meldungen ein, diesmal aus dem Fernen Osten. Interpol erkannte sofort das Vorgehen. Sie hatte es wieder mit ihrem Mann zu tun, der ein neues Gebiet beackerte. Dort

war die Polizei ebenso ratlos wie die Kollegen in Europa. Allzu viele Namensänderungen, allzu häufiger Ortswechsel. Obwohl die Polizeibehörden der ganzen Welt nach dem Mann fahndeten, erfreute er sich seiner Freiheit und gab sich seiner Tätigkeit hin.

Dann erhielt das Generalsekretariat einen Fingerzeig aus Amsterdam. Dort hatte das Opfer eines Mordversuchs, die dänische Touristin Karen Jensen, interessante Angaben gemacht. Sie hatte alles gesagt, was sie von Angelo Ori wußte, und die Tatsachen schienen zu den falschen Schecks zu passen. Sie ahnte nicht, wo sich Ori befand, wußte jedoch, daß er in Rom lebte. Er müsse nach Hause, hatte er ihr gesagt, um nachzusehen, ob dort eine Nachricht auf ihn wartete.

Karen Jensen hatte fünf Tage auf der Intensivstation des Krankenhauses gelegen. Man konnte sie erst verhören, als sie außer Lebensgefahr war.

Die italienische Interpol war imstande, dem Generalsekretariat Oris Fotografie, Fingerabdrücke und Strafregister zu liefern.

Sofort ließ das Generalsekretariat ein Fahndungsblatt mit roter Ecke hinausgehen. Es enthielt einen Haftbefehl wegen Mordversuchs. Die Holländer verlangten die Auslieferung, sobald Ori gefunden wäre.

Es dauerte nicht lange, bis er ergriffen wurde. Am siebzehnten August wurde er in Lissabon abends verhaftet. Er reiste unter dem Namen Antonio Gomes, aber die „Rotecke“ hatte ihre Arbeit getan.

Ori widersetzte sich der Auslieferung nicht. In Amsterdam wurde er Karen Jensen gegenübergestellt, die ihn identifizierte. Er kam wegen Mordversuchs in Untersuchungshaft.

Da man zwischen ihm und den falschen Reiseschecks einen Zusammenhang vermutete, nahm man ihn in die Zange. Eine Weile sagte er nicht viel. Er gab zu, die benutzten Ausweise geliefert und während der Operation viel Geld verdient zu haben. Er erwähnte auch das verschlüsselte Telegramm, das er in Rom vorgefunden hatte. Als er sah, daß er die Zusammenkunft verpaßt hatte, war er nach Lissabon gereist. Er konnte es sich ja an den Fingern abzählen, daß er von der Polizei gesucht wurde. Selbst wenn Karen Jensen tot war, hätte man ihn sicher identifiziert, weil er in Amsterdam so lange mit ihr zusammengewesen war.

Als die Polizei etwas über seine beiden Partner erfahren wollte, verweigerte er zunächst die Aussage. Er sagte, sein Ehrgefühl verbiete es ihm, Auskunft zu geben; er werde seine Strafe hinnehmen, aber unter keinen Umständen seine Komplizen verraten.

Nach dreitägigen Verhören besann er sich anders. Er sagte aus, der eine der Männer sei Otto Frenkel aus München. Den anderen, den Leiter des Unternehmens, der die Schecks einzulösen pflegte, kenne er nur unter dem Namen Alan Jason. Er könne nicht mit Sicherheit sagen, ob das sein richtiger Name sei, aber dieser Name habe auf dem Scheck einer Zürcher Bank gestanden.

Diese Information erging ans Generalsekretariat und ans bundesdeutsche Interpol-Büro in Wiesbaden. Frenkel wurde am dreiundzwanzigsten August in seiner Wohnung verhaftet. Die Presse samt allem Zubehör fand die Polizei all seinen Vorsichtsmaßnahmen zum Trotz noch am selben Tage.

Man meinte, er müsse mehr über Jason wissen. Man hielt es für unmöglich, daß weder Ori noch Frenkel buchstäblich nichts von ihm wußten. Doch so sehr man den beiden auch zusetzte, bei den Verhören kam nichts weiter zutage.

Die Zürcher Bank, die mit Hilfe des Schweizer Interpol-Büros ausfindig gemacht wurde, konnte nur sagen, daß Jason das Geld vor einigen Tagen abgehoben und das Konto aufgelöst habe.

Die Fahndung nach Alan Jason begann. Das Generalsekretariat ließ an alle Mitgliedstaaten eine Personenbeschreibung und eine Liste mit allen bekannten, von ihm benutzten Namen ergehen.

Ein Monat verstrich, ohne daß etwas über Jason zu erfahren war. Dann aber, gegen Ende Oktober, kam vom Interpol-Büro in Libanon die Meldung, ein falscher Reisescheck der Bank of America, der auf den Namen Mark Burke laute, sei eingelöst worden. Der Mann habe sich mit einem Personalausweis der US-Marine ausgewiesen.

Das Interpol-Büro der Vereinigten Staaten beantwortete die Anfrage nach Mark Burke, der Korvettenkapitän a. D. könne den

Scheck unmöglich eingelöst haben. An dem Tag, an dem der Scheck in Beirut vorgelegt worden war, hatte sich Mark Burke in Denver in einem Militärlazarett einer Operation unterzogen. Im übrigen bestätigte das Büro, daß Burkes Personalausweis in Rom abhanden gekommen war.
In Amsterdam wurde Ori gefragt, ob er sich an Papiere erinnere, die auf den Namen Mark Burke lauteten. Ori konnte sich nicht daran erinnern. Allzu viele Ausweise seien durch seine Hände gegangen, erklärte er. Ori war inzwischen wegen des versuchten Mordes an Karen Jensen zu drei Jahren Gefängnis verurteilt worden und hatte seine Strafe gerade angetreten.

Otto Frenkel, der in München in Untersuchungshaft saß, glaubte sich daran zu erinnern, daß er Burkes Ausweis nach der Besprechung in seinem Brüsseler Hotelzimmer umfrisiert hatte. Aber ganz sicher war er nicht.
Die Polizei stand wieder dort, wo sie angefangen hatte. Der Name Alan Jason hatte sich als ebenso falsch erwiesen wie die andern, die der Gesuchte benutzt hatte. Er gehörte einem inzwischen verstorbenen Kanadier.

*

Nicht nur die Polizei hatte ihre Sorgen, auch der Gegenstand ihrer Fahndung stand vor einigen Problemen. Die falschen Pässe und Ausweise drohten ihm auszugehen, und so beschloß er, seinen eigenen Namen und Paß zu benutzen. Unter diesem Namen, George Turner, trug er sich im Hotel Kent in Ankara ein. Das war keine kluge Wahl in Anbetracht seines amerikanischen Passes. Wegen der Lage auf Zypern hatten sich politische Spannungen ergeben, und die Amerikaner wurden in der Türkei immer unbeliebter.
Turner wußte nicht, daß Ori und Frenkel verhaftet worden waren. Wahrscheinlich wäre es ihm nur recht gewesen, wenn er es gewußt hätte. Als Ori am neunten August nicht in Brüssel zur Sitzung erschienen war, hatte er die Gemeinschaftsarbeit aufgelöst. Zu Frenkel sagte er damals, er wolle aussteigen. Wenn Ori etwas zugestoßen wäre, würde es nicht lange dauern, bis die Po-

lizei nach ihm selbst und Frenkel fahndete. Frenkel war mit ihm einverstanden gewesen.

Von Brüssel aus flog Turner nach Zürich und löste sein Bankkonto auf. Dann begab er sich unter den verschiedenen Namen, die Frenkel ihm geliefert hatte, nach Lissabon, London, Kairo, Beirut — wo er den Reisescheck einlöste, der auf den Namen Burke lautete — und schließlich nach Ankara.

Er wußte nicht recht, was er als nächstes tun sollte. Ankara hatte er nur gewählt weil er noch nie in der Türkei gewesen war und sich hier einmal umsehen wollte.

Am dritten Dezember wurde Turner von der türkischen Polizei festgenommen. Dazu kam es folgendermaßen.

Turner lernte Dimitrios Constantimos kennen, der türkischer Staatsangehöriger, doch von Geburt Grieche war. Constantimos stand im Verdacht, sich zum Schaden der Türkei politisch zu betätigen, und es war bekannt, daß er im griechischen Teil von Zypern Verwandte hatte.

Turner verbrachte mehrere Abende mit ihm, und sie diskutierten über die türkische Invasion auf Zypern. Eines Abends wurde ihr Gespräch von einem untergeordneten Staatsbeamten belauscht, der Anzeige erstattete. Als sie das nächstemal wieder über die Zypernfrage diskutierten, hörten zwei Agenten zu.

Die Behörde beschloß, Turner zu verhaften; man wollte herausfinden, was er in der Türkei zu suchen hatte. Beim Verhör stellte sich sehr bald heraus, daß er mit seinem Aufenthalt in Ankara keinerlei politische Zwecke verfolgte. Doch im Rahmen der Untersuchung wurden alle seine persönlichen Effekten inspiziert. Man fand mehrere Pässe und eine große Geldsumme. Turner wurde deswegen zur Rede gestellt, vermochte jedoch keine befriedigende Erklärung zu geben.

Daraufhin wurde er dem türkischen Interpol-Büro übergeben, das sich sowohl mit dem Büro der Vereinigten Staaten als auch mit dem Generalsekretariat in Verbindung setzte.

Der Apparat geriet schnell in Bewegung. Die Amerikaner antworteten, gegen Turner liege nichts Besonderes vor. Sein Paß müsse echt sein, er sei im November 1973 in San Francisco ausgestellt worden.

Das Generalsekretariat hingegen interessierte sich sehr für die Tatsache, daß einer der Pässe, die unter Turners Effekten gefunden worden waren, auf den Namen Mark Burke lautete und ein anderer auf den Namen Alan Jason. Endlich hatte Interpol ihren Mann gefunden.

Aus unzähligen europäischen und asiatischen Städten liefen Auslieferungsbegehren in Ankara ein. Sechzehn Länder erhoben Anspruch auf ihn. Mehrere leisteten Verzicht.

Otto Frenkel und Angelo Ori, die einander so frappierend ähnlich sehen, haben noch etwas gemeinsam: Wenn sie ihre Strafe abgesessen haben, müssen auch sie noch in einigen Ländern vor den Richter treten.

Ferientage in Istanbul

Nach der Statistik des Interpol-Generalsekretariats wissen die meisten jungen Mädchen, die zur Prostitution gezwungen werden, so ungefähr, was sie zu gewärtigen haben, wenn sie im Ausland eine Stellung als Varieté-Tänzerin annehmen. Die Aussicht, schnell Geld zu verdienen, ist für sie der lockende Anreiz. Was ihnen jedoch nicht klar zu sein scheint, wenigstens in gewissen Fällen, ist die Tatsache, daß sie Tag und Nacht arbeiten müssen, knapp an Geld gehalten werden und ihre Freiheit verlieren. Wenn sie das herausfinden, ist es oft zu spät.

Es kommt jedoch vor, daß die übliche Form der Anwerbung nicht benutzt wird. Manche Mädchen werden zur Prostitution gezwungen, nachdem sie entführt worden sind. Das geschieht selten, aber es geschieht, und gewöhnlich widerfährt es sehr jungen Mädchen.

*

Im Sommer 1973 verlebte Professor Richard Whitman mit seiner Frau Mildred und seinen beiden Töchtern, der dreizehnjährigen Elaine und der zwölfjährigen Jennifer vierwöchige Ferien in Istanbul. Whitman, der an der Londoner Universität einen Lehrstuhl für Philosophie innehatte, hatte seiner Frau erklärt, es sei für die Kinder eine vortreffliche Gelegenheit, etwas von der Welt zu sehen und eine andere Kultur kennenzulernen. Mildred Whitman war nicht dafür gewesen. Ihrer Meinung nach waren die beiden noch zu jung, um wirklich etwas davon zu haben, und sie fand, die Ausgaben würden sich nicht lohnen. Sie hatte sich jedoch von ihrem Mann umstimmen lassen.

In Istanbul besuchte die Familie die Sehenswürdigkeiten planmäßig, für jede wurde eine bestimmte Zeit festgesetzt. Den Plan hatte Whitman selbst entworfen. Er war sehr methodisch und hatte für jeden Tag einen Plan in seinem Notizbuch eingetragen, das er stets mit sich führte.

Die Töchter mochten diese Art der Stadtbesichtigung nicht. Am meisten mißfiel ihnen der Mittagsschlaf von vierzehn bis siebzehn Uhr. Whitman erklärte ihnen, es sei wichtig, sich zwischendurch auszuruhen, außerdem entspreche diese Siesta dem türkischen Brauch.

Infolge dieser Disziplin kam es bei den vieren zu vielen Reibungen. Whitman blieb eisenhart in bezug auf den Tagesplan, und Mildred mußte die Rolle der Friedensstifterin zwischen Vater und Kindern spielen.

Elaine und Jennifer hatten ein gemeinsames Zimmer neben dem Schlafzimmer der Eltern im zweiten Stock des Hotels Divan, das nicht weit entfernt vom Hilton in der Cumhuriyet Caddesi Harbiye lag. Am dreiundzwanzigsten August, einem Donnerstag, rebellierten die beiden Mädchen gegen den Mittagsschlaf.

Während Richard und Mildred programmgemäß schliefen, schlüpften Elaine und Jennifer aus ihrem Zimmer, rannten die Treppe hinunter und durch die Halle in den hellen Sonnenschein hinaus. Sie wollten nur einmal die Straßen und Geschäfte von Istanbul ohne die strenge Aufsicht der Eltern besichtigen. Sie hatten kein bestimmtes Ziel, sondern nahmen den erstbesten Autobus, um aufs Geratewohl zu einer interessanten Gegend zu fahren. Sie mußten sich nur die Nummer des Autobusses merken, und im Notfall konnten sie ja ein Taxi nehmen.

*

Ekrem Ozturk besaß das Nachtlokal „Kismet“ in der Nähe der Galata-Brücke. Sein arabischer Name bedeutete nach mohammedanischer Lehre das dem Menschen zugeteilte Schicksal. Das Lokal lag an der Seite des Flusses, wo mancherlei historische Schätze zu sehen waren, so der Topkapi-Palast, die Blaue Moschee und die Hagia Sophia.

Das Nachtlokal Kismet wartete mit Bauchtänzerinen und verwässerten alkoholischen Getränken auf. Die Bauchtänzerinnen waren im Nebenberuf Prostituierte. Die Kunden des Lokals be-

standen größtenteils aus reichen Türken, die herkamen, um sich der Prostituierten zu bedienen, und aus zwielichtigen Gestalten, die das Lokal als regelmäßigen Treffpunkt benutzten.
Ozturk stand in dem Ruf, mit Mädchen nach jedermanns Geschmack aufwarten zu können. Er machte hohe Preise, aber seine Stammkunden konnten sich das leisten. Es hieß sogar, bei Ozturk seien unberührte Mädchen zu haben, wenn man genügend Geld ausgeben wollte. Die türkische Polizei vermutete, daß Ozturk seine Finger im Mädchenhandel hatte, und hielt ihn unter ständiger Überwachung.
Natürlich bereitete es Ozturk Vergnügen, die beiden jungen Touristinnen an diesem Nachmittag vor der geschlossenen Tür seines Nachtlokals stehen zu sehen; offensichtlich hatten sie sich verirrt.
Langsam und laut — wie ihr Vater, wenn er mit Ausländern sprach — fragte Elaine ihn, ob er ihr sagen könne, wo eine saubere öffentliche Toilette zu finden sei.
Ozturk, der recht gut, wenn auch nicht fließend Englisch konnte, musterte die beiden Mädchen eine Weile wortlos. Beide waren blond, schlank und langbeinig, beide hatten blaue Augen und ein Stupsnäschen. Man sah sofort, daß sie Schwestern waren.
„Habt ihr euch verirrt?" erkundigte er sich.
Elaine ihrerseits stellte fest, daß er sehr dick war, sehr schmutzig aussah und ausgiebig schwitzte. Jennifer fand ihn feurig mit seiner dunklen Haut und dem abwärts gekräuselten Schnurrbart, und er machte ihr einen netten Eindruck. Sie war nicht so wählerisch wie ihre Schwester.
Elaine gab zu, daß sie sich verirrt hatten.
Ozturk wollte wissen, wo sie wohnten. Er würde ihnen gern den Weg zu ihrem Hotel zeigen, erklärte er.
Elaine dankte ihm, erwiderte aber, augenblicklich sei es wichtiger für sie, eine Toilette zu finden als das Hotel. Ehe sie sich besinnen konnten, ob sie sein Angebot annehmen wollten, hatte er die Tür geöffnet und sie hineingeschoben.
Die Toiletten seien hinten im Lokal, sagte er ihnen und deutete dorthin. Es war dunkel, und Ozturk schaltete einige Lichter ein.

Als die Mädchen wieder gehen wollten, fragte Ozturk sie, ob er ihnen etwas Kaltes zu trinken geben dürfe. Er könne ihnen Limonade vorsetzen.

Die Mädchen nahmen begierig an, und während sie tranken, fragte Ozturk sie aus, über ihre Eltern, was sie in der Türkei täten, und wie es ihnen hier gefiele.

Sie gaben höflich Antwort, wobei sie sich hüteten, etwas zu sagen, das ihn kränken könnte. Das hatten ihnen ihre Eltern im Umgang mit Fremden eingeschärft. Obwohl es ihnen Freude machte, Istanbul zu besichtigen, hätten sie die Sommerferien viel lieber mit ihren Freundinnen in England am Meer verbracht. Als sie ihr Glas geleert hatten, bot Ozturk ihnen noch eine Limonade an, aber sie lehnten dankend ab und erwiderten, sie müßten ins Hotel zurück. Sie wollten vor siebzehn Uhr dort sein.
„Keine Sorge", sagte Ozturk, „ich fahre euch hin."
Die Mädchen sagten, das sei nicht nötig. Sie könnten allein zurückfahren, wenn er ihnen nur den Weg zum Autobus zeigte.

Ozturk bestand darauf, sie zum Hotel zu bringen. Er habe selbst zwei Töchter, sagte er, ungefähr im gleichen Alter. Ein englischer Vater würde sie gewiß ebenso behandeln, wenn sie sich in London verirrt hätten. Er schenkte ihnen noch eine Limonade ein und sagte, er wolle inzwischen seinen Wagen aus der Garage holen. In ein paar Minuten werde er zurück sein, sie sollten es sich schmecken lassen.

Zehn Minuten vergingen, ohne daß Ozturk zurückkehrte. Die beiden Mädchen wurden unruhig, so allein in dem Lokal, das sehr groß wirkte mit den leeren Tischen und der weiten Tanzfläche. Elaine schlug vor, auf eigene Faust zu gehen. Sie seien ja nicht verpflichtet, hier zu bleiben; im übrigen würden sie den Mann nie wiedersehen.

Just in diesem Augenblick ging die Tür auf, und Ozturk erschien. Er kam mit einem kleinen dunklen Mann, der einen zerknitterten Anzug anhatte.

Die Mädchen sagten, sie wollten nun gehen. Es gefiel ihnen nicht, wie der kleine Dunkle sie anstarrte. Als sie zum Ausgang eilten, verstellte er ihnen den Weg.

In sehr gutem Englisch fragte er sie, ob sie Lust auf eine Rundfahrt hätten. Sie erwiderten, sie hätten Istanbul bereits mit ihren Eltern besichtigt.

Ozturk bot ihnen noch eine Limonade an. Das erschreckte sie. Sie merkten, daß die Männer sie zurückhalten wollten. Elaine sagte laut, es sei höchste Zeit für sie und ihre Schwester, sich auf den Weg zum Hotel zu machen.

Die Männer wechselten einige Worte auf türkisch, und dann wurde Elaine von Ozturk gefragt, ob sie schon jemals eine Vorstellung in einem echten türkischen Nachtlokal gesehen hätten. Er wolle sie zum Essen einladen und ihnen am Abend die Vorstellung zeigen. Er verhieß ihnen ein neues und interessantes Erlebnis.

„Wir können nicht", entgegnete Elaine. Abermals erklärte sie, sie müßten vor siebzehn Uhr bei ihren Eltern sein und deshalb sofort gehen. Wenn sie nicht beizeiten zurück wären, betonte sie, würden ihre Eltern bestimmt die Polizei benachrichtigen.

Ozturk zog die Brauen zusammen. Wieder unterhielt er sich mit dem anderen auf türkisch. Dann packte er Elaine um die Taille und klemmte sie sich unter den Arm. Gleichzeitig ergriff der kleine Dunkle Jennifer am linken Arm und schob sie durch das Lokal nach hinten. Ozturk folgte mit Elaine.

Die Mädchen schrien, vermochten sich aber nicht zu befreien. Der Kleine stieß die Tür auf und schaltete ein Licht ein; man sah eine schmale Treppe, die abwärts unter das Lokal führte. Die Mädchen wurden die Treppe hinuntergetragen, in einen kleinen Raum geschleppt und hier gefesselt und geknebelt. Ozturk vergewisserte sich, daß die Stricke im Rücken fest verknotet waren, und bedeutete dem andern mit einer Schulterbewegung, ihm aus dem Keller zu folgen. Eine Sekunde später ging das Licht aus, und die Mädchen blieben allein in der Dunkelheit zurück.

Mildred Whitman erwachte gerade beizeiten, so daß sie den Wecker abstellen konnte, bevor er losrasselte. Sie haßte es, in den Ferien nach einem Wecker zu leben, aber das gehörte zum Programm ihres Mannes. Sie konnte sich nur dagegen verwahren, indem sie von selbst aufwachte und den Wecker abstellte.

Sie rüttelte ihren Mann aus dem Schlaf und begab sich ins Nebenzimmer, um ihre Töchter zu wecken.
Zu ihrer Überraschung war das Zimmer leer. Ein Blick auf die Betten sagte ihr, daß sie unbenutzt waren. Sie rief ihren Mann, der auf dem Rand seines Bettes saß. Mit entsetzter Miene kam er herein.
Im stillen freute sich Mildred. Ihrer Überzeugung nach hatten Elaine und Jennifer das strenge Regiment des Vaters satt. Im Gegensatz zu ihr hatten sie offensichtlich den Mut zur Auflehnung.
„Sie werden gleich zurück sein", sagte sie.
„Mir gefällt das nicht", sagte Whitman. Er regte sich immer auf, wenn seine Pläne durchkreuzt wurden. Die Tatsache, daß Elaine und Jennifer nicht in ihrem Zimmer waren, regte ihn sehr auf.
Seine Frau meinte, sie wären vielleicht unten in der Halle, um etwas zu trinken. Sie schlug vor, sich beim Portier zu erkundigen.
Whitman rief den Portier an und erhielt den Bescheid, seine Töchter hätten das Hotel kurz nach vierzehn Uhr verlassen. Zurückgekehrt seien sie noch nicht.
Schlechtgelaunt legte Whitman den Hörer auf. Wütend erklärte er seiner Frau, wie gefährlich es für Kinder sei, in einer Stadt herumzulaufen, wo sie sich nicht in der Landessprache verständigen könnten. Er werde sie streng bestrafen.
„Wollen wir nicht in aller Ruhe auf sie warten?" erwiderte Mildred. Sie wußte, daß sich ihr Mann wegen jeder Kleinigkeit Sorgen machte. Aber eine Stunde später war sie ebenso beunruhigt wie er.
„Was sollen wir nur tun?" fragte sie. „Abwarten", antwortete er.
Sie war dafür, nicht länger zu warten, sondern die Polizei zu benachrichtigen.
Das fand Whitman einen törichten Gedanken. Was würde die Polizei denken, wenn er ihr mitteilte, seine Töchter hätten sich um eine Stunde verspätet? Sie würde ihn auslachen und für einen verrückten Vater halten, weiter nichts.
Mildred erwiderte, es sei ihr gleich, ausgelacht zu werden. Elaine und Jennifer hätten sich zwar ohne Erlaubnis entfernt, aber sie seien folgsame Kinder, und wenn alles in Ordnung wäre, hät-

ten sie längst zurück sein müssen. Es mußte ihnen etwas zugestoßen sein. Sie drang in ihn, die Polizei anzurufen, wenn er es nicht wolle, dann wenigstens die britische Gesandtschaft.
Whitman weigerte sich. Er bestand darauf, noch eine Stunde zu warten. Wahrscheinlich hatten sich die beiden bloß verirrt.
Doch allmählich, während die Minuten verstrichen, wurde aus dem Zorn des Vaters tiefe Sorge. Nach dreiviertelstündigem Hin- und Herlaufen blieb Whitmann stehen und sagte, er wolle nicht länger warten. Er rief den Portier an, verständigte ihn und bat, mit der Polizei verbunden zu werden.
Punkt halb acht Uhr wurde an die Tür geklopft. Als Whitman öffnen ging, erwartete er seine Töchter zu sehen; statt dessen hatte er zwei Männer mit ernsten Mienen vor sich.
Sie stellten sich als Detektive der türkischen Polizei vor. Sie waren so schnell wie möglich gekommen, aber die Verzögerung lag daran, daß Detektive aufgeboten werden mußten, die Englisch konnten.
Die Whitmans setzten sie von dem Sachverhalt in Kenntnis. Die Detektive erbaten sich die Pässe der beiden Mädchen. Sie brauchten sie nicht nur zur Identifikation sondern auch zur Herstellung von Fotoabzügen, die an alle Polizeiposten ergehen sollten.
„Das hört sich ja an, als ob es lange dauern wird, sie zu finden", sagte Whitman.
Der eine Polizeibeamte nickte. „Istanbul ist eine große Stadt."

„Kismet“

Whitman hatte sich gewaltig geirrt. Die Polizei dachte gar nicht daran, ihn auszulachen, und sie hätte auch dann nicht so reagiert, wenn sie früher benachrichtigt worden wäre.

Istanbul stand nicht von ungefähr in dem Ruf, für unbegleitete Frauen ein gefährliches Pflaster zu sein. Es kam tatsächlich vor, daß Touristinnen entführt wurden, und ihr Alter spielte dabei nicht unbedingt eine Rolle.

Der eine der beiden Detektive, die Whitman aufgesucht hatten, Inspektor Hamza Hojuk, nahm die Ermittlungen sofort auf zwei Ebenen vor. Erstens ließ er in sämtlichen Krankenhäusern und Polizeirevieren anfragen, ob die vermißten Mädchen eingeliefert worden seien. Davon versprach er sich zwar nicht viel. Selbst wenn es sich um einen Unfall handelte, bestand kaum die Wahrscheinlichkeit, daß beide infolge schwerer Verletzungen nicht imstande waren, Namen und Adresse ihrer Eltern anzugeben. Und wenn die Polizei sie aus irgendwelchen Gründen aufgelesen hätte, wären sie längst ins Hotel gebracht worden.

Zweitens ließ Inspektor Hojuk Abzüge der Paßfotos an alle Polizeistationen ergehen. Wenn die Mädchen, wie Hajuk argwöhnte, Opfer einer Entführung waren, mußte man mit äußerster Schnelligkeit handeln. Ein Raubüberfall hätte sich bei ihnen nicht gelohnt, und zwei Kinder nur um des Tötens willen umzubringen, das ergab auch nicht viel Sinn. Es blieb also nur die Entführung. Über den Zweck brauchte er nicht nachzugrübeln.

Als erfahrener Polizeibeamter bemühte sich Hojuk, alle Möglichkeiten auszuschöpfen. Der Gedanke war nicht von der Hand zu weisen, daß der Versuch gemacht wurde, die Mädchen aus der Türkei wegzuschaffen. In diesem Falle genügte die türkische Polizei nicht. Ohne Zögern setzte er sich mit der türkischen Interpol in Verbindung, unterrichtete sie von dem Tatbestand und

übermittelte ihr Fotoabzüge, die dem Generalsekretariat zur weltweiten Verbreitung zugestellt werden sollten.
Wenn die Entführer rasch zu Werk gingen, und brachten die Mädchen außer Landes, mußten sie sie ja auch in einem andern Land über eine Grenze bringen. Hojuk wollte sichergehen, daß sie beim Überqueren einer Grenze von der Polizei erwartet wurden.
Inzwischen leitete er die Fahndung in Istanbul selbst. Er ließ sofort alle Ausfallstraßen sperren und den Flughafen, die Bahnhöfe sowie die Häfen an der anatolischen Küste überwachen. Als er all das erledigt hatte, war es noch nicht zwanzig Uhr.
Als nächstes veranlaßte Hojuk eine polizeiliche Untersuchung aller bekannten Nachtlokale, die sich mit Prostitution befaßten und als Treffpunkt von Verbrechern galten. Das war ein weites Gebiet, und es mußten viele Leute eingesetzt werden, aber Hojuk hatte von seinem Chef für die Fahndung freie Hand erhalten.

*

Ekrem Ozturk genoß in seinem überfüllten Lokal an einem der Tische einen Drink. Er war um zweiundzwanzig Uhr mit einem Italiener namens Mario Diletti verabredet. Diletti besaß in Neapel ein ähnliches Lokal und war auf der Suche nach Prostituierten. Er hatte schon zweimal mit Ozturk Geschäfte gemacht und dem Besitzer des Nachtlokals Kismet im ganzen fünf Mädchen abgekauft.
Es war fast zweiundzwanzig Uhr, und Ozturk wünschte den Handel mit Diletti rasch abzuschließen, weil er etwas später noch einen Kunden erwartete. Dieser andere, der aus Ankara kam, war groß im Rauschgift- und Mädchenhandel. Ozturk hatte ihm bereits mitgeteilt, er habe zwei junge Engländerinnen anzubieten. Der andere hatte ihn wissen lassen, er müsse noch etwas in Istanbul erledigen, werde aber ins Kismet kommen und sich die Ware ansehen, bevor die Nacht vorüber wäre.
Diletti erschien pünktlich auf die Minute und vertiefte sich sogleich in das Gespräch mit Ozturk, ohne die verschwitzten, schwerbrüstigen Bauchtänzerinnen zu beachten. Er einigte sich

mit Ozturk, ihm fünf Mädchen abzukaufen. Nachdem der Preis beschlossene Sache war, besiegelten sie das Geschäft mit einem Händedruck, und Diletti stand auf, um zu gehen.

Da wurde er von Ozturk gefragt, ob er Interesse daran habe, zwei ganz junge Engländerinnen zu kaufen. Auf die Gegenfrage, wie alt sie seien, antwortete Ozturk, seiner Schätzung nach ungefähr zwölf oder dreizehn. Diletti lachte und sagte, Ozturk mache wohl Witze. Der Türke versicherte ihm, es sei kein Scherz. Wenn Diletti die Mädchen sehen wolle, würde er sie ihm gern zeigen. Diletti erwiderte, er habe ohnehin kein Interesse. Was er brauche, habe er bekommen — Mädchen, die alt genug waren, um zu wissen, was sie wissen mußten.

Kurz nach Dilettis Weggang kam Sadan Alkim, der kleine dunkle Mann, der Ozturk bei der Festnahme der Mädchen geholfen hatte, an den Tisch. Er arbeitete für Ozturk als Geschäftsleiter des Nachtlokals. Er brachte den Kunden mit, der sich für die Mädchen interessierte. Ozturk und Alkim kannten ihn nur unter dem Namen Afif.

Die drei gingen in den Kellerraum hinunter, wo die Mädchen festgehalten wurden. Das war ein sicherer Ort, weil er schalldicht war. Eigentlich diente er als Lagerraum, aber manchmal hatte Ozturk noch bessere Verwendung für ihn.

Ozturk schloß die Tür auf und schaltete das Licht ein. Die beiden Mädchen lagen Rücken an Rücken gefesselt. Die Männer hielten sie an den Schultern fest und stellten sie auf die Füße. Wegen der Knebel konnten sie nicht sprechen, aber man hörte die Schluchzlaute aus ihrer Kehle.

Afif trat nahe an sie heran und betrachtete sie von oben bis unten. Er tätschelte erst Elaine und dann Jennifer den Kopf. Auf türkisch sagte er etwas, das Ozturk und Alkim zum Lachen brachte. Dann bückte er sich und streichelte Elaines Beine. Sie wollte zurückweichen, konnte sich aber Ozturks Griff nicht entwinden.

Afif fuhr mit der Besichtigung fort, als ob er ein Stück Vieh begutachtete. Ozturk und Alkim hielten die Mädchen derweil fest. Als er fertig war, wurden sie wieder Rücken an Rücken auf den Boden gelegt.

Sobald die Männer oben im Lokal am Tisch Platz genommen hatten, begann das Feilschen. Ozturk verlangte für beide fünftausend amerikanische Dollar. Afif wollte nur dreitausend zahlen. Fünftausend kämen nur in Betracht, sagte er, wenn er sie vor dem Kauf ausprobieren dürfe.

Das lehnte Ozturk rundweg ab. Wie könnte er sicher sein, daß Afif sie dann noch kaufen wolle? Wenn sich Afif anders besänne, stünde er, Ozturk, mit verdorbener Ware da. Unberührte Mädchen brachten Höchstpreise ein, und er lege seine Hand dafür ins Feuer, daß die beiden noch jungfräulich seien. Er könne jederzeit einen andern Käufer finden, wenn Afif kein Interesse habe. Afif sagte, er wolle sich's überlegen und ihm morgen Bescheid geben. Nachdem er etwas getrunken hatte, verließ er das Lokal.

*

Auf ihrer Runde durch die anrüchigen Lokale kam die Polizei um halb zwölf Uhr nachts ins Kismet. Die Beamten waren in Uniform und wurden von den Angestellten herzlich begrüßt. Ozturk forderte sie auf, etwas zu trinken, aber sie lehnten ab.

Sie fragten, ob er etwas von zwei entführten Engländerinnen gehört habe. Er spielte den Erstaunten: Ihn so etwas zu fragen!

Sie müßten doch wissen, daß er ein anständiger Geschäftsmann sei, der sich nicht mit Entführungen abgab.

Er wurde belehrt, wenn er irgend etwas hörte, hätte er die Polizei sofort zu verständigen. Sie ließe bei der Suche nach den Mädchen nicht mit sich spaßen. Mit Personen, die Kenntnisse für sich behielten, würde hart umgesprungen.

Nachdem die Polizisten gegangen waren, hielt Ozturk eine eilige Beratung mit Alkim ab. Sie beschlossen, sich der Mädchen lieber so schnell wie möglich zu entledigen. Offenbar war die Polizei auf heißer Spur, und so könnte ihnen Schlimmes bevorstehen. Ozturk rief Afif an und sagte ihm, er habe sich's anders überlegt und gebe sich mit dreitausend Dollar zufrieden, wenn Afif die Mädchen noch in dieser Nacht abholte.

Afif sagte, er brauche einige Zeit, um die notwendigen Vorkehrungen zu treffen, werde aber vor zwei Uhr — zu dieser Stunde wurde das Nachtlokal offiziell geschlossen — mit dem Geld und allem Notwendigen kommen, um die Mädchen in Besitz zu nehmen.

*

Mario Diletti hatte Pech gehabt, kurz bevor die Polizisten das Nachtlokal Kismet aufsuchten. Er war in einem anderen Lokal, einem Gangster-Treffpunkt, von der Polizei aufgegriffen worden, gerade als er sich zu einer geschäftlichen Besprechung mit drei Männern zusammengesetzt hatte, die der türkischen Polizei als Zuhälter bekannt waren und ihre Tätigkeit in Hotels ausübten.

Diletti behauptete, ein Tourist und rein zufällig in dieses Lokal gekommen zu sein. Sein Türkisch war mäßig, und die Polizisten konnten überhaupt kein Italienisch. Wegen der Gesellschaft, in der er sich befand, wurde er zu einem Verhör mitgenommen.

Zehn Minuten nach Mitternacht ersuchte Inspektor Hojuk, der nicht die geringste Möglichkeit außer acht lassen wollte, die türkische Interpol um dringende Information über Mario Diletti.

Die Telex-Antwort traf um fünf Minuten vor eins ein. Diletti war der italienischen Polizei wegen mehrfacher Straftaten bekannt. Er besaß in Neapel ein Nachtlokal, das auf Prostitution spezialisiert war.

Hojuk beschloß, Diletti persönlich ins Gebet zu nehmen. Er ließ einen Dolmetscher in sein Büro kommen und begann mit dem Verhör um halb zwei.

Er verschwendete keine Zeit, sondern sagte kurz und bündig, er wisse über Diletti Bescheid und könne sich denken, was er in Istanbul zu tun hatte. Er sagte ihm, zwei Engländerinnen würden vermißt, und es sei durchaus möglich, daß Diletti mit einem Menschen gesprochen hatte, der etwas von ihrem Verbleib wußte. Er sei bereit, Diletti umgeschoren gehen zu lassen, wenn er durch ihn einen nützlichen Hinweis erhielte.

Diletti brauchte zehn Sekunden, um sich den Handel zu überlegen. Dann sagte er, zwei ganz junge Engländerinnen seien ihm von einem Mann angeboten worden, den er flüchtig kenne, nämlich von Ekrem Ozturk, dem Besitzer des Nachtlokals Kismet.

Um zehn Minuten vor zwei betraten Hojuk und drei Detektive in Zivil das Lokal, an dessen sämtlichen Ausgängen Posten standen. Die Posten hatten dafür zu sorgen, daß niemand ohne Hojuks ausdrückliche Erlaubnis das Nachtlokal verließ.
Alkim ging den Detektiven entgegen und sagte, sie kämen leider zu spät. Das Lokal werde in zehn Minuten geschlossen, und es dürften keine Gäste mehr hereingelassen werden. Vielleicht hätten sie Lust, morgen wiederzukommen?
Hojuk wies sich aus und verlangte Ozturk zu sprechen. Alkim wollte sich auf die Suche nach seinem Arbeitgeber machen, aber der Inspektor befahl ihm, bei den Polizeibeamten zu warten. Ozturk, der die Neuankömmlinge erspäht hatte, kam herbei.

Er erkannte einen der Detektive und versuchte die Rolle des herzlichen Gastwirts zu spielen. Hojuk schnitt ihm das Wort ab und sagte, sie hätten Grund zu der Annahme, daß sich die vermißten Mädchen hier irgendwo befänden.
Darauf reagierte Ozturk mit Entrüstung. Er wisse nichts von irgendwelchen Engländerinnen. Schon früher am Abend sei die Polizei hier gewesen und habe nach ihnen gefragt. Hätte er inzwischen etwas von ihnen gehört, so hätte er es längst der Polizei berichtet, wie es seine Pflicht sei. Wenn man ihm nicht glaube, solle man nur das Lokal durchsuchen. Er habe nichts zu verbergen.
Hojuk ließ drei Polizisten kommen und befahl ihnen, Ozturk und Alkim zu bewachen. Sämtliche Lichter mußten eingeschaltet werden. Er verkündete, jeder solle an seinem Platz bleiben. In diesem Augenblick führte einer der Polizisten, die draußen Wache standen, Afif herein.
„Der Mann wollte weglaufen, als er uns sah", erklärte er dem Inspektor.
Afif wurde mit Ozturk und Alkim zusammen festgehalten, während Hojuk und ein anderer Detektiv an die systematische Durchsuchung des Lokals gingen. Es dauerte nicht lange, bis sie die Treppe entdeckten, die in den Kellerraum hinabführte. Hojuk stieg die Treppe hinunter und blickte sich um. Es gab hier nicht viel zu sehen außer Weinkisten, Schachteln und einigen losen Brettern.

Ein Stapel leerer Schachteln fiel ihm auf. Sie kamen ihm sonderbar vor. Als er näher herantrat, erkannte er den Grund. Im Gegensatz zu der allgemeinen Unordnung waren diese Schachteln an der Wand sorgfältig aufeinander gestapelt und an den Stellen, wo man sie angefaßt hatte, waren im Staub Fingerabdrücke zu sehen. Hojuk zerstörte den Stapel, die Schachteln fielen zu Boden, und er hatte eine Tür vor sich. Sie ließ sich nicht öffnen. Er lauschte an der Tür, konnte aber nichts hören.

Hojuk rief seinem Kollegen oben an der Treppe zu, Ozturk herzubringen. Als der Lokalbesitzer heruntergekommen war, wies Hojuk auf die Tür und befahl kurz:,,Aufschließen."

,,Das kann ich nicht", sagte Ozturk. Die Tür sei seit Jahren verschlossen. Er wisse überhaupt nicht, was dahinter war.

Hojuk ließ Ozturks Taschen leeren. Als ein Schlüsselbund zum Vorschein kam, sagte der Inspektor, es wäre einfacher, wenn er gleich erklärte, welcher Schlüssel in Frage käme. Früher oder später würde die Tür doch geöffnet werden, und wenn man sie aufbrechen müßte.

Daraufhin zeigte Ozturk auf den Schlüssel. Hojuk steckte ihn ins Schloß und drehte ihn um. Die Tür ging auf, und im Licht des anderen Kellerraums waren die zusammengekrümmten Gestalten der beiden Mädchen auf dem Boden zu sehen.

Ekrem Ozturk, Sadan Alkim und der Mann aus Ankara, dessen voller Name Afif Icmeli lautete, wurden wegen Entführung angeklagt, Afif als Beihelfer, und zu Gefängnis verurteilt.

Mario Diletti wurde aus der Haft entlassen, aber des Landes verwiesen.

Elaine und Jennifer wurden unversehrt zu ihren Eltern gebracht.

INTERPOL
Die Internationale Kriminalpolizeiliche Organisation

von Jürgen N. Jeschke

Die im Jahre 1923 gegründete Internationale Kriminalpolizeiliche Organisation (IKPO) -INTERPOL ist die einzige internationale Einrichtung polizeilicher Verbrechensbekämpfung. Sie umfaßt heute die Polizeien von 124 Staaten aller Erdteile. Je leichter es die zunehmende Liberalisierung des grenzüberschreitenden Verkehrs und die schnellen und modernen Transportmittel dem Straftäter machen, Entfernungen von Land zu Land, von Kontinent zu Kontinent zu überbrücken, umso mehr Bedeutung kommt einem solchen weltumspannenden Netz der Verbrechensbekämpfung zu. Wichtigste Voraussetzung für einen wirksamen Kampf gegen das internationale Verbrechen ist die direkte und enge Zusammenarbeit der Polizeibehörden aller Staaten, die ständig aus Anlaß konkreter Ermittlungsfälle miteinander in Kontakt bleiben und regelmäßig ihre Auffassungen und Arbeitsmethoden austauschen müssen.

Demgemäß hat sich die IKPO-INTERPOL (in Artikel 2 ihrer Statuten) zum Ziel gesetzt,

— eine möglichst umfassende gegenseitige Unterstützung aller Polizeibehörden sicherzustellen und weiterzuentwickeln und

— alle Einrichtungen, die zur Verhütung und Bekämpfung von Straftaten wirksam beitragen können, zu schaffen und auszubauen.

Es begann 1914

Die Notwendigkeit einer unmittelbaren Kooperation zwischen den Polizeibehörden verschiedener Staaten ist schon sehr früh erkannt worden.

Bereits im April 1914 waren auf Einladung von Prinz Albert I. von Monaco Juristen und Polizeibeamte aus 14 Ländern zusammengekommen. Auf diesem ,,Ersten Kriminalpolizeilichen Kongreß von Monaco" wurden vier Hauptthemen diskutiert:

— Verbesserung der erkennungsdienstlichen Methoden
— Einrichtung einer internationalen zentralen Informationsstelle
— Vereinheitlichung des Auslieferungsverfahrens
— Vereinfachung und Beschleunigung der Fahndung nach Rechtsbrechern.

Es wurden einige konkrete Fälle ausgearbeitet, der Ausbruch des ersten Weltkrieges verhinderte jedoch ihre Realisierung.

Nach dem ersten Weltkrieg, im Jahre 1919, erfolgte ein weiterer Versuch einer internationalen polizeilichen Konferenz, der jedoch scheiterte.

Auf Initiative von Dr. Johannes Schober, Polizeipräsident von Wien und zeitweiliger österreichischer Kanzler, wurde im September 1923 in der österreichischen Hauptstadt der ,,Zweite Kriminalpolizeiliche Kongreß" einberufen. Auf diesem Kongreß waren insgesamt sieben Länder vertreten. Er führte zur Gründung der Internationalen Kriminalpolizeilichen Kommission (IKK) als einer ständigen Organisation der polizeilichen Zusammenarbeit. Der Sitz wurde nach Wien vergeben.

Bis 1938 nahm die Arbeit der IKK einen normalen Verlauf. Zu diesem Zeitpunkt gehörten ihr 34 Länder an, ihr Tätigkeitsbereich erstreckte sich jedoch vor allem auf Europa. Mit dem Anschluß Österreichs im Jahre 1938 geriet die Organisation in den Sog des Dritten Reiches und man muß davon ausgehen, daß sie spätestens mit Ausbruch des Krieges aufgehört hatte zu existieren.

Aus den Trümmern des zweiten Weltkrieges wurde die Institution im Jahre 1946 auf Initiative der Belgier als Internationale Kriminalpolizeiliche Kommission (IKPK) neu ins Leben gerufen. Es wurden neue Statuten geschaffen, der Sitz wurde nach Paris gelegt. An der Brüsseler Konferenz im Jahre 1946 hatten 17 Staaten, darunter drei nichteuropäische, teilgenommen. Seitdem stieg die Zahl der Mitglieder stark an. Die Organisation breitete sich über andere Erdteile aus und nahm ständig an Bedeutung zu. Im Jahre 1956 wurde die IKPK in Internationale Kriminalpolizeiliche Organisation — INTERPOL umbenannt. Gleichzeitig fand eine tiefgreifende Reform der Statuten statt und es erfolgte eine Aufwärtsentwicklung der Organisation, die sie zu dem gemacht hat, was sie heute ist.

Der organisatorische Aufbau

Wie andere internationale Organisationen bedient sich die IKPO-INTERPOL zur Erfüllung ihrer Aufgaben verschiedener Organe:

Die Generalversammlung

Oberste Institution ist die Generalversammlung. Sie umfaßt die von den Regierungen der angeschlossenen Staaten entsandten Vertreter, die einmal jährlich zu einer ordentlichen Sitzung zusammenkommen, und zwar jeweils in einem anderen Mitgliedsland (z. B. 1975 Argentinien/Buenos Aires, 1976 Ghana/Accra). Die Generalversammlung entscheidet über alle grundlegenden Fragen der Organisation. Sie bestimmt deren Tätigkeit, beschließt über Fragen der Zusammenarbeit und prüft das Arbeitsprogramm. Eine ihrer wesentlichsten Aufgaben besteht darin, daß sie ihren Mitgliedern oder deren Regierungen bestimmte Maßnahmen empfiehlt, die der Verfolgung und Verhütung von Straftaten auf nationaler Ebene und einer Verbesserung der internationalen Zusammenarbeit auf dem Gebiet der Verbrechensbekämpfung dienen. Außerdem entscheidet die Generalversammlung über die Finanzgebarung und wählt die Personen für die in den Statuten vorgesehenen Aufgaben, z. B. die Mitglieder des Exekutivkomitees.

Beobachtern anderer über- und zwischenstaatlicher Einrichtungen ist die Anwesenheit auf den Generalversammlungen gestattet. So sind dort z. B. regelmäßig die UNO (Wirtschafts- und Sozialrat, Suchtstoffkommission usw.), der Europarat, der Brüsseler Zollrat, die Internationale Zivilluftfahrtorganisation ICAO, die International Air Transport Association (IATA) und andere Institutionen vertreten.

Die Arbeitssprachen der Generalversammlung sind Englisch, Französisch, Spanisch und Arabisch. Es findet Simultandolmetschen statt.

Das Exekutivkomitee

Das Exekutivkomitee, bestehend aus dem für vier Jahre gewählten Präsidenten, drei für drei Jahre gewählten Vizepräsidenten und neun für den gleichen Zeitraum gewählten Mitgliedern, tritt zweimal im Jahr zusammen. Es überwacht die Durchführung der Beschlüsse der Generalversammlung, beaufsichtigt die Geschäftsführung des Generalsekretärs und übt alle Vollmachten aus, die ihm die Generalversammlung überträgt. Die Statuten schreiben vor, bei der Besetzung der Ämter des Exekutivkomitees auf eine gerechte geographische Verteilung zu achten. Demgemäß entfallen auf den afrikanischen, den amerikanischen und den asiatischen Kontinent jeweils drei Sitze, der europäische Kontinent ist mit vier Sitzen vertreten. Auch der Präsident und die drei Vizepräsidenten sollen verschiedenen Kontinenten angehören.

Die Präsidenten

Präsidenten der IKPO-INTERPOL waren seit 1946:

F. E. Louwage (Belgien)	1946—1956
A. Lourenco (Portugal)	1956—1960
R. L. Jackson (Großbritannien)	1960—1963
F. Jarva (Finnland)	1963—1964
F. Franssen (Belgien)	1964—1968
P. Dickopf (BR. Deutschland)	1968—1972
W. L. Higgitt (Kanada)	1972—1976.

Der Generalsekretär

Der Generalsekretär, oberster Beamter der Organisation, wird auf Vorschlag des Exekutivkomitees für fünf Jahre ernannt. Eine Verlängerung ist zulässig. Er wählt das Personal aus und setzt

es ein, sichert die Haushaltsführung und gestaltet und lenkt das Generalsekretariat nach den vom Exekutivkomitee und der Generalversammlung gegebenen Richtlinien. Generalsekretäre der Organisation waren ab 1946 die Franzosen Ducloux (1946 — 1951) und Sicot (1951 — 1963). Seit 1963 amtierender Generalsekretär ist der Franzose Jean Népote.
Das Generalsekretariat befindet sich am Sitz der Organisation in St. Cloud bei Paris. Das Fach- und Verwaltungspersonal umfaßt knapp 200 Bedienstete, von denen ein großer Teil durch Polizeibehörden verschiedener Staaten dorthin abgeordnet wurde.
Das Generalsekretariat ist das geschäftsführende Organ der IKPO-INTERPOL. Vor allem aber ist es die internationale Zentrale der Verbrechensbekämpfung. In dieser Eigenschaft befaßt es sich mit Untersuchungen kriminaltechnischer, kriminologischer und juristischer Natur, deren Ergebnisse den Mitgliedern zugänglich gemacht werden. Mit der „Internationalen Kriminalpolizeilichen Revue" besitzt es ein eigenes Publikationsorgan. Ferner veröffentlicht das Generalsekretariat die „Revue Contrefaçcons et Falsifications", die einzig existierende vollständige Zusammenfassung von Erkennungszeichen echter und gefälschter Banknoten und Münzen.

Die Polizeiabteilung

In der Polizeiabteilung des Generalsekretariats, die nach Deliktgruppen untergliedert ist, erfolgt die Sammlung und Auswertung aller kriminalpolizeilichen Unterlagen, die für die internationale Bekämpfung des Verbrechens von Bedeutung sind. Die Abteilung unterhält Kriminalakten, Karteien, Fingerabdruck- und Lichtbildsammlungen, die durch den Nachrichtenaustausch mit den Nationalen Zentralbüros, mit denen sie in ständiger Verbindung steht, auf dem laufenden gehalten werden. Von dieser Abteilung werden die verschiedensten weltweiten Ausschreibungen herausgegeben, die je nach ihrer Kategorie besonders gekennzeichnet sind. Die Ausschreibungen können sich auf Straftäter beziehen, die international zur Festnahme mit dem Ziel der Auslieferung gesucht werden oder vor denen aus präventiven Grün-

den gewarnt wird. Sie können aber auch vermißte Personen oder unbekannte Tote betreffen, die rückgeführt bzw. identifiziert werden sollen. Neben Personen kommen auch Gegenstände für eine Ausschreibung in Betracht, wenn feststeht oder zu vermuten ist, daß sie im Zusammenhang mit der Begehung von Straftaten stehen (z. B. ein gestohlenes wertvolles Gemälde, ein unter verdächtigen Umständen aufgefundenes Kraftfahrzeug).
Die Polizeiabteilung des Generalsekretariats beobachtet auch die direkte Zusammenarbeit der einzelnen Nationalen Zentralbüros untereinander und greift, wenn dies erforderlich ist, koordinierend ein. Zur Bekämpfung besonders schwerer oder gefährlicher Verbrechen (z. B. Rauschgifthandel) wurden besondere Einheiten mit hochspezialisierten Verbindungsbeamten verschiedenster Nationalität geschaffen. Im Bedarfsfall werden sie vom Generalsekretär in andere Länder entsandt, um dort die Ermittlungen auf nationaler Ebene oder die Zusammenarbeit mit den Polizeidienststellen weiterer Staaten so weitgehend wie möglich zu unterstützen. In diesem Zusammenhang ist jedoch darauf hinzuweisen, daß die Beamten des Generalsekretariats keinerlei Exekutivbefugnisse ausüben dürfen. Bisher gibt es auf der ganzen Welt keinen einzigen Staat, der hoheitliche Handlungen, wie z. B. eine Vernehmung, eine Festnahme oder eine Durchsuchung, auf eigenem Staatsgebiet durch andere als seine eigenen Polizeikräfte ausführen lassen würde.

Konferenzen und Fachtagungen

Als internationales Fach- und Informationszentrum für alle Fragen der Verbrechensbekämpfung führt das Generalsekretariat regionale Konferenzen und Fachtagungen zu den unterschiedlichsten polizeilichen Themen durch (z. B. organisiertes Verbrechen, Jugendkriminalität, Geiselnahme und Entführungen, Rauschgiftkriminalität). Für Zwecke des polizeilichen Erfahrungsaustausches sowie zur Fortbildung von Beamten der Mitgliedsländer veranstaltet es Kolloquien und Seminare, wobei Polizeibeamten aus Entwicklungsländern die Teilnahme durch Gewährung von Stipendien ermöglicht werden kann.

Dem Generalsekretariat obliegt schließlich auch die Haushaltsführung. Zur Erfüllung ihrer Aufgaben verfügt die IKPO-INTERPOL über einen internationalen Haushalt, der auf der Währung des Schweizer Franken beruht. Die Mittel stammen zu 95 % aus den von den Mitgliedsländern jährlich geleisteten Beiträgen. Die Berechnung erfolgt nach dem Prinzip der „Haushaltseinheiten". Der Wert einer Haushaltseinheit beträgt 9800 SFr. Jedes Mitgliedsland gehört einer der zwölf Beitragsgruppen an, die zwischen einer Haushaltseinheit (Mindestbeitrag von 1 × 8900 SFr) und 80 Haushaltseinheiten (Höchstbeitrag von 80 × 8900 SFr) gestaffelt sind. Die Höhe des jeweils gezahlten Beitrages hängt im allgemeinen von der wirtschaftlichen Kraft und dem Lebensstandard des Mitgliedslandes ab, entspricht meistens aber auch seiner Beteiligung an der gesamten internationalen polizeilichen Zusammenarbeit.

Zusammenarbeit mit anderen internationalen Organisationen

Das Generalsekretariat vertritt die IKPO-INTERPOL auch, soweit es um die Zusammenarbeit mit anderen internationalen Organisationen geht.
Die enge Kooperation mit der UNO, von der die IKPO-INTERPOL vertraglich als zwischenstaatliche Organisation anerkannt wurde, entfaltet sich im wesentlichen auf den Gebieten Rauschgift, Défence Sociale, Verbrechensverhütung und Menschenrechte.
Der Internationalen Zivilluftfahrtorganisation ICAO ist die INTERPOL durch das gemeinsame Problem der Verhütung rechtswidriger Handlungen gegen die Zivilluftfahrt verbunden.
Zur UNESCO ergeben sich Beziehungen auf dem Gebiet der Verhütung von Kunstdiebstählen.
Mit dem Rat für die Zusammenarbeit auf dem Gebiet des Zollwesens ist vor allem der Kampf gegen den internationalen Rauschgifthandel das verbindende Element.
Seit langen Jahren erfreut sich INTERPOL auch ausgezeichneter Beziehungen zum Europarat, insbesondere auf den Gebieten

der Harmonisierung der Strafgesetzgebungen und der internationalen Rechtshilfe in Strafsachen. Mehrere europäische Abkommen beziehen sich ausdrücklich auf die Tätigkeit der IKPO. So sieht z. B. Artikel 15 des Europäischen Rechtshilfeübereinkommens vor, daß sich die Justizbehörden bei ihrem Dienstverkehr mit ausländischen Behörden der Einrichtungen der INTERPOL bedienen können. In Artikel 16 des Europäischen Auslieferungsübereinkommens ist die Möglichkeit eröffnet, daß sich die Vertragsstaaten ihre Ersuchen um Festnahme zum Zwecke der Auslieferung auf dem INTERPOL-Wege übermitteln können. Zwar ist die Durchführung des Auslieferungsverfahrens Angelegenheit der Justizbehörden. Bevor jedoch eine Auslieferung erfolgen kann, muß der gesuchte Straftäter zunächst einmal gefunden und festgenommen werden; und hierbei handelt es sich um eine eigentliche Aufgabe der Polizei.
Mit dem französischen Staat, dem Land ihres Sitzes, hat die Organisation ein Abkommen (accord de siège) geschlossen, in dem ihr Privilegien eingeräumt werden, wie sie über- und zwischenstaatlichen Einrichtungen üblicherweise gewährt werden.

Die Nationalen Zentralbüros

Neben dem Generalsekretariat wird die polizeiliche Zusammenarbeit in der täglichen Praxis vor allem durch die Nationalen Zentralbüros (NZB) gewährleistet. Jedes Mitgliedsland ist nach den Statuten verpflichtet, eine Dienststelle zu unterhalten, die für seinen Bereich die Aufgaben des Nationalen Zentralbüros wahrnimmt. Im allgemeinen ist dies jeweils die oberste oder zentrale Polizeibehörde eines Staates (z. B. in Schweden: Reichspolizeiamt, in der Bundesrepublik Deutschland: Bundeskriminalamt, in Frankreich: Direction Centrale de la Police Judiciaire). Das NZB sorgt für die Verbindung zwischen den eigenen nationalen Behörden einerseits und den anderen Nationalen Zentralbüros und dem Generalsekretariat andererseits. Die Nationalen Zentralbüros sind damit in ihrem eigenen innerstaatlichen Bereich die Drehscheiben für alle Fragen der internationalen polizeilichen Zusammenarbeit. Wenn sich für eine Polizeidienststelle in einem Land die Notwendigkeit ergibt, mit dem Ausland in Verbindung zu treten, so wird sie sich an das NZB ihres Landes wenden. Dieses versucht sodann im direkten Kontakt mit einem oder mehreren anderen Nationalen Zentralbüros oder auch mit dem Generalsekretariat, das anstehende Problem auf die geeignetste Weise zu lösen. In den Nationalen Zentralbüros befinden sich jeweils spezialisierte und sprachkundige Mitarbeiter, die mit den Zusammenhängen und Möglichkeiten der internationalen Zusammenarbeit sowie mit den unterschiedlichen Zuständigkeiten gut vertraut sind.

Internationale Kooperation

Die Inhalte der internationalen polizeilichen Kooperation sind mannigfaltiger Art. Es kann darum gehen, daß ein Ermittlungsbeamter einen Zeugen im Ausland vernehmen lassen möchte, daß er eine Auskunft über einen Straftäter benötigt oder daß ein festgenommener Rechtsbrecher durch eine ausländische Polizei identifiziert werden soll. Es kann sich darum handeln, daß das Ausland gebeten werden soll, nach einem Straftäter zu fahnden und ihn festzunehmen, um sicherzustellen, daß er sich der Auslieferung nicht durch die Flucht entzieht. In Frage kommt auch, daß eine ausländische Polizei vor einer bevorstehenden Straftat gewarnt werden soll oder daß gemeinsame Maßnahmen, z. B. gegen eine internationale Einbrecherbande, getroffen werden sollen. Schließlich kann es auch darum gehen, daß eine Polizei wissen möchte, mit welchen Methoden im Ausland eine bestimmte Kriminalitätsart, z. B. Bankeinbrüche, bekämpft wird und welche Präventivmaßnahmen dort gegen derartige Delikte getroffen werden.

Bei dieser internationalen Zusammenarbeit kann eine Polizei nur im Rahmen des eigenen innerstaatlichen Rechts tätig werden. Ebenso wie andere Staaten kann auch die INTERPOL die Polizei eines Staates nicht zu einem bestimmten Handeln anweisen oder dieses gar erzwingen. Das folgt aus dem allgemeinen Grundsatz der Souveränität der Staaten, dessen Durchbrechung keine Regierung hinnehmen würde.

Die Organisation selbst erlegt der internationalen polizeilichen Zusammenarbeit keine Beschränkungen auf. Lediglich Artikel 3 ihrer Statuten untersagt den Mitgliedern eine Betätigung in Angelegenheiten politischen, rassischen, religiösen und militärischen Charakters. Diese Bestimmung soll verhindern helfen, daß die Existenz der Organisation durch politische Verwicklungen gefährdet wird. Sie soll aber auch sicherstellen, daß die Zusammenarbeit im Geiste der Erklärung der Menschenrechte — ein in Artikel 2 der Statuten ausdrücklich erklärtes Ziel der INTERPOL — erfolgt. Die IKPO will also zum Beispiel vermeiden, daß durch sie oder ihre Mitglieder Religions- und Rassenverfolgungen, Verfolgungen wegen politischer Gesinnungsdelikte unterstützt werden. Die Organisation versagt jedoch ihre Unterstützung dort nicht, wo schwere Straftaten des gemeinen Rechts wie Mord und Geiselnahme unter dem Vorwand politischer Ziele verübt werden.

Einsatz modernster Kommunikationsmittel

In einer Zeit, in der sich der Rechtsbrecher schnellster Verkehrsmittel bedient, muß auch die Polizei die modernsten Kummunikationsmittel einsetzen. Die IKPO-INTERPOL verfügt über ein eigenes Funknetz. Mit seiner Hilfe kann ein NZB innerhalb von Sekunden mit einer beliebigen Zahl anderer Nationaler Zentralbüros gleichzeitig in Verbindung treten, um eine Fahndung auszulösen oder andere Ersuchen oder Nachrichten zu übermitteln. Das Internationale Polizeiliche Funknetz ist in sieben Zonen eingeteilt. Innerhalb einer Zone nimmt eine Station jeweils die Funktion einer Regionalstation wahr, während dem Generalsekretariat die Rolle der Zentralstation zufällt. Die Funkstationen unterschiedlicher Zonen verkehren miteinander jeweils über ihre Regionalstationen. Mit Hilfe dieser Aufteilung können Nachrichten auch schwerpunktmäßig in bestimmte geographische Bereiche übermittelt werden. Liegen z. B. Anhaltspunkte dafür vor, daß sich ein gesuchter Straftäter nur auf dem südamerikanischen Kontinent aufhalten kann, so genügt es, die Fahndung lediglich in der Zone 4 auszulösen. Das Netz wird auf der

Grundlage des A1-Tastfunks betrieben; dieser wird jedoch mehr und mehr durch den Funkfernschreibverkehr ersetzt, dessen Ausbau schnell voranschreitet. Weit über 200 000 Funksprüche werden jährlich über das internationale Polizeinetz gewechselt. Daneben können sich die Nationalen Zentralbüros auch die Übermittlungsmöglichkeiten, die das öffentliche internationale Telexnetz bietet, zunutze machen.
Die zwischen den Nationalen Zentralbüros bestehenden Telebildverbindungen, mit deren Hilfe innerhalb von Minuten Lichtbilder und Fingerabdrücke von Straftätern oder Abbildungen gestohlener Gegenstände übermittelt werden können, haben sich im Kampf gegen das internationale Verbrechen als unentbehrlich erwiesen. Das Bildfunknetz wird ständig weiter ausgebaut. Mit Hilfe von Satelliten können Funkbilder selbst über weiteste Entfernungen überspielt werden.
Im Fernmeldeverkehr stehen verschiedene Dringlichkeitsstufen zur Verfügung; zugunsten einer äußerst eilbedürftigen Nachricht kann im Bedarfsfall der gesamte übrige Fernmeldeverkehr unterbrochen werden. Die NZB können im übrigen einen Abkürzungsschlüssel und einen Geheimcode benutzen.

Zur Zeit bereitet die IKPO-INTERPOL die Einrichtung eines internationalen polizeilichen Datenverarbeitungssystems vor. Mit seiner Hilfe könnte nicht nur das der internationalen Verbrechensbekämpfung und -verhütung dienende Auskunftssystem erheblich verbessert werden, es könnten auch innerhalb von Sekundenbruchteilen Warnmeldungen, Fahndungen oder andere Nachrichten im Wege des message-switching übermittelt werden.
Selbstverständlich bedienen sich die Nationalen Zentralbüros auch aller anderen zur Verfügung stehenden Kommunikationsmittel wie Brief oder Telegramm. Eine wichtige Rolle spielen vor allem die schnellen telefonischen Kontakte. Dank der Tatsache, daß die Mitarbeiter in den verschiedenen Nationalen Zentralbüros sich untereinander kennen und sich in wenigstens einer der drei Arbeitssprachen der Organisation, Englisch, Französisch, Spanisch, gut verständigen können, ist ein schnelles Einschreiten im Bedarfsfall stets gewährleistet. In zunehmendem Maße

machen die Nationalen Zentralbüros, wo dies sinnvoll ist, auch davon Gebrauch, Beamte in das Ausland zu entsenden, um Informationen oder Beweismittel einzuholen oder die Ermittlungen in einem anderen Staat zu unterstützen.

Kein Staat — darauf wurde bereits an anderer Stelle hingewiesen — läßt es bis heute zu, daß ausländische Polizeibeamte oder Beamte des Generalsekretariats der IKPO-INTERPOL auf seinem Gebiet Exekutivhandlungen wie Festnahmen, Vernehmungen, Durchsuchungen eigenständig durchführen. Erste Anzeichen deuten aber bereits darauf hin, daß die Völker auch auf dem Gebiet der inneren Sicherheit einander näherrücken. Es ist deshalb nicht auszuschließen, daß sich in bestimmten geographischen Bereichen auf längere Sicht Verschmelzungen nationaler Polizeien ergeben und dadurch eine mit Exekutivvollmachten ausgestattete internationale Polizeibehörde notwendig wird. Die IKPO-INTERPOL, die für die Übernahme derartiger Aufgaben gut gerüstet ist, würde dadurch eine neue Dimension erhalten.

Unentbehrlich in der polizeilichen Praxis

Aus der Sicht der nationalen Polizeien ist die INTERPOL unentbehrlich. Sie bietet ihren Mitgliedern die Möglichkeit, innerhalb eines sinnvollen und geordneten Systems untereinander schnell, sicher und wirksam zusammenzuarbeiten. Die Kooperation hat in der täglichen Praxis auch zahlenmäßig einen erheblichen Umfang. So tauscht z. B. das Bundeskriminalamt als Nationales Zentralbüro der IKPO-INTERPOL für die Bundesrepublik Deutschland mit anderen NZB jährlich rund 150 000 schriftliche Nachrichten aus (Funksprüche, Fernschreiben, Telebilder und Schreiben). Rund 70 % dieser Nachrichten werden auf dem schnellen Fernmeldewege übermittelt. Allein an Funksprüchen setzt das Bundeskriminalamt tagtäglich, Sonn- und Feiertage eingeschlossen, mehr als 100 Funksprüche an ausländische Nationale Zentralbüros ab. In den hier aufgeführten Zahlen sind die zahlreichen Arbeitstreffen, Arbeitstagungen und -besprechungen sowie die noch zahlreicheren telefonischen Kontakte nicht enthalten. Auf die beschriebene Weise erreicht das Nationale Zentralbüro in Wiesbaden unter anderem, daß ausländische Polizeidienststellen jährlich mehrere tausend Straftäter für die deutsche Polizei identifizieren und mehrere hundert Straftäter festnehmen, die von deutschen Behörden mit dem Ziel der Auslieferung gesucht werden.

Nicht zuletzt auch aus diesen Gründen ist die IKPO—INTERPOL in der täglichen polizeilichen Praxis nicht mehr wegzudenken.